日本の介護

経済分析に基づく実態把握と政策評価

中村二朗・菅原慎矢

有斐閣

は じ め に

　ここ数年，たまに会う同年代の友人・知人との会話で多く出てくる話題の1つが親の介護である。65歳以上人口が25%を超える現在，子供夫婦の親の誰かが要介護者になる可能性はきわめて高い。要介護になった親とどのように付き合っていくかは，50代以降の子供にとっては非常に考え悩むところである。まだ，現役で働いているため介護に割ける時間は限られている。さりとて，配偶者に介護を任せるには負担が大きすぎる。

　地方であれば，広い家を介護がしやすいように改築することも可能かもしれないが，都会では，そのような広い家に住むことは難しい。一方で，地方では介護のための施設が充実しているところもあるが，他人に介護をしてもらうのには人目を憚ることも多い。都会では，逆に入所させたくとも部屋が空いている施設は少なく順番待ちである。いずれにしろ，要介護の親を抱えた家族は，介護をするためのさまざまな選択に直面しなければならない。どの選択をしても，それなりのコストが発生する。「介護離職」や「介護に伴う無理心中」などは，その極端な選択の現れであろう。

　現在の日本人は姥捨て山を求めているのではなく，それぞれの家族や要介護者の置かれた状況を踏まえたうえで，負担することが可能な範囲で要介護者も納得する介護を行いたいと望んでいるのであろう。介護にお金がかかる以上，なんらかの形でその原資を工面する必要がある。それは，短期的なものではなく長期的にも安定した形で行われる必要がある。介護者が介護のために離職し，介護者自身の生活が成り立たなくなるようでは意味がない。

　日本においても，いくつかの制度・枠組みが実験的に採用されてきた。シルバープランやゴールドプランは，名前ほどにはよい結果をもたらさなかった。2000年に導入された介護保険制度によって，ようやく核となる介護制度の構築が開始されたといってもよいであろう。財源の問題と介護の質を両輪としてバランスのとれた介護制度の構築を行うという意味では画期的であったといってよい。しかし，両者のバランスをとるのは難しく，要介護者の急速な増加に

新たな対応策を模索しているのが現状であろう。

　一方で介護保険制度は本来の目的だけでなく，介護問題の解決に対して新たな道具を提供してくれた。要介護者の実態をかなりの正確さでわれわれに提供してくれることになった。家庭内で抱え込まれ介護の実態を正確に把握することさえ困難な状況から，要介護者の実態をかなりの正確さで描き出してくれることになった。要介護者の実態だけでなく，財源的にもどのような支出がどの程度かかるのか正確な情報を提示してくれる。このことにより，介護を取り巻く枠組みに関してわれわれは学問的な評価を行うことが可能となり，効率的なシステムとはいかなるものか議論することが可能となった。

　本書の執筆も，介護保険制度の導入により明らかになった実態があるからこそ，可能となったといえる。本書では，介護保険制度という枠組みを通して介護の実態を分析することにより，より望ましい介護制度とはいかなるものか議論している。介護保険が導入されなければ，そのような分析はいまだに多くの困難に直面していただろう。

　本書のもとになる論文は，以下の5編である。

Sugawara, S., and Nakamura, J. (2014) "Can Formal Elderly Care Stimulate Female Labor Supply? The Japanese Experience," *Journal of the Japanese and International Economies*, 34, 98–115.

Saito, Y., Sugawara, S., and Nakamura, J. (2015) "Long-Term Care-Free Life Expectancy before and after the 2006 Reform of the National Long-Term Care Insurance: The Case of Fukuoka City, Japan," NUPRI (Nihon University) Working Paper 2015–01.

中村二朗・菅原慎矢 (2016)「同居率減少という誤解——チャイルドレス高齢者の増加と介護問題」『季刊社会保障研究』51 (3・4)，355–368。

Sugawara, S., and Nakamura, J. (2016) "Gatekeeper Incentives and Demand Inducement: An Empirical Analysis of Care Managers in the Japanese Long-Term Care Insurance Program," *Journal of the Japanese and International Economies*, 40, 1–16.

Sugawara, S. (2017) "Firm-Driven Management of Longevity Risk: Analysis of Lump-Sum Forward Payments in the Japanese Nursing Home Market," *Journal of Economics and Management Strategy*, 26 (1), 169–204.

　以上の 5 編の論文は，2 つの科研費による研究プロジェクト（基盤研究 B：少子高齢社会における就業・介護の意思決定——家族・市場・行政の連携を目指して（2011～2014 年度，研究代表者：中村二朗），基盤研究 B：高齢社会における持続可能な社会保障制度構築のための包括的研究（2014～2017 年度，研究代表者：中村二朗））の成果の一部である。

　本書のもととなる研究プロジェクトは，異なった専門分野を持つ 4 人の研究者，中村二朗（労働経済学），齋藤安彦（老年学），菅原慎矢（医療経済学），宮澤健介（社会保障論）が日本の介護問題の解決策を探求することを目指し，現状の介護制度の問題点や課題を整理，検討することを目的として始まった。本書は当該プロジェクトの中でおもに経済学の実証的視点から行った研究を，中村と菅原がまとめたものである。

　介護に関する実証的研究は医療などと比べるとかなり遅れているといえよう。この原因は，先に述べたように介護に関連するデータの不足によるところが大きい。上述したように介護保険の導入は，データ面での整備という観点からも大きな影響をもたらした。しかし，われわれがプロジェクトを開始したころにはまだ大きな障害が存在しており，厳密な実証分析に足るデータを確保するためには多くの時間を費やす必要があった。たとえば，介護保険データは基本的に保険者が個別に管理しており，全国ベースでのデータを利用することが難しかった。そのような問題を回避するために，比較的人口規模の大きな保険者のデータを個別に用いるなどの工夫が必要であった。福岡市の介護保険データを用いた分析は，まさにそのような必要性から行われた。

　現在は，厚生労働省が中心となり，一部の保険者のデータを除いて全国ベースで介護保険データを利用できるようになっており，介護に関する研究が飛躍的に進展するものと思われる。ここで示した研究成果が，今後の研究のさらなる進展に役に立てるようであれば幸いである。

　介護問題は高齢社会に突入した日本全体で解決すべき問題であると同時に各

地域に根差した地域固有の問題でもあるというのがわれわれの共通認識であった。そのため，厚生労働省の介護問題担当者だけでなく，高齢者比率の高い都道府県や基礎自治体，広域連合および一部事務組合（介護保険保険者）の介護担当者や介護事業者などにも実情把握のためのヒアリングを行った。個別のヒアリング内容については本書では触れていないが，介護問題の現状を把握するうえで非常に参考になった。ヒアリング関係者に対しては，この場を借りてお礼を申し上げたい。

　最後に，現在のように専門書の出版事情が厳しい中で，出版を認めていただいた有斐閣，そして出版に際して有益な助言をいただいた書籍編集第 2 部渡部一樹氏には，心からお礼を申し上げたい。また，本書の作成にあたって大きな支援をしていただいた福岡市，日本学術振興会および日本大学人口研究所に感謝したい。福岡市からは介護保険に関連するデータの提供を受けた。日本学術振興会からは科研費を通して財政的な支援をしていただいた。人口研究所からは，中村は専任所員として，菅原は客員研究員として，良好な研究環境を提供していただいた。

　　　2017 年 11 月

中 村 二 朗

目　次

序　章

介護問題を考える
──本書の目的と構成──

1　は じ め に

1997年12月17日に制定された介護保険法の第1条に，その目的として以下のように記述されている。

第1条
この法律は，加齢に伴って生ずる心身の変化に起因する疾病等により要介護状態となり，入浴，排せつ，食事等の介護，機能訓練並びに看護及び療養上の管理その他の医療を要する者等について，これらの者が尊厳を保持し，その有する能力に応じ自立した日常生活を営むことができるよう，必要な保健医療サービス及び福祉サービスに係る給付を行うため，国民の共同連帯の理念に基づき介護保険制度を設け，その行う保険給付等に関して必要な事項を定め，もって国民の保健医療の向上及び福祉の増進を図ることを目的とする。

この法律が制定される前後から，「介護離職」，「老老介護」，「認知症高齢者の徘徊に伴う事故」，「介護疲れによる無理心中」など要介護者の増加に伴い，「高齢者の介護」がますます社会問題化してきた。日本の介護システムを構築するための基礎として介護保険法が制定された。この法律のもとで，「介護の社会化」を目指しさまざまな介護システムが構築されていった。しかし，介護

費用に関わる財政規模は拡大し，65歳以上の高齢者（第1号被保険者）や40歳から64歳までの労働者（第2号被保険者）が支払う保険料は急速に増加してきている。財政上の問題以外にも，以下の章で述べるようなさまざまな問題が顕在化してきている。今後さらに要介護者が増加すると見込まれる状況で，現在の制度で，さまざまな介護問題を解決できるのだろうか。すでに介護問題に関しては多くの議論が行われているが，今後の明確な方向性はいまだに示されていない。

　すでに全人口の25%以上が65歳を超えた高齢者であり，第1章で示すように国際的にも突出した速さで数年以内には30%を超すといわれている。当然のこととして，高齢者の医療・介護などが大きな問題として顕在化してくる。医療については，これまでにも多くの分析が蓄積されているだけでなく，国際的に見てもさまざまな制度が実践されている。

　一方，介護は根本的に医療と異なる面が存在する。医療が治療行為という相対的に一時的な対応で済むのに対し，介護は多くの場合，要介護になってから最期を迎えるまで継続的な対処が必要となってくる。また，介護する側も医療とは異なり家族や身近な人たちが中心となって行われることが多い。そのため，「介護の社会化」には多くの困難が伴う。先進国の中では最も速いスピードで高齢社会を迎え，かつ，高齢者比率の高い日本においてはさまざまな高齢者問題を抱えているが，その中でも介護問題の解決は喫緊の課題といってよい。しかしながら，まれに見る速さで高齢化が進む日本においては，見習うべき先例がほとんどなく，試行錯誤を行いながら望ましいあり方を見つけ出すしかない。また，介護問題には，もう1つの大きな問題が存在する。それは，要介護者の実態を正確に把握することが難しいということである。多くの介護が家庭内で行われていた時期には，要介護者の存在すら正確に把握することが困難であった，といってよい。そのような状況のもとでは要介護者を抱えた家族にのみさまざまな介護負担を強いることになる。

　2000年に導入された介護保険制度は，「介護の社会化」を目指すだけでなく介護に伴う財政問題をも解決しようとしたものであるが，15年以上たった現在においてもさまざまな問題を抱えている。とくに団塊の世代が後期高齢者となる2025年以降では，現状の制度・枠組みのもとでは対応できない問題が多

く発生するといわれており，介護制度の改善もしくは改革が急務である。しかし，介護保険制度の導入により，上述した介護問題における見えない部分に光を当てられるようになったことは確かである。要介護者が介護保険を利用するために介護認定を受けることにより，要介護の程度だけでなく要介護度別の人数も把握することが可能になってきた。このようなデータを現在の介護問題を解決するための貴重な情報として活用することにより，われわれ研究者はどのような問題が存在し，その問題をいかに解決するかの方法を探ることができる。

2　本書の趣旨・目的

　現状の介護政策に対してはさまざまな議論が行われているが，データや学問的な裏付けを持つ厳密な評価・検証は十分に行われていない。これは，介護保険制度導入後の期間が短かったことなども影響しているが，可能な範囲でさまざまな視点から分析・検証を行うという姿勢に欠けていたように思える。本書では，さまざまなデータを駆使することにより現状の介護問題の本質を把握し，それに基づいて現状の介護制度の問題点を検証・整理するとともに，今後の望ましい介護制度を提示することを目指す。

　介護保険が導入されて以来，第1章で示すように，その要介護認定者については7区分（要支援1〜2，要介護1〜5）という非常に細かな区分で要介護の程度や，各区分の人数を把握することが可能となった。また，要介護者については，毎月詳細な介護情報が整備されており，要介護度別にどのような介護サービスが利用されているか，要介護の程度が時間とともにどのように推移するかも確認することが可能である。[1] 介護保険における介護認定は，個人の自由意思で行われるため，すべての要介護者が認定を受けているわけではないが，介護保険のデータを用いて要介護者の実態をできるだけ正確に把握することは，今後の介護政策を考えるうえで重要な事柄である。

　本書では，たんに公表データから実態を整理するだけでなく，現状の介護問

---

1)　介護保険データを広範に利用できるようになったのは最近であり，本書においても一部の情報しか利用できていない。

題を把握するのに必要な情報について個票データを用いて整理・検討することも行っている。とくに，これまで十分な検証もなしに間違って解釈されていた実態などについては，詳細な検討を行うことにより反証している。たとえば，高齢者のみで居住している世帯が増加していることへの対策として，高齢者との同居率を引き上げるために家族での介護を助成しよう，などという議論が散見されてきた。しかし，本書第3章で示したとおり，統計資料を検証することで，この議論は根底から崩れ去る。われわれの検証によれば，子供のいない高齢者（チャイルドレス高齢者）が増えたことが「同居率減少」の大きな要因なのである。つまり，高齢者が家族と同居しようとすれば，その相手となる家族が必要となるが，家族がいないためにそもそも同居が不可能，という状況が増加している。この状況では，同居促進策は，意味を持たないばかりか間違った効果を生み出す危険すらある。

　介護問題を考える場合に，家庭内で介護が行われることが多いため，家族のあり方が重要な意味を持つ。しかし，家族のあり方（家族構造）について詳細に検討した分析はほとんどないのが現状である。そのような状態で，実態に対する誤った認識が独り歩きし，それに基づいた議論さえ行われている。

　本書では，介護に関わるさまざまな実態について，できるだけ詳細に検討することにより，今後の介護政策に関して重要な情報を提供することを主要な目的の1つとしている。また，介護保険導入の目的の1つである「介護の社会化」についても，現状においてどの程度それが達成されているのか検討することは重要である。さらに，介護保険法第2条第3項では「適切な保健医療サービス及び福祉サービスが，多様な事業者又は施設から，総合的かつ効率的に提供されるよう配慮して行われなければならない」とし，各サービスが効率的に提供されるよう意図されている。ケアマネージャー制の導入などは，その趣旨に沿ったものであろう。しかし，そのような制度が効率的に運用されているかは，実証的に確認されていない。本書では，このような介護保険制度の効率性についても実証的な検討を試みている。以上のように，本書の主要なもう1つの目的は現行の介護保険制度の政策評価に関わるものである。

3　本書の構成

　本書は序章と8つの章から構成される。第1章と第2章は，介護問題や介護保険制度に関する基本的な説明であり，本書全体の導入部分である。第3〜5章ではこれまで十分に把握されてこなかった「介護の実態」をさまざまなデータを駆使して分析・整理している。このような実態把握によって，はじめて厳密な政策評価や今後の方向性に関する議論が可能となる，というのが本書の趣旨の1つである。また，第6章と第7章では，現状の介護保険制度を評価するうえで重要な，制度の効率性のチェックや制度の趣旨の1つである「介護の社会化」の達成度合いを実証的に評価している。終章は，第7章までの分析を前提として今後の介護政策の方向性について論じたものである。

　第1章（高齢社会と介護問題）では，高齢社会の現状について国際比較などをしながら紹介する。とくに第2次世界大戦の敗戦国では高齢化の程度が大きく，日本やドイツが高齢社会のトップランナーであるが，その中でも日本の高齢化のスピードは図抜けており，そのことが，大きな介護問題を抱える要因となっていることを示す。また，日本の要介護者の現状について概観するとともに，誰がどのような場所で要介護者の介護を行っているのか整理するとともに，現状はドイツなどよりも高齢化の負の影響が大きく，その対策が急務であることを紹介する。以上の記述は基本的・網羅的な記述にとどめ，次章以降の橋渡しの章とする。

　第2章（日本の介護制度と経済理論）では，介護保険の導入の背景や，その意義，問題点を理論的に整理する。とくに，日本では保険導入時に議論となり，その後も議論にはなるが採用されることのなかった現金給付の是非なども，現金給付を認めているドイツなどとの対比をしながら整理・検討する。この点については，終章で扱う今後の政策的議論においても再度取り上げる。

　第3章（高齢者の世帯構造）では，介護保険の政策評価や実態を整理する前段階の作業として高齢者の属する家族構造の変化について検討する。日本では高

齢者の子供との同居率が急速に低下していることが指摘され，同居率をいかに高めるかなども介護対策の1つとして議論されている。この章では，そのような「同居率の減少」という認識が事実誤認であることを政府統計の個票データを用いて示すとともに，チャイルドレス高齢者が今後とも増加することを指摘する。誤った事実認識が，今後の介護政策を不効率なものにする可能性があるだけでなく，施設介護の必要性などがさらに高まることを指摘する。

　第4章（さまざまな介護サービスの提供実態）では，介護の実態をできるだけ詳細に分析・整理する。とくに，施設介護の問題点を指摘するとともに，特別養護老人ホーム（特養）などの従来型の施設だけでなく民間の施設（定義的には介護施設として扱われていない）の実態についてもできるだけ詳細に記述する。また，第2章で示すように介護保険のサービスの利用実態が現状では明確に示されていない。たとえば，政府等の資料では，「各要介護度での利用実績は，利用上限の6割前後である」とされていることから現金給付を行うと現物給付の利用額を超えてしまう可能性があること，などが現金給付導入反対の一因とされている。しかし，各利用者の利用実績（利用額の分布）次第では，利用上限額の調整や，現金給付の導入などが許容される可能性も高い。ここでは，介護保険の利用者個人のレセプトデータから利用金額の分布などを見ることにより，介護サービスの利用実態を明らかにするとともに今後の政策のあり方を検討する材料を提供する。また，第3章で示した家族構造の変化が介護サービスの利用と，どのように関連しているかを詳細に検討する。これも，今後の家族のあり方が介護のあり方と密接に関連し，政策の方向性と関連するためである。

　第5章（介護保険利用者から見た要介護者の実態）では，介護保険の個票データを用いて要介護者の実態を整理・分析する。日本の介護保険制度では，ドイツなどと異なり「予防効果」が強く意識されたものになっている。そのため，要介護度についてもドイツが比較的重度者だけを対象とし3分類程度であるのに比べて日本では7分類（低度の2区分は要支援として扱われる）に細分化され，保険の対象者も広範囲である。しかしながら，各要介護度の高齢者が，最期までにどの程度の要介護度で推移していくのか，また，要介護者と健常者とでは余命などにどの程度相違があるのかなどについて詳細な分析はなされていない。

本来，効率的な介護保険制度を構築するためには，予防効果の有無や程度，各要介護者の介護度の推移とケアプランなどの関係，各要介護度別の平均余命などの詳細な情報が必要である。しかしながら，現状ではこのような実態を整理した分析は十分ではない。この章では政令指定都市である福岡市の65歳以上すべての個人データをもとに，健常者と各要介護者の平均余命の相違，要介護者の要介護度の推移などについて詳細な整理・検討を行っている。福岡市の高齢者人口は約25万人と多く，このような規模で詳細な検討を行った分析は初めてである。また，要介護度別の平均余命を計算することによって，1人の要介護者が最期を迎えるまでにどの程度の介護費用を必要とするかなどのシミュレーションを行っており，今後の介護保険制度の費用面での分析にも対応している。

　第6章（介護保険導入と女性の労働供給）では，介護保険の導入が，子供夫婦の妻の就業行動に与える影響を分析している。介護保険制度の導入目的としては，財政問題だけでなく「介護の社会化」があげられる。従来の介護の担い手は，おもに家庭内における子供夫婦の妻であった。家庭内での介護では，介護の担い手の精神的・肉体的苦痛だけでなく，労働供給の阻害要因として考えられていた。この章では，要介護者を抱えた子供夫婦の妻の就業行動が，介護保険の利用とどのような関係にあるのか検討するために，妻の就業形態や労働時間について詳細に分析している。結果としては，正規就業者にはプラスの効果が見られるが非正規就業者には介護保険による就業促進効果が見られない，ということであり，介護保険による「介護の社会化」という視点からは，その効果が偏在化していることが窺える。このことは，介護問題と労働市場のあり方を検討する場合や今後の政策的方向性を考えるうえで重要な視点の1つとなりうる。

　第7章（併設ケアマネージャーによる需要誘発の検証）は，日本の介護保険制度の1つの特徴であるケアマネージャー制度について，ケアプランの効率的運用という視点から分析したものである。ケアマネージャーは各要介護者について適切なケアプランを構築し，その後の運用などについてもチェックする役割を担っている。1人当たり約1万円の金額が介護保険より支出されており，全体では相当な金額が支出されている。ここでは，事業所に属するケアマネージャ

ーと所属しない独立ケアマネージャーでケアプランに差異があるか，どちらが
より費用的に効率的なプランを構築しているかなどの分析を通してケアマネー
ジャーの役割・機能などについて分析するとともに，その必要性を検討してい
る。

　終章（今後の介護政策に向けて）では，今後の介護政策の方向性について議論
している。政府の試算では，団塊の世代が後期高齢者になる 2025 年には介護
保険の費用は現状維持でも約 18 兆円，より望ましい形に修正した場合には約
20 兆円になるとしている。しかしながら，この数字の前提となる枠組みにつ
いては必ずしも明示されていないため，この試算に対する詳細な検討を行うこ
とは難しい。将来（とくに団塊世代が後期高齢者になる 2025 年）の要介護者数に
ついてもいくつかの予測があるが，かなり予測値はばらついている。また，要
介護者の地域特性がかなり異なってくることも予想されている。

　終章では，このような必ずしも明瞭ではないが今後多くの要介護者が発生す
ることが予想される中で，現状の介護制度の見直しや政策的方向性について第
7 章までの知見をもとに整理・検討を行っている。

第1章

高齢社会と介護問題

1 は じ め に

　1956 年に国際連合から出された報告書（*The Aging of Populations and Its Economics and Social Implications*）は，65 歳以上人口が全体の 7% を超した社会を高齢化社会と，さらに 14% を超した社会を高齢社会と名付けた。そして，この高齢化比率が 7% から 14% になるまでの期間を「高齢化の速度」として捉えている。この速度が遅ければ，高齢化対策について時間をかけて行うことが可能になるが，逆に速ければ，対策が十分にとられる前に高齢社会に突入することになる。老齢年金などを考えてみても，高齢社会に到達するまでの期間が長ければ多額の支払いを必要とする高齢社会に突入するまでに十分とはいえなくともかなりの原資を蓄積することが可能となる。後述するように，日本の「高齢化の速度」は他国に比べてきわめて速く，高齢者を取り巻くさまざまな問題が顕在化しやすい人口構造になっている。

　高齢社会の問題点は年金をはじめとした社会保障だけでなく，社会全般に大きな影響を及ぼす。出生率の低下は人口全体の減少を引き起こし，将来的に労働力の減少を引き起こすだけでなく社会保障費を賄う現役世代の負担を拡大させる。このような中で，日本は年金だけでなく，医療や介護の支出が今後とも増加することが見込まれており，さまざまな見直し論が唱えられている。とくに，高齢者の介護については，家庭内で行われることが多かったために，その実態さえも正確に把握することが難しかった。2000 年に導入された介護保険

制度は，その本来の目的以外にも，65 歳以上の高齢者の介護状態を把握することを可能とし，日本における介護の実態を把握するための広範な情報を提供することとなった。

今後，要介護者数が増加していくことが予想される中で，要介護者に対して，必要な介護を効率的に提供する枠組みを構築していくことは急務である。そのためには，現状を正確に把握・分析し，その結果に基づいた見直しの議論が行われることが必要である。本書では，後の章で日本の介護問題に関して，さまざまな事柄について実態の整理，分析，検討を行っているが，この章では，その前提となる現状での介護の実態や問題点などを概観する。

2　高齢社会の現状

表 1-1 は，国立社会保障・人口問題研究所（厚生労働省）が主要国について 65 歳以上が占める各割合（7%，14%，20%，25%，30%）に到達した（到達する）時点をまとめたものである。日本が高齢社会といわれる比率 14% に到達した時点は 1994 年と，ドイツやフランスなどのヨーロッパ諸国と比べて，それほど早い時期ではない。しかし，最後の欄に示したように 7% から 14% に達する年数（倍加年数）は，すでに 14% を超えている国の中では 24 年と最も短くなっている。この高齢化の速さは今後も続くとされており，主要国の中では最も早く 2024 年には 30% を超えることが予想されている。

日本は，高齢化の時期は若干遅れたものの，そのスピードが速く現在では高齢社会で唯一 25% を超える国となっている。25% を超える時点はドイツやイタリアが 2025 年前後とされており，第 2 次世界大戦の敗戦国の中でもきわめて速いスピードで高齢化が進んでいる。このような例を見ない急速な高齢化はさまざまな問題を引き起こす。当然のこととして，高齢社会においては多くの高齢者を相対的に少なくなった現役世代が支援することになる。また，高齢者は医療や介護での支出が多くなる傾向がある。[1] しかし医療費と介護費とはまっ

---

1)　現状では介護費用は 9 兆円前後であるが，後述するように政府の試算では，高齢者比率が 30% を超す 2025 年には医療費で約 40 兆円，介護費用で約 20 兆円かかることが予想されている。

表 1‑1 主要国の 65 歳以上人口割合別到達年次とその倍加年数

国	65 歳以上人口割合（到達年次）								倍加年数（年間）	
	7%	10%	14%	15%	20%	21%	25%	30%	7→14%	10→20%
韓　　国	1999	2008	2017	2019	2026	2027	2032	2039	18	18
シンガポール	1999	2013	2019	2020	2026	2028	2033	2041	20	13
中　　国	2002	2016	2025	2027	2034	2035	2042	2054	23	18
日　　本	1970	1985	1994	1996	2005	2007	2013	2024	24	20
フィンランド	1956	1973	1994	2001	2015	2016	2029	2090	38	42
ギリシャ	1953	1968	1992	1995	2013	2015	2029	2039	39	45
ブルガリア	1953	1972	1993	1995	2015	2019	2038	—	40	43
ドイツ	1932	1952	1972	1976	2008	2014	2026	2034	40	56
ルーマニア	1961	1978	2002	2004	2021	2024	2037	2054	41	43
オーストリア	1929	1945	1971	1977	2021	2024	2031	2048	42	76
ポルトガル	1950	1972	1992	1996	2014	2016	2026	2036	42	42
スペイン	1947	1974	1992	1995	2020	2022	2029	2037	45	46
ポーランド	1966	1978	2012	2014	2023	2024	2039	2048	46	45
イギリス	1929	1946	1975	1981	2027	2029	2053	—	46	81
ベルギー	1925	1946	1975	1990	2023	2025	2037	—	50	77
ロシア	1967	1979	2017	2020	2047	2051	—	—	50	68
デンマーク	1925	1957	1978	1984	2020	2024	2059	—	53	63
スイス	1931	1958	1986	1998	2023	2026	2034	2093	55	65
イタリア	1927	1964	1988	1991	2008	2012	2023	2033	61	44
カナダ	1945	1984	2010	2013	2024	2026	2038	2095	65	40
オランダ	1940	1970	2005	2009	2020	2022	2031	2090	65	50
アメリカ	1942	1972	2014	2016	2028	2032	2078	—	72	56
オーストラリア	1939	1984	2012	2015	2034	2039	2073	—	73	50
スウェーデン	1887	1948	1972	1975	2016	2023	2059	—	85	68
ノルウェー	1885	1954	1977	1982	2030	2034	2060	—	92	76
フランス	1864	1943	1979	1995	2018	2021	2035	2097	115	75

（注）　1950 年以前は UN, *The Aging of Population and Its Economic and Social Im-plications*（Population Studies, No.26, 1956）および *Demographic Yearbook*, 1950 年以降は UN, *World Population Prospects: The 2015 Revision*（中位推計）による。ただし，日本は総務省統計局『国勢調査報告』および国立社会保障・人口問題研究所『日本の将来推計人口』（平成 24 年 1 月推計）による（［出生中位（死亡中位）］推計値）。1950 年以前は既知年次のデータをもとに補間推計したものによる。それぞれの人口割合を超えた最初の年次を示す。「—」は 2050 年までその割合に到達しないことを示す。倍加年数は，7% から 14% へ，あるいは 10% から 20% へそれぞれ要した期間。国の配列は，倍加年数 7→14% の短い順。

（出所）　国立社会保障・人口問題研究所。

表 1 – 2　日本の人口構造の変化（2010～2060 年）

年	人　口（千人）						割　合（%）				
	総　数	0～19歳	20～64歳	65～74歳	75歳以上	65歳以上	0～19歳	20～64歳	65～74歳	75歳以上	65歳以上
2010	128,057	22,867	74,968	15,173	14,072	29,245	17.9	59.1	11.9	11.1	23.0
2015	126,597	21,760	70,885	17,494	16,458	33,952	17.2	56.0	13.8	13.0	26.8
2020	124,100	20,146	67,830	17,334	18,790	36,124	16.2	54.7	14.0	15.1	29.1
2025	120,659	18,492	65,593	14,788	21,786	36,574	15.3	54.4	12.3	18.1	30.4
2030	116,618	16,984	62,784	14,065	22,784	36,849	14.6	53.8	12.1	19.5	31.6
2035	112,124	15,620	59,096	14,953	22,454	37,407	13.9	52.7	13.3	20.0	33.3
2040	107,276	14,665	53,933	16,448	22,230	38,678	13.7	50.3	15.3	20.7	36.0
2045	102,210	13,862	49,785	15,997	22,567	38,564	13.6	48.7	15.7	22.1	37.8
2050	97,076	12,970	46,430	13,830	23,846	37,676	13.4	47.8	14.2	24.6	38.8
2055	91,933	11,995	43,682	12,246	24,010	36,256	13.0	47.5	13.3	26.1	39.4
2060	86,737	11,045	41,050	11,279	23,362	34,641	12.7	47.3	13.0	26.9	39.9

（注）　総務省統計局『国勢調査報告』，『人口推計』および国立社会保障・人口問題研究所
『日本の将来推計人口』（平成 24 年 1 月推計）［出生中位（死亡中位）］推計値による。
各年 10 月 1 日現在。割合は年齢不詳を按分した人口による。

（出所）　国立社会保障・人口問題研究所『2016 年人口統計資料集』より。

たく異なった影響を高齢化から受けることが近年の実証研究から明らかになっ
ており，この点については第 2 章 2.3 項で述べる。

　以下で，日本の人口構造の今後の変化についてもう少し詳しく見ておこう。
表 1 – 2 は，国立社会保障・人口問題研究所が行った人口推計の中位値を用い
て，2010 年から 2060 年までの 50 年間について総人口，年齢階層別人口，と
各年齢階層の総人口に対する比率を示したものである。表に示したように，
2025 年には，65 歳以上人口は約 3660 万人に到達し，全人口に占める割合が
30% を超える。2010 年には 65 歳以上人口が 2925 万人であったことを踏まえ
ると，わずか 15 年で 700 万人以上も増加することになる。2025 年以降の高齢
者の増加は穏やかになり，2040 年では 3870 万人程度である。ただし，全体の
人口が減少するため高齢者比率は 36% と，2025 年に比べて 6 ポイントほど増
加する。2045 年および 2050 年の数字を見ればわかるように，65 歳以上人口は
2040 年前後をピークとして減少する。この表で示した数値は人口推計による
予測値であるが，65 歳以上の人口については，すでに現在 30 歳以上の人たち
を対象としたものであり，予測値が大きく異なることは考えられない。

以上の人口推計からわかることは，今後 2025 年前後までは急速に高齢者が増加するが，その後増加は緩慢となり 2040 年前後を境に減少に転じることになる。しかし，高齢者の比率は人口全体が減少していくため傾向的に増加し続けることになる。このような推移から，65 歳以上人口の増加に伴う高齢社会の問題点は 2025 年前後からさらに顕在化し，その後 15 年間ほど続くことになる [2]。その後は，65 歳以上人口は低下傾向を示すが，その間も後期高齢者（75 歳以上）人口は増え続け，2050 年前後には 25% に達することが予想されている。後述するように，65 歳以上といっても介護に関しては，75 歳の前後ではかなり状況が異なる。介護の発生率 1 つとっても 75 歳以上の後期高齢者では後述するように非常に高い値を示す。

3 高齢社会と介護問題

高齢者の増加が直接的に問題となる分野は，年金，医療および介護などに関するものであろう。むろん，現役世代の減少に伴う労働力確保の問題なども重要なことであるが，以下では，高齢者の増加に伴う介護問題に焦点を当てて簡単に見ておこう。

表 1-3 は，各年の「国民生活基礎調査」より世帯構造別に要介護者のいる世帯の割合の推移を 2001 年から 2013 年まで整理したものである。この表から，子供との同居世帯（3 世代世帯）以外とその他の世帯以外では，最近になるほど要介護者を抱える世帯が増加していることがわかる。むろん，第 3 章で示すように高齢者を含む世帯の構造が，最近急速に変わってきているといわれている。表 1-3 で示すように世帯構造の変化と要介護者の家庭内介護については，より詳細な検討が必要である。第 3 章では高齢者のいる世帯について，世帯構造の変化を詳細に検討している。

表 1-4 は，「平成 25 年版国民生活基礎調査」より介護が必要となった要因を，要介護度別に見て整理したものである。介護が必要となった要因では，比

---

2) これは，あくまでも高齢者の人数で見た場合であり，高齢者の比率は傾向的に増加するため，65 歳未満の人口減によるさまざまな問題は，この期間後も続くことになる。

表1-3　要介護者のいる世帯構造の変化

年	総　数	単独世帯	核家族世帯	三世代世帯	その他世帯	高齢者世帯
2001	100	15.7	29.3	32.5	22.4	35.3
2004	100	20.2	30.4	29.4	20	40.4
2007	100	24.0	32.7	23.2	20.1	45.7
2010	100	26.1	31.4	22.5	20.1	47.0
2013	100	27.4	35.4	18.4	18.7	50.9

（出所）　各年版の「国民生活基礎調査」（厚生労働省）。

表1-4　要介護度別に見た介護が必要となった要因

（単位：％）

要介護度	第1位		第2位		第3位	
総　数	脳血管疾患（脳卒中）	18.5	認知症	15.8	高齢による衰弱	13.4
要支援者	関節疾患	20.7	高齢による衰弱	15.4	骨折・転倒	14.6
要支援1	関節疾患	23.5	高齢による衰弱	17.3	骨折・転倒	11.3
要支援2	関節疾患	18.2	骨折・転倒	17.6	脳血管疾患（脳卒中）	14.1
要介護者	脳血管疾患（脳卒中）	21.7	認知症	21.4	高齢による衰弱	12.6
要介護1	認知症	22.6	高齢による衰弱	16.1	脳血管疾患（脳卒中）	13.9
要介護2	認知症	19.2	脳血管疾患（脳卒中）	18.9	高齢による衰弱	13.8
要介護3	認知症	24.8	脳血管疾患（脳卒中）	23.5	高齢による衰弱	10.2
要介護4	脳血管疾患（脳卒中）	30.9	認知症	17.3	骨折・転倒	14.0
要介護5	脳血管疾患（脳卒中）	34.5	認知症	23.7	高齢による衰弱	8.7

（出所）　「平成25年版国民生活基礎調査」（厚生労働省）より筆者作成。

較的軽度の要介護者である要支援では，関節疾患，高齢による衰弱，骨折・転倒が主要な要因となっているが，要介護者では，脳血管疾患（脳卒中），認知症，高齢による衰弱が主要な要因となっている。脳血管疾患（脳卒中），認知症は高齢期に発症する確率が高く，いずれの理由も高齢者の増加と結びついている。とくに，要介護度が2以下と3以上では顕著な相違が見られる。要介護度3以上では，1位と2位で要介護になった要因の50％前後を占めている。それに対して，要介護度2以下では，上位2つの要因を足し合わせても40％を超えない。これは，比較的軽度な要介護者については，その発生理由が多様であるのに対し，重度な要介護者の発生理由は比較的限られていることを示す。

　要介護度3以上の相対的に重度の要介護者について見ると，要介護度3では，認知症が24.8％で1位になっている。2位は，脳血管腫瘍（脳卒中）で，比率

は 23.5% である。要介護度 4 と 5 でも，順位が逆転するものの，この 2 つが 1 位と 2 位を占めている。この 2 つの要因による要介護者の比率は，要介護度 3 で 48.3%，要介護度 4 で 48.2%，要介護度 5 で 58.2% となり，この 2 つの要因が，重度の要介護者の半数前後を生み出している。

3.1 要介護者の実態

　日本の要介護者数は，どのように推移しているのだろうか。2000 年に介護保険が導入されるまでは要介護者の実態は必ずしも明瞭ではない。2000 年以前においても「国民生活基礎調査」などで要介護状態に関する調査がなされているが，要介護者の定義は，1998 年調査の用語の説明では，「在宅の 6 歳以上の世帯員であって，洗面・歯磨き，着替え，食事，排泄，入浴，歩行のいずれか 1 つででも何らかの介助を必要とする者」という曖昧なものであった。

　2000 年に導入された介護保険制度により，要介護の定義が介護の程度ごとに明確に定められ，それによって要介護度別の人数が把握されるようになった。しかしながら，実質的に要介護者であっても，認定手続きを行わなければ介護保険上は要介護者として扱われない。介護保険での認定者数は，あくまでの要介護者数の下限を示すものとして理解する必要があろう。[3]

　以上のような問題もあるが，以下で介護保険での要介護認定者数について見てみよう。表 1-5 は，要介護別要介護者数の推移を最後の期間を除いて 5 年ごとに示したものである（シェアの推移については付表 1 を参照）。介護保険では，導入当初は要介護の程度を 6 段階（要支援，要介護度 1〜5）に分けていたが，その後，要支援を 2 区分にし，全部で 7 段階としている。表 1-5 では，要介護度 2 以下を軽度の要介護度として 1 つの区分として表示している。なお，要介護者の区分（7 区分）は，章末の付表 2 で示したように介護にかかる時間に基づいて定義されている。具体的には，直接生活介助，間接生活介助，BPSD（認知症に伴う行動・心理症状）関連行為，機能訓練関連行為，医療関連行為の分

---

3)　介護保険導入後は「国民生活基礎調査」においても介護票が作成され，要介護状態が詳細に調査されるようになった。しかし，第 5 章で示すように介護票での調査はサンプルが小さいという問題がある。

表 1 - 5　性・年齢別・要介護別要介護者数の推移（人数）

年	区 分		計	要介護 2以下	要介護 3	要介護 4	要介護 5
2001	総　数		2,700,541	1,585,610	372,176	380,290	362,465
	年齢別	65 歳未満	102,498	55,807	15,670	13,680	17,341
		65～70 歳未満	165,795	97,491	23,398	21,444	23,462
		70～75 歳未満	305,695	188,394	39,953	38,053	39,295
		75～80 歳未満	481,968	310,939	58,570	56,313	56,146
		80～85 歳未満	611,698	388,039	76,509	75,293	71,857
		85～90 歳未満	602,507	348,977	86,027	88,421	79,082
		90～95 歳未満	335,081	163,050	55,072	62,935	54,024
		95 歳以上	95,299	32,913	16,977	24,151	21,258
	性　別	男　性	802,191	445,751	126,717	120,111	109,612
		女　性	1,898,350	1,139,859	245,459	260,179	252,853
2006	総　数		4,438,143	2,836,572	577,915	541,083	482,573
	年齢別	65 歳未満	171,517	104,692	24,861	19,999	21,965
		65～70 歳未満	221,625	145,355	29,224	24,097	22,949
		70～75 歳未満	467,452	319,983	55,452	47,888	44,134
		75～80 歳未満	794,026	556,571	88,967	78,184	70,304
		80～85 歳未満	1,053,494	729,095	122,059	107,753	94,587
		85～90 歳未満	941,203	595,825	126,435	117,599	101,344
		90～95 歳未満	583,516	308,601	93,657	97,487	83,771
		95 歳以上	205,305	76,450	37,260	48,076	43,519
	性　別	男　性	1,325,067	822,825	196,275	168,548	137,419
		女　性	3,113,076	2,013,747	381,640	372,535	345,154
2011	総　数		5,180,436	3,186,768	715,807	660,619	617,242
	年齢別	65 歳未満	183,906	109,299	27,014	22,052	25,541
		65～70 歳未満	223,972	143,034	30,226	24,992	25,720
		70～75 歳未満	423,751	278,577	53,994	46,009	45,171
		75～80 歳未満	822,363	554,185	99,296	86,677	82,205
		80～85 歳未満	1,242,693	834,046	151,878	133,610	123,159
		85～90 歳未満	1,245,008	775,519	172,789	155,655	141,045
		90～95 歳未満	734,305	382,315	122,847	120,987	108,156
		95 歳以上	304,438	109,793	57,763	70,637	66,245
	性　別	男　性	1,575,719	961,116	240,907	199,991	173,705
		女　性	3,604,717	2,225,652	474,900	460,628	443,537
2015	総　数		6,179,948	3,996,142	808,442	750,104	625,260
	年齢別	65 歳未満	168,701	104,467	23,301	19,897	21,036
		65～70 歳未満	273,692	183,625	33,548	28,678	27,841
		70～75 歳未満	489,932	339,168	57,240	48,936	44,588
		75～80 歳未満	869,945	615,380	96,559	84,776	73,230
		80～85 歳未満	1,457,915	1,028,343	164,620	144,563	120,389
		85～90 歳未満	1,582,206	1,042,478	206,558	184,961	148,209
		90～95 歳未満	968,600	539,038	156,211	153,120	120,231
		95 歳以上	368,957	143,643	70,405	85,173	69,736
	性　別	男　性	1,926,488	1,257,148	271,442	224,472	173,426
		女　性	4,253,460	2,738,994	537,000	525,632	451,834

（出所）　各年の「認定者・受給者の状況」（国民健康保険中央会）より筆者作成。

野について算出された要介護認定等基準時間と認知症加算の合計をもとに判定される。また，要介護度に応じた状態についての区分も用いられている（要介護度区分について詳しくは第 2 章 **2.2** 項を参照）。

　要介護者として認定された人数は，導入時には 65 歳以上だけに限ると 247万人であったものが 2015 年には約 620 万人と倍以上に増加している。この変化を，そのまま要介護者数の変化と見るのは危険である。介護保険の普及により認定申請者が増加した影響を差し引いて考える必要があり，最近の値が実態とかなり近いものになってきていると判断したほうがよいであろう。2010 年について，65 歳以上人口（同年の「国勢調査」より）に対する比率を計算すると，約 17% の高齢者が要介護認定を受けていることになる。実際の要介護者数が認定者数よりどの程度増加するかは明確ではないが，65 歳以上高齢者の 6 人に 1 人以上の割合で要介護者が発生しているということになる。

　次に，要介護度別・年齢別の推移について男女別に見ていこう。介護保険導入直後の 2001 年から 5 年後の 2006 年までの変化は，かなり大きい。要介護者数は男性で 52 万人，女性で 120 万人も増加している。また，要介護度別に見てもその構成比は，両年ではかなり異なっている。これは，介護保険導入からの普及過程で生じた変化が大きいものと考えられる。実際に，2006 年以降の変化はそれほど大きくはない。男性では，2006～2011 年で 25 万人，2011～2015 年で 35 万人の増加，女性では，それぞれ 50 万人，65 万人の増加である。その結果，男女比については 3 対 7 の割合でつねに安定している。また，要介護度別の比率も 2001 年を除けば各年とも男女で大体同じような傾向を示しており，男女ともに介護度 2 以下の比率は 60～65% の範囲で推移している。

　次に年齢別に見てみよう。84 歳以下までは要介護度 2 以下の比率が各年齢とも 7 割程度であるが，85 歳以上は急速にその比率が低下し要介護度 3 以上の比率が増加する。加齢に伴う要介護度の分布は，介護保険導入当初を除けば安定していることが窺える。現在のところは，65 歳以上の高齢者全体では人数が増加しているが，年齢分布がそれほど変化していないため，年齢別・要介護度別の分布が安定的に推移しているように見える。

　年齢別の要介護認定率を 2010 年について「国勢調査」の各人口数を用いて計算すると，男性では，3.02%（65～69 歳），5.89%（70～74 歳），11.39%（75～

79 歳），21.39%（80〜84 歳），36.37%（85〜89 歳），56.15%（90〜94 歳），73.6%（95 歳以上）となり，女性では，それぞれ 2.62%（65〜69 歳），6.36%（70〜74 歳），15.35%（75〜79 歳），31.74%（80〜84 歳），53.14%（85〜89 歳），71.02%（90〜94 歳），87.08%（95 歳以上）となる。明らかに加齢とともに認定率が上昇する。また，全体的に各年齢層で男性に比べて女性の認定率が高くなっている。とくに，80 歳以降では，両者の差が拡大し 15 ポイント前後の差が発生する。女性の平均余命が男性に比べて長いことを考慮しても，この男女差は今後の介護問題を考えるうえで重要であろう。本書では，第 5 章で福岡市の介護保険情報を用いて 65 歳以上全員について，毎月の健康，要介護状態の変化を死亡に至るまで観察することによって多相生命表を作成し，男女の詳細な差異を分析している。

3.2　おもな介護者の状況

高齢者の世帯構造が従来と異なり子供との同居が減少してきているといわれる。また，高齢者だけの高齢者夫婦世帯や高齢者の単身世帯も増加してきている。高齢者の世帯構造の変化に関しては第 4 章で詳述するが，世帯構造の変化の中で要介護者の介護は誰が担っているのだろうか。

介護保険の導入は，次章で詳述するようにさまざまな介護サービスを介護市場から要介護者がいる家庭が利用できるようにした。また，家庭内での介護が難しいような要介護者の生活・介護の場として，従来型の介護施設（特別養護老人ホームなど）だけでなく民間の介護付き有料老人ホームなどが拡充されている。要介護者の生活の場（施設か在宅かなど）については第 4 章で詳しく述べるので，ここでは，「平成 25 年版国民生活基礎調査」より，介護者の状況について概観しておこう。

主たる介護者としては，同居者，別居の家族，介護事業者，その他，不詳に大きく分けられる。同居については，要介護者の配偶者，実子，実子の配偶者，父母，その他の親族に分けられている。

主たる介護者で最も比率の高いものは，同居者であり，全体の 61.6% を占めている。その内訳を見ると，要介護者の配偶者が最も多く 26.2% となる。

次に，実子の 21.8%，実子の配偶者の 11.2% であり，その他の親族と父母の比率はきわめて小さい。この数字からは，直近で見ても，いまだに老老介護が多く存在していることが確認できるが，子供夫婦（実子とその配偶者）のどちらかが主たる介護者となっている比率が 33% と大きなウェイトを示している。なお，同居者が主たる介護者になっている場合，その 68.7% が女性であり，現状でも家庭内でおもに介護を担っているのが女性であることがわかる。同居者以外では，介護事業者の比率が 14.8% と一番大きく別居の家族等の 9.6% より高い。それ以外は，その他が 1%，不詳が 13% となっている。

この数値からは，介護保険が導入されて 10 年以上たっても主たる介護者の多くは同居家族であり，同居している場合には介護事業者からの介護サービスの提供をあまり受けていないように見える。しかしながら，介護施設や民間の有料老人ホームなどに入居した場合には，「国民生活基礎調査」では調査の対象とならない可能性が高い。したがって，以上の数値は，要介護者でも在宅介護を中心に介護されている者を対象としたものになっていることに留意する必要がある。第 5 章で示すように，施設系に入所する要介護者数は増加しており，このようなケースでは主たる介護者が介護事業者となる。

実際に，どの程度の高齢者が本来の自宅以外の場所で生活しているか把握することはかなり難しいが，大体の傾向はわかる。全国有料老人ホーム協会 (2014) の調査によると，2012 年時点で介護も含めた高齢者対象住宅等に入所している人数は，介護施設で約 90 万人（定員数），そのほかに介護施設とは認定されていないが，多くの要介護者が入所していると思われる養護老人ホーム，軽費老人ホーム，介護付き有料老人ホーム[4]，認知症グループホーム，サービス付き高齢者向け住宅などがあり，少なくともこの時点で 100 万人以上の要介護者が高齢者向け施設（ホームなど）に入所していると見られる[5]。

要介護者の中で介護施設へ入所する割合（入所率）は，要介護度 3 以上で見ると，2002 年の 50.2%（全要介護者数に占める要介護度 3 以上の人たちの割合：74%）から 2006 年の 49.1%（同 80%）2011 年の 39.4%（同 83%）と減少してい

---

4) 全国有料老人ホーム協会 (2014) の調べでは，介護付き有料老人ホームの定員は少なくとも 20 万人を超えている。
5) 詳しくは第 4 章で整理している。

るが，カッコ内で示した全要介護者数に占める要介護度 3 以上の割合はむしろ増加している（詳しくは第 4 章表 4-3 を参照）。このことは，重度の要介護者の増加に対応した介護施設の収容定員の拡大が行われなかったことや，民間の介護付き有料老人ホームなどに流れたことが影響していると考えられる。

　介護施設以外にもさまざまな介護事業者が存在し，各種の介護サービスを提供しているが，それらサービスを提供する介護従事者の実態はどのようになっているのだろうか。介護職の中核ともいえる介護福祉士については，介護保険が導入される以前より国家資格として法律で定められている。その登録者数は，7000 人（1990 年），6 万 3000 人（1995 年），21 万 1000 人（2000 年），46 万 8000 人（2005 年），89 万 9000 人（2010 年），139 万 9000 人（2015 年）と介護保険の導入とともに急速に増えている。しかし，実際に介護福祉士として仕事に従事している割合は，[6] 62.4%（2000 年），56.2%（2005 年），58.7%（2010 年），58.4%（2012 年）と 6 割前後である。したがって，2015 年に実際に仕事に従事している介護福祉士数は，従事率を 6 割とすれば 84 万人程度である。

　介護労働安定センターの「平成 27 年度介護労働実態調査」では，介護事業所の 61.3% が従業員の不足感を持っている。現状でも介護従事者が不足している中で，今後予想される要介護者の増加にどのように対応していくかは喫緊の課題といえよう。

4　今後の要介護者数

　前節で示したように，加齢とともに要介護者の発生率は急速に増加していく。後期高齢者となる 75～79 歳層では男女ともに発生率は 10% を超し，80～84 歳層では女性の 3 割以上が要介護者となることを示した。このような状況が続くとすれば，表 1-2 で示したように，今後の急速な高齢者人口の増加が訪れると予想される中で要介護者数はどのように推移するのであろうか。

　表 1-6 は，国立社会保障・人口問題研究所の人口推計（中位推計値）より

---

6)　社会保障審議会福祉部会福祉人材確保専門委員会（平成 26 年 10 月 27 日）配布資料による。

表1-6　2025年の男女別年齢別要介護者数

		65〜69歳	70〜74歳	75〜79歳	80〜84歳	85〜89歳	90〜94歳	95歳以上	要介護計
男 性	発生率(%)	3.0	5.9	11.4	21.4	36.4	56.2	73.6	
	人　口(千人)	3,407	3,622	3,797	2,505	1,487	683	207	
	要介護者数(千人)	103	213	432	536	541	384	152	2,361
女 性	発生率(%)	2.6	6.4	15.4	31.7	53.1	71.0	87.1	
	人　口(千人)	3,665	4,094	4,600	3,522	2,570	1,614	799	
	要介護者数(千人)	96	260	706	1,118	1,366	1,146	696	5,388

2025年の男女別年齢別人口と先の年齢別要介護認定率より要介護者数を計算したものである。男女を合わせれば，800万人弱の要介護者が発生することになる。この人数は，現在と比べて200万人前後要介護者が増えることになる。この数値は単純な前提のもとでの計算結果であり，1つの試算でしかない。また，2010年の介護保険での要介護認定者数を前提としており，実際にはもう少し高めの発生率を前提としたほうが現実的であろう[7]。実際に，各保険者の第6期介護保険計画で行われた2025年の要介護者推定値を積み上げた結果は，900万人前後となっており，ここでの数値を大幅に超えている。

　今後の要介護者数については，要介護の発生理由となる病気（脳血管疾患（脳卒中）や認知症）などの罹患率の推移や高齢者の健康維持策の影響，介護予防の効果などさまざまな要因の変化を加味する必要があり，正確な人数を把握することは難しいが，800万人台程度の要介護者が発生するという想定のもとで，さまざまな対策を講じる必要があろう。

　また，今後の要介護者の動向を考えるうえで重要な視点は地域間の高齢者人口の偏在であろう。表1-7で示すように国立社会保障・人口問題研究所の地域別人口予測によれば，2025年時点で都市部と地方では高齢者の年齢構成が現状と大きく異なってくることが予想されている。表1-7は，都道府県別の2010年から2025年までの後期高齢者の都道府県別に見た増加人数と増加率の上位と下位について各10都道府県について見たものである。増加数，増加比率ともに上位と下位では大きな違いがある。下位の都道府県は現状において高

---

7)　政府が2025年時点での介護費用算出に用いている要介護者数の予想は650万人ほどである。

表 1-7　2025 年地域別後期高齢者人口予測（都道府県）

		増加数（万人）		増加率（%）		参　考 (65～74歳増加率)
上位10都道府県	1位	東京都	74.3	埼玉県	99.7	−8.6
	2位	神奈川県	69.2	千葉県	92.3	−7.9
	3位	大阪府	68.5	神奈川県	87.2	−7.1
	4位	埼玉県	58.8	大阪府	81.3	−18.6
	5位	千葉県	52.0	愛知県	76.7	−8.1
	6位	愛知県	50.6	京都府	65.5	−11.9
	7位	兵庫県	36.2	奈良県	63.4	−9.8
	8位	北海道	35.3	東京都	60.2	−6.9
	9位	福岡県	31.2	兵庫県	59.9	−7.6
	10位	静岡県	22.3	滋賀県	57.6	7.4
下位10都道府県	1位	島根県	1.8	山形県	14.5	7
	2位	鳥取県	1.9	島根県	14.8	−0.1
	3位	山形県	2.6	鹿児島県	16.1	−6.1
	4位	高知県	2.7	秋田県	17.2	1
	5位	佐賀県	2.9	岩手県	21.4	0.5
	6位	秋田県	3.0	鳥取県	21.9	7.1
	7位	徳島県	3.1	高知県	22.4	−6.1
	8位	福井県	3.4	福島県	25.3	15.9
	9位	山梨県	3.8	熊本県	25.4	10.7
	10位	鹿児島県	4.1	佐賀県	25.5	15.2

（出所）　国立社会保障・人口問題研究所。JILPT（2014）より一部転載。

齢者比率が高く，さまざまな高齢者問題を現在の問題として抱え込んでいる地域である。それに対して，上位の地域はそのほとんどが大都市圏に含まれ，現状においては相対的に高齢者問題の程度は低いと考えられている地域である。人数で見ると，いかに上位に含まれる都道府県での変動が大きなものかわかる。増加数について下位10件すべてを足し合わせても上位9位の福岡県の増加数にも満たない。

　今後の要介護者の増加は，たんに人数が増えるだけでなく後期高齢者の増加や地域間の位置付けがこれまでと大きく異なっていく可能性があることがわかる。すでに，高齢者比率が高いような地域では，高齢者の数は相対的に安定的に推移するが，高齢者比率の低い都市部では，今後，後期高齢者を中心として増加していくことが見込まれる。

5　費用から見た介護保険制度

　介護保険などを導入している国について，マクロ的な効率性を評価する試みはすでに森川・筒井（2011）などで行われている。森川・筒井（2011）では，日本の介護保険制度の財政的特徴を 2006 年のデータを用いて国際比較することによって描写している。結論として，全体的にシステムとして高コスト構造や施設介護と在宅介護のバランスの悪さなどが指摘されている[8]。この論文では 2006 年という一時点の比較であるとともに，日本では保険制度が導入されてから，5〜6 年しかたっておらず，結果の解釈に一定の注意が必要であろう。以下では，各時点での推移をも含めて詳細に見てみよう。

　介護に関する支出は 2000 年に介護保険が導入されてからは，介護保険特別会計経理事業により詳しく見ることができる。表 1 − 8 は，介護保険の支出額と，その名目 GDP 比を示している。

　支出額は導入当初の 3 兆 6000 億円（介護給付費：3 兆 3000 億円）から 2013 年度の 9 兆円（介護給付費：8 兆 5000 億円）と大幅に増加している。対 GDP 比で見ても，0.678% から 1.777% と 2 倍以上に拡大している。前節で見たように，要介護者数は今後さらに増加することが予想されている。また，後期高齢者の比率がさらに増加することが予想されており，より重度の要介護者数が相対的に増加することによって介護費用をさらに引き上げることが予想される。

　日本の介護保険においては，支出のうち，原則として 50% が被保険者の負担（それを 65 歳以上の第 1 号被保険者と 40〜64 歳の第 2 号被保険者が負担する）であり，残りの半分が自治体と国の負担，すなわち税金での負担である。第 2 章で見るように，公的介護給付の財源確保の仕方は国によって異なっており，財源を一般税，社会保険料だけという国，日本のように社会保険料と税金を組み

---

8)　具体的には，利用範囲の広い在宅介護の支出に比べて，相対的に低い利用者割合である介護施設に多くの費用が投入されていることを指摘している。しかし，ドイツでは，保険の対象が重度の要介護者（日本での要介護度 3 以上程度）に限られており，影響を与える大きな要因の 1 つと考えられる。実際に，日本の要介護度 3 以上だけで見ると，施設と在宅系の比率はドイツとそれほど変わらない。

表 1 - 8　日本の介護保険支出額と対 GDP 比の推移

年　度	支　出 （十億円）	変化率 （%）	うち保険給付費 （十億円）	GDP 比率 （%）
2000	3,589		3,251	0.678
2001	4,552	26.83	4,122	0.877
2002	4,983	9.47	4,665	0.968
2003	5,407	8.51	5,110	1.043
2004	5,828	7.79	5,564	1.118
2005	6,105	4.75	5,811	1.161
2006	6,340	3.85	5,884	1.197
2007	6,743	6.36	6,170	1.270
2008	7,046	4.49	6,428	1.383
2009	7,417	5.27	6,883	1.507
2010	7,731	4.23	7,264	1.548
2011	8,111	4.92	7,641	1.642
2012	8,654	6.69	8,139	1.749
2013	9,017	4.19	8,522	1.777

（出所）　支出額，給付費：「介護保険事業状況報告」（厚生労働省老健局）。
　　　　　名目 GDP：国民経済計算（内閣府）。

合わせた国が混在する。

　介護保険料だけで保険制度を運営しているドイツでは，被保険者の範囲が狭いだけでなく必要な介護費用の6割前後しか給付されない。ただし，在宅で介護する場合には，介護者にはさまざまな特典が与えられる。ドイツでは，施設入所者の割合は2012年で3割程度であり，被保険者の要介護度が高いことを考えると，その割合は日本より低くなっている。また，在宅介護の担い手に対して介護保険以外でのさまざまな特典を与えることにより，在宅介護を積極的に推し進めている[9]。

　また，給付の仕方についても各国で異なっている。日本のように現物給付だけという国に対して，ドイツのように現物給付と現金給付を組み合わせて支給する国もある。森川・筒井（2011）の調査では，両者の比率はほぼ半々となっているが，なかにはフィンランドのように現金給付の代わりにバウチャーでの給付を行っている国もある。

---

9)　ドイツの介護システムについて詳しくは第2章2.3項を参照。

　介護制度といっても各国で採用されている枠組みは多様である。介護という性質上，医療などとは異なり，世帯構造や家族間の関係などの相違によっても要介護者に対する接し方が大きく異なるであろう。どこまで公的な介護システムで面倒を見るのか，財源をどのように調達するのか，などでも望ましい介護システムと財政問題の関係は異なるであろう。また，高齢者を取り巻く社会保障制度の相違や，家庭内での介護者に対する対応の仕方なども含めて，さまざまな視点から財政問題を検討する必要があろう。

6　おわりに

　介護問題を考えるときに，重要な視点の1つは実態を正確に把握するということであろう。従来，おもに家庭内で介護が行われていた時期には，要介護者の実態は「藪の中」にあったといっても過言ではない。そのために，家庭内介護の困難性が表面化するのは「介護離職」とか「介護を苦痛にした無理心中」などという介護者がもたらす表面的な現象からであった。高齢者の疾病状況が医療保険で比較的明瞭に把握できるように，介護保険の導入によって，かなりの程度，介護の実態が正確に把握されてきたといえよう。しかしながら，病気とは異なり，公表された資料だけからは，その実態を把握するのが困難な部分も多く残されている。

　介護は医療とでは性質が異なる，といっても，介護が必要となる状態を引き起こすおもな原因の1つは3節で示したように脳血管疾患（脳卒中），認知症という病気である。これらの予防策や治療方法の開発が進めば要介護者数は劇的に減少する可能性すら残っている。また，日本の人口構造の将来的変化からは，65歳以上の高齢者人口は2025年くらいまでは急速に増加し2040年前後から減少に転じ，2060年前後には現在と同じ程度の数となる。しかし，高齢者の中身は大きく変化し，現状では前期高齢者（65〜74歳）と後期高齢者（75歳以上）の割合はほぼ同じであるが，今後，後期高齢者の割合が大きく上昇することが予想されている。このような人口構造の変化に対応した介護の枠組みを構築することが急務であろう。

　地方によっては，家族以外の他人に介護されることを嫌う高齢者や家族がいまだに存在することも否定できないが，介護保険制度が導入されて以降，要介護者については実態把握が容易になり，全体像を把握するための最低限の情報を手にすることができたといえる。しかし，要介護者を取り巻く環境についても，その実態はいまだに不明瞭な点が多い。たとえば，2.2 項で示した同居介護者による介護が多いという事実は，介護施設へ入居するという選択肢を考えれば，同居や別居の選択だけでなく家庭内介護と施設介護の選択に伴う内生性の問題も考慮しなければならない。

　以下の章では，さまざまな視点から，現在の介護を取り巻く環境について，できるだけ詳細に把握するとともに，日本の介護制度や問題点を分析・検討することにより今後の課題や政策的方向性を議論する。

付表1　性・年齢別・要介護別要介護者数の推移（シェア）　（単位：%）

年	区分		計=100					総数=100				
			計	要介護2以下	要介護3	要介護4	要介護5	計	要介護2以下	要介護3	要介護4	要介護5
2001	総　数		100	58.7	13.8	14.1	13.4	100	100	100	100	100
	年齢別	65～70歳未満	100	58.8	14.1	12.9	14.2	6.1	6.1	6.3	5.6	6.5
		70～75歳未満	100	61.6	13.1	12.4	12.9	11.3	11.9	10.7	10.0	10.8
		75～80歳未満	100	64.5	12.2	11.7	11.6	17.8	19.6	15.7	14.8	15.5
		80～85歳未満	100	63.4	12.5	12.3	11.7	22.7	24.5	20.6	19.8	19.8
		85～90歳未満	100	57.9	14.3	14.7	13.1	22.3	22.0	23.1	23.3	21.8
		90～95歳未満	100	48.7	16.4	18.8	16.1	12.4	10.3	14.8	16.5	14.9
		95歳以上	100	34.5	17.8	25.3	22.3	3.5	2.1	4.6	6.4	5.9
	性　別	男　性	100	55.6	15.8	15.0	13.7	29.7	28.1	34.0	31.6	30.2
		女　性	100	60.0	12.9	13.7	13.3	70.3	71.9	66.0	68.4	69.8
2006	総　数		100	63.9	13.0	12.2	10.9	100	100	100	100	100
	年齢別	65～70歳未満	100	65.6	13.2	10.9	10.4	5.0	5.1	5.1	4.5	4.8
		70～75歳未満	100	68.5	11.9	10.2	9.4	10.5	11.3	9.6	8.9	9.1
		75～80歳未満	100	70.1	11.2	9.8	8.9	17.9	19.6	15.4	14.4	14.6
		80～85歳未満	100	69.2	11.6	10.2	9.0	23.7	25.7	21.1	19.9	19.6
		85～90歳未満	100	63.3	13.4	12.5	10.8	21.2	21.0	21.9	21.7	21.0
		90～95歳未満	100	52.9	16.1	16.7	14.4	13.1	10.9	16.2	18.0	17.4
		95歳以上	100	37.2	18.1	23.4	21.2	4.6	2.7	6.4	8.9	9.0
	性　別	男　性	100	62.1	14.8	12.7	10.4	29.9	29.0	34.0	31.2	28.5
		女　性	100	64.7	12.3	12.0	11.1	70.1	71.0	66.0	68.8	71.5
2011	総　数		100	61.5	13.8	12.8	11.9	100	100	100	100	100
	年齢別	65～70歳未満	100	63.9	13.5	11.2	11.5	4.3	4.5	4.2	3.8	4.2
		70～75歳未満	100	65.7	12.7	10.9	10.7	8.2	8.7	7.5	7.0	7.3
		75～80歳未満	100	67.4	12.1	10.5	10.0	15.9	17.4	13.9	13.1	13.3
		80～85歳未満	100	67.1	12.2	10.8	9.9	24.0	26.2	21.2	20.2	20.0
		85～90歳未満	100	62.3	13.9	12.5	11.3	24.0	24.3	24.1	23.6	22.9
		90～95歳未満	100	52.1	16.7	16.5	14.7	14.2	12.0	17.2	18.3	17.5
		95歳以上	100	36.1	19.0	23.2	21.8	5.9	3.4	8.1	10.7	10.7
	性　別	男　性	100	61.0	15.3	12.7	11.0	30.4	30.2	33.7	30.3	28.1
		女　性	100	61.7	13.2	12.8	12.3	69.6	69.8	66.3	69.7	71.9
2015	総　数		100	64.7	13.1	12.1	10.1	100	100	100	100	100
	年齢別	65～70歳未満	100	67.1	12.3	10.5	10.2	4.4	4.6	4.1	3.8	4.5
		70～75歳未満	100	69.2	11.7	10.0	9.1	7.9	8.5	7.1	6.5	7.1
		75～80歳未満	100	70.7	11.1	9.7	8.4	14.1	15.4	11.9	11.3	11.7
		80～85歳未満	100	70.5	11.3	9.9	8.3	23.6	25.7	20.4	19.3	19.3
		85～90歳未満	100	65.9	13.1	11.7	9.4	25.6	26.1	25.6	24.7	23.7
		90～95歳未満	100	55.7	16.1	15.8	12.4	15.7	13.5	19.3	20.4	19.2
		95歳以上	100	38.9	19.1	23.1	18.9	6.0	3.6	8.7	11.4	11.2
	性　別	男　性	100	65.3	14.1	11.7	9.0	31.2	31.5	33.6	29.9	27.7
		女　性	100	64.4	12.6	12.4	10.6	68.8	68.5	66.4	70.1	72.3

（出所）　各年の「認定者・受給者の状況」（国民健康保険中央会）より。

付表2　介護保険による要介護の定義

要介護度	定　義	状態区分
要支援1	要介護認定等基準時間が25分以上32分未満又はこれに相当すると認められる状態	①居室の掃除や身の回りの世話の一部に何らかの介助（見守りや手助け）を必要とする。 ②立ち上がりや片足での立位保持などの複雑な動作に何らかの支えを必要とすることがある。 ③歩行や両足での立位保持などの移動の動作に何らかの支えを必要とすることがある。 ④排泄や食事はほとんど自分でできる。
要支援2	要介護認定等基準時間が32分以上50分未満又はこれに相当すると認められる状態	①身だしなみや居室の掃除などの身の回りの世話の全般に何らかの介助（見守りや手助け）を必要とする。 ②立ち上がりや片足での立位保持などの複雑な動作に何らかの支えを必要とする。 ③歩行や両足での立位保持などの移動の動作に何らかの支えを必要とすることがある。 ④排泄や食事はほとんど自分でできる。
要介護1	要介護認定等基準時間が32分以上50分未満又はこれに相当すると認められる状態	①～④は、要支援2に同じ。 ⑤問題行動や理解低下がみられることがある。
要介護2	要介護認定等基準時間が50分以上70分未満又はこれに相当すると認められる状態	①見だしなみや居室の掃除などの立位保持などの動作に何らかの支えを必要とする。 ②立ち上がりや片足での立位保持などの複雑な動作に何らかの支えを必要とする。 ③歩行や両足での立位保持などの移動の動作に何らかの支えを必要とすることがある。 ④排泄や食事に何らかの介助（見守りや手助け）を必要とすることがある。 ⑤問題行動や理解低下がみられることがある。
要介護3	要介護認定等基準時間が70分以上90分未満又はこれに相当すると認められる状態	①見だしなみや居室の掃除などの身の回りの世話が自分ひとりでできない。 ②立ち上がりや片足での立位保持などの複雑な動作が自分ひとりでできない。 ③歩行や両足での立位保持などの移動の動作が自分でできないことがある。 ④排泄が自分ひとりでできない。 ⑤いくつかの問題行動や全般的な理解の低下がみられることがある。
要介護4	要介護認定等基準時間が90分以上110分未満又はこれに相当すると認められる状態	①見だしなみや居室の掃除などの身の回りの世話がほとんどできない。 ②立ち上がりや片足での立位保持などの複雑な動作がほとんどできない。 ③歩行や両足での立位保持などの移動の動作が自分ひとりではできないことがある。 ④排泄がほとんどできない。 ⑤多くの問題行動や全般的な理解の低下がみられることがある。
要介護5	要介護認定等基準時間が110分以上又はこれに相当すると認められる状態	①見だしなみや居室の掃除などの身の回りの世話がほとんどできない。 ②立ち上がりや片足での立位保持などの複雑な動作がほとんどできない。 ③歩行や両足での立位保持などの移動の動作がほとんどできない。 ④排泄や食事がほとんどできない。 ⑤多くの問題行動や全般的な理解の低下がみられることがある。

第 2 章

日本の介護制度と経済理論

1　はじめに

　第1章で示したように，日本はまれに見る速さで高齢化を迎え，その結果十分な準備期間を経ずに高齢社会を迎えることになった。高齢者の増加に伴う大量の要介護者の出現はさまざまな問題をもたらすことになった。要介護者を抱えた家族の介護問題だけでなく，要介護者対策に伴う財政問題も顕在化させた。次節で見るように，それらの問題を解消するためにさまざまな施策が考えられ実行されてきた。

　そのような流れの中で 2000 年に導入された日本の介護保険制度は，国際的に見ても広範かつラディカルな介護政策である。本章ではまず，この政策を歴史，制度，国際比較といった視点から簡単に紹介する。そして，それらを経済理論の観点から整理・検討する。経済理論としては，まずなぜ介護政策が政府主導で行われるのかを保険市場の失敗という観点から論じる。そして，政府主導の介護政策がある程度正当化されるという前提のもとで，日本の介護保険政策における論点として，①現金給付でなく現物給付を行うことの是非，②介護サービス選択への介入の是非，③地方政府の役割，の3点について考察する。

　本章では，あくまでも経済学という視点がメインであり，また本書における他章の議論の準備という点を重視してトピックを選んでいるため，介護保険に関するさまざまな話題を捨象している。捨象した部分に関わる膨大な先行文献からその一部を紹介すると，歴史過程，制度面に関しては Campbell and Ike-

gami（2000），増田（2001），Tamiya et al.（2011），介護保険制度史研究会編
（2016），池上（2017）など，国際比較に関しては Costa-Font and Courbage
eds.（2011），OECD（2004, 2011, 2013），増田編（2014）などがある。また，本
書と同様に経済学的な観点から日本の介護制度に関するサーベイを行ったもの
に Shimizutani（2014）や鈴木（2016），また最近の関連する論文集としては
Olivares-Tirado and Tamiya（2014），西村監修（2014），岩本ほか（2016），
Japanese Economic Review の 2016 年 6 月号などがあげられる。

2　介護政策の概観

2.1　介護政策の歴史的展開

　ここでは，介護制度を歴史，制度，国際比較といった視点から概観する。日
本における急速な高齢化は，介護問題を顕在化させることになった。このよう
な状況の中で，1988 年に「社会保障ビジョン」（長寿・福祉社会を実現するため
の施策の基本的考え方と目標）が作成され，2000 年度までの具体的な数値目標が
設定された。1989 年には，このビジョンを具現化した「ゴールドプラン」（高
齢者保健福祉推進十か年戦略）が策定され，1994 年には更新されて新ゴールドプ
ランとなった。ゴールドプランでは，高齢者介護は福祉政策の一環として，措
置制度の枠内で行われていた。またこのプランでは，市町村を中心とする提供
体制が採用されていた。

　以上のように，日本においては，1980 年代からすでに介護問題に対して政
策的な対応がとられていた。しかし，このような施策は関係予算の増大をもた
らし，財源の確保が大きな政策課題として登場することになった。一方で，ゴ
ールドプランにおける措置制度による弊害が強く意識されるようになり，高齢
者自身の意思に基づいてサービスが選べるようなシステムの必要性が強く唱え
られるようになってきた。また，政策形成の中で，これまで家庭内介護を担っ
てきた女性に対する介護負担を軽減し，労働市場への参加を促進する「介護の
社会化」が政策目標としてあげられてきた。

　以上のような経緯のもとで1996年に介護保険制度創設に関する与野党合意が行われ，1997年に介護保険法が成立し，2000年に介護保険が導入された。結果として，措置制度などは見直されたが，それまでの枠組みを踏襲している部分も多く見られる。このような意味で，介護保険制度はそれまでの制度を一部引きずりながら新たな枠組みを導入したものである。

　こうした介護保険の過渡期性格は制度創設当初から理解されており，介護保険法は3年ごとに見直しがなされることが定められていた。実際，これまでの介護保険法改正では，介護予防の導入など抜本的な改正を行った2006年に代表されるように，多くの制度改革が実施された。このことは，状況の変化に対応した柔軟な施策を可能にする一方で，短期的なルールの変化に対応しなければいけない現場の混乱をも招いてきた。したがって，介護市場の産業組織を考えるとき，長期的な均衡状態にいるとは考えにくいということに留意が必要であろう。

　なお，日本の介護保険制度について高く評価されるべき点として，介護保険発足当初から，良質な官庁統計が整備されていることがあげられる。統計調査の具体的な内容は本書の各章に譲るが，統計法のもとで，多くのデータが研究者にとって利用可能なものになっている。たとえば，80%以上の介護保険利用者個人に関する月次パネルデータと，すべてのサービス提供者に関する年次パネルデータが結合可能な形で提供されている。このような，諸外国を見ても類を見ない規模の，まさに介護ビッグデータというべきである。

2.2　介護保険制度の基本的枠組み

(1)　要介護度と介護報酬

　保険制度には，保険を提供・運営する保険者と，保険の利益を受ける利用者が存在する。日本の介護保険制度においては，保険者は基本的に基礎自治体である市町村であるが，いくつかの市町村が合同して広域連合，一部事務組合を形成し，保険者となることも認められている。

　保険制度の利用者には，保険料を支払う被保険者と実際にサービスを受けられる利用可能者という2面が存在するが，日本の介護保険制度では必ずしも被

保険者と利用可能者は一致しない。被保険者は 65 歳以上の高齢者（第 1 号被保険者）と 40〜64 歳（第 2 号被保険者）に年齢によって区分される。介護保険によるサービスが受けられるのは 65 歳以上の高齢者と，第 2 号被保険者のうちパーキンソン病など高齢化関連疾病に罹患し介護を必要とする者である。

　実際に介護サービスを受けるためには，「要介護認定」を受ける必要がある。この認定によって定められる「要介護度」のレベルに応じて，介護保険における利用可能なサービスや給付の上限額などが定められている。これは介護保険の特徴である。この背景には，治癒というゴールがある医療などと異なり，加齢という不可逆的なものを対象とする介護の特質がある。つまり，介護サービスは投入規準を客観的に定めることが難しく，公的保険で介護を提供する際には上限の線引きが必要になる。

　要介護認定を行うのは，保険者によって設置される，保健・医療・福祉の学識経験者よりなる介護認定審査会である。介護認定審査会は，高齢者の心身に関する数十点の状況調査に基づく 1 次判定と，主治医の意見書等に基づき，2 次判定を行う。要介護度は，基本的には介護に必要な時間がどの程度のものであるかに基づく分類である。一方，Kurimori et al.（2006），栗森ほか（2010）の分析によると，要介護度と利用者の効用との間には逆相関が見られ，要介護度を Quality of Life の指標として扱うことに対する妥当性が示されている。

　要介護度には，2006 年までは「要支援」と「要介護 1〜5」の 6 段階，2006 年以降は要支援 1, 2 と要介護 1〜5 の 7 段階があり，これらに非該当であると認定された場合には介護保険による給付は受けられない。認定結果に不服がある場合は，各都道府県の介護保険審査会に審査請求をすることができる。認定には有効期限があり，さまざまな規定があるがおもに申請時の翌月から 6 ヵ月間有効である。認定区分の詳細は第 1 章の付表 2 に整理されている。また，要介護認定に関する記述は Tsutsui and Muramatsu（2005）に詳しい。

　なお，要介護認定が中立になされているかという点については，清水谷・稲倉（2006）が財政状況の悪い保険者では認定率が低いことを指摘している。そのほかにも，認定員によって認定結果にぶれが出ること（池上，2017，213 頁），認定項目の妥当性などの点でも多くの議論がある。要介護度の設定は介護費用を根幹から規定するものであり，今後も引き続き議論が必要な話題であろう。

　要介護度による設定の枠内で提供される介護保険サービスに対して，その利用額の1割（2015年改正より高所得層は2割）が利用者の自己負担となる。介護報酬の額は医療報酬と同様の点数制によって定められているが，地域によって金額に対する換算率が異なっており，1単位は10円から11円台まで一定の幅を持って決められている。また，要介護度によって規定される上限を超えてサービスを利用することも可能であるが，上限を超えた額については100%自己負担となる。

　なお，介護保険によって規定されていない保険外サービスを，介護保険サービスと合わせて使うという意味での「混合介護」に関して，近年議論が進んでいる。現状でも混合介護自体は禁止されていないが，たとえば介護保険サービスの提供時間枠内に，ペットの世話などの保険外サービスを提供するようなことは制度上できない。この点をより柔軟にすることで介護市場を活性化しようとの議論がなされている（2017年2月21日規制改革推進会議公開ディスカッション）。

　また，低所得者層向けの救済策として，生活保護世帯は介護費用が全額生活保護から支給される。また，「高額介護サービス費」と呼ばれる免除制度がある。この制度は，所得に応じて個人・世帯単位での介護費支払上限を定めるものである。所得の設定は制度改正によって変動しているが，大まかにいえば世帯の全員が市区町村民税を課税されていない場合には所得に応じて上限額が下げられる。また，それ以上の所得を持っている場合でも，世帯単位での支払額上限が設定されている。具体的な設定額については，本書第5章で触れる。

　国際比較に関しては次節で述べるが，介護保険制度を持つ国の中で日本の顕著な特徴としてあげられるのが，要介護認定範囲の広さである。ドイツの要介護は近年改正されるまで3レベルから構成されていたが，これらは日本の要介護3, 4, 5という最重度のレベルとほぼ一致するといわれている[1]。つまり，日本の要支援1, 2や要介護1, 2は，ドイツにおいては介護保険法の枠外にある。次節以降に述べるさまざまな日本の制度特性は，このように軽度要介護者を対象としていることから生まれている。

1）　増田編（2014，201頁）。なお齋藤（2013）によれば，必要な介護時間だけで見ればドイツの要介護1は日本の要介護4に該当する。

(2)　介護保険でカバーするサービス

　介護保険で提供されるサービスは大きく，①施設系サービス，②居宅系サービス，③地域密着型サービスの 3 つに分けられる。具体的に見ていくと，①は施設に入所した高齢者に対するサービスであり，介護老人福祉施設，介護老人保健施設，介護療養型医療施設を含む。介護老人福祉施設（特別養護老人ホーム：特養）とは，自宅での介護が難しい者を期限の定めなく入所させる施設である。介護老人保健施設（老健）は，病院などからの退去後に，在宅への復帰を目標に心身の機能回復訓練をするリハビリ施設である。介護療養型医療施設は，老健よりも重度の急性疾患や障害を持つ高齢者を受け入れる医療施設である。2006 年介護保険法改正以降，居住費（滞在費）と食費の「ホテルコスト」が多くの施設類型で介護保険給付の対象外となり，これらは低所得者層への救済措置はあるものの原則自己負担となった。こうした施設介護はおもに重度要介護者を対象とするものであり，諸外国にも似たような部門が存在する。

　一方で，日本の介護保険制度を特徴付けるのは，②に含まれるサービスの多様さである。②は自宅に住む高齢者に対する介護サービスであり，概して軽度要介護者を主たる対象としている。施設介護のように 1 つのサービスで完結するのではなく，また，これら居宅系サービスにおいては相互に補完的な多様な部門が内包されている。これらを要介護度だけでなく，同居介護者の有無などの利用者の家庭環境などをも考慮して選択することになる。

　②に含まれるものとして，事業者が高齢者の自宅を訪ねて介護を行う訪問系サービスがある。この部門は訪問介護，訪問入浴介護，訪問リハビリテーション，訪問看護，居宅療養管理指導といったサービスからなる。このうち訪問看護，居宅療養管理指導は看護師など医療系スタッフによる訪問サービスであり，医療保険による往診との間には明確な区別が設けられている。訪問介護の 1 つの柱は入浴・排泄・食事といった身体的接触を伴う「身体介護」であり，日常生活動作や意欲の向上を目的としている。もう 1 つの柱は調理・洗濯・掃除等の家事を行う「生活援助」であり，本人・家族が家事を行うことが困難な場合に行われる。

　もう 1 つの大きな部門として，日中日帰りで高齢者を施設で預かり，施設までの送迎も行う通所系サービスがあげられる。この部門には，通所介護・通所

リハビリテーションといったものが含まれる。これらは利用者の機能改善や生活援助を行うだけでなく，同居家族がいる場合には家族介護者の就労や介護からの息抜き（レスパイトケア）という点をも重要な目的としている。さらに，30日までの短期間高齢者を施設で預かる短期入所系サービスの部門には短期入所生活介護，短期入所療養介護が含まれる。

　また，福祉用具貸与，福祉用具販売，住宅改修といったものも②に含まれる。これらの部門は，ほかの介護保険サービスと異なり，サービス提供事業者が値段設定を行えるという特徴がある。この点については，市場価格より明らかに高い料金設定を行う事業所があることが報告されるなどの問題点がある。この部門に関する議論は東畠（2015）に詳しい。

　さらに，制度的に②に含まれるが，施設における介護を提供する部門に，有料老人ホームや高齢者専門住宅といった特定施設入所介護がある。これと③に含まれる認知症対応型共同生活介護（グループホーム）は Sawamura, Sano and Nakanisi (2015) が分析したように，①のサービスと代替的な関係にあると考えられる。また，①に参入できるのは非営利法人の一部法人格に限られるが，②，③には営利法人の参入できるサービスがあることも，これら部門を考察する際に重要な要素である。

　このように，居宅系サービスは多様な部門を含み，それぞれのサービスは相互に関連しあっている。このような複雑な部門から，各要介護者がどのサービスを用いるべきかを定めるのがケアマネージャーである。ケアマネージャーは，何をどれだけ，どのサービス提供事業者から買うかを定めたケアプランを作成する。ケアマネージャーの存在は日本独自といえるものであり，第**7**章で詳細に論じられる。

　介護保険制度発足当初の介護保険サービスは①と②のみであったが，2006 年改正によってこれらの混合的なサービスである③が導入された。①と②におけるサービス提供事業を運営するには，都道府県知事（政令市では市長）による指定（許可）制が必要であり，2006 年改正以降は 6 年ごとの指定更新も必要とされている。一方で，③ではサービス事業者の指定をも市町村が行うといった違いがあり，その名のとおり地域に根ざしたサービス提供を目指すものである。

（3）　地域介護と医療との連携における課題

社会保障制度改革国民介護の報告書（平成 25 年 8 月 6 日）において以下のような記述がなされている。

「……将来的には，介護保険事業計画と医療計画とが，市町村と都道府県が<u>共同して策定する一体的な</u>「地域医療・包括ケア計画」とも言い得るほどに<u>連携の密度を高めていくべきである</u>」(注：下線部は著者による)

この記述で注目されることは，下線で示した都道府県と市町村（保険者）の一体化と，介護と医療の連携を強調している点である。このような流れは，上述した 2006 年の制度改正にも具体的に現れている。また，第 6 期介護保険事業（支援）計画には，それまでになかった 2025 年度の推計および目標を記述するように求められている。地域密着型施設については保険者が，介護保険施設については都道府県が，必要定員総数を超える場合には指定等をしないことができるなどとの規定と併せて考えると，医療・介護連携による在宅型介護の推進が強調されている。このことは，言い換えると要介護者をできるだけ地域内で抱え込むことが望ましい，という前提に立った政策的方向性が採用されているといえよう。

その際の地域とは，要介護者が「慣れ親しんだ地域」でありきわめて狭い範囲を指しており，現在の保険者が基礎自治体であることと対応している。一方で，現在以上に都道府県の関与も求めており，保険者と都道府県の連携強化なのか，関係を不透明にするものなのか判断が難しい。現在でも介護保険の運営に苦慮している保険者が存在しており，現状の枠組みを維持しながら都道府県との連携を強めるということには疑問が生じる。

現在の保険者は 2.1 項で示したように，措置制度が市区町村で行われていた名残ともいえるものであり，保険者として基礎自治体が相応しいのか厳密な検証がなされていない。また，単独で十分な保険者機能を果たすことができない自治体については，一部事務組合や広域連合などによって運営されているが，このような組織形態による運営の効率性について検証したものは少ない。その中で，清水谷・稲倉（2006）は制度全体や枠組み，価格，サービス内容などが国によって統一されている反面，運用等が保険者（基礎自治体）に任されるという「集権的かつ分権的」アプローチのもとでは，保険者の財政状況が認定率

や利用率に影響を与え，財政状況が悪化している保険者は要介護認定を厳しくしたり，利用者数を抑制している可能性があることを指摘している。

今後，医療・介護において地域性をより重視するならば，保険者機能が十分に発揮できる地域のあり方についての議論が必要であろう。

(4) 介護保険制度における財政

介護保険サービスでの支出については，公的部門と保険料で50％ずつを負担することとなっている。公的部門での負担の内訳は，介護保険法発足当初は，国25％，都道府県12.5％，市区町村12.5％であった。2006年改正以降，施設等給付費については変更があり，国20％，都道府県17.5％，市区町村12.5％と都道府県のプレゼンスが増大した。国の負担のうち，5％は保険者ごとに後期高齢者の割合や第1号被保険者の所得の状況に応じて調整交付金として交付される。

保険料収入については，第1号被保険者保険料と第2号被保険者保険料の割合は，両者の人口の割合に基づき決定される（詳しくは，終章補論を参照）。第1号被保険者保険料については，各保険者が3年を1期とする介護保険事業計画を策定し，その費用見込み額等に基づき3年間の財政を均衡させるように設定する。

第2号被保険者保険料は標準報酬月額の一定割合と定められているため，短期的には保険料と負担額が一致せず，余った額は全国的にプールされる。第1号被保険者の保険料は65歳以上の比率や給付額の予測値から各保険者で3年ごとに定められるため，予測給付額と実際の給付額が異なる，予測保険料と実際の保険料が一致しない，などが考えられる。そのため，国，都道府県，市区町村が3分の1ずつを負担し財政安定化基金を設立し，財政不足額のうち保険料収納不足額の2分の1を交付，残りの2分の1と給付費増分は貸し付けられる。貸付額は次の3年の事業運営機関に保険料を財源として償還される。

2.3　国際的に見た日本の介護制度

(1)　概　　観

　本項では，国際比較を通じて日本の介護保険制度の特徴を把握する。まず，介護財政のあり方についてはいくつかのパターンがある。まず1つは地方政府による，税負担を財源にしたものであり，カナダ，フィンランド，フランス，ハンガリー，スペイン，スウェーデン，スイスが該当する。第2に，中央政府による，一般税を財源としたものがあり，オーストラリア，オーストリア，アイルランド（居宅介護），メキシコ，オランダ（一部），ニュージーランド，ノルウェー，ポーランド，スペイン，イギリスが該当する。第3が，中央政府による，社会保険を財源としたものであり，日本のほかドイツ，韓国，オランダ（一部），ルクセンブルクがここに含まれる。また，アメリカは公的医療保険と自己負担を混合させた独自の政策をとっており，第4章で詳細を述べる。なお，保険と税という差異に関しては，Boadway and Keen（2000）が保険は再配分政策の一部だと論じているように，経済政策としては重なる部分も多く，本書ではこの差異については深く立ち入ることはしない。

　次の特徴は，給付の仕方であり，大きく現物給付と現金給付に分けられる。日本では行われていない現金給付に関しては，これを認める国も多数ある。一般税負担による国ではオーストラリア，オーストリア，フィンランド，オランダ，スウェーデン，スイスがこれに該当し，イギリス，カナダ，アイルランド，ノルウェーでも部分的な現金給付が認められている。また，保険制度をとっている国でもドイツ，韓国，ルクセンブルクで現金給付が認められている。

　最後に介護保険の地域間再配分の機能について見ておこう。地方政府による税負担方式をとっている国でも，カナダ，フィンランド，フランス，スウェーデン，スイスなど政府間移転が行われている国は珍しくない。一方，介護保険を導入した国の中では，ドイツ，日本では地方政府が財政責任を持つことが原則となっている。ただし日本では，すでに議論したように中央政府による調整交付金が支給される。

　介護分野の国際比較研究としては，パネルデータである Survey of Health,

Ageing, and Retirement in Europe（SHARE）を用いたヨーロッパ内比較として Bolin, Lindgren and Lundborg（2008a），Bonsang（2009）があり，いずれも家族介護と市場経由で購入される介護サービスとの関係を分析している。SHARE はアメリカで蓄積されている Health and Retirement Study（HRS）などと互換性のある調査である。日本でも「くらしと健康の調査（JSTAR）」がこのような構造を持ったパネルデータとして蓄積されている。現在公開されている第3回調査まででは標本内の介護保険利用者の絶対数が少ないが，今後対象者の高齢化に従って増加すると思われ，将来的には重要な研究資源になることが期待される。

(2)　各国の総医療・介護費

　総医療・介護費に関して語る際，近年の医療経済学において提示されている重要な概念に Zweifel, Felder and Meiers（1999）によるレッドヘリング（Red herring）[2]仮説がある。この仮説が主張するのは，高齢化は医療費の増大の直接原因ではないということであり，その内容は下記のようにまとめられる。高齢化の進展とともに総医療費が増大しているのは事実である。一方で，Fuchs（1990）や Lubitz and Riley（1993）が示すように，一般に医療費が高くなるのは，年齢を問わず，死の直前である。したがって，高齢化による医療費の増大は，高齢者の死亡率が高いから起こることにすぎない。この仮説が正しければ，人はいつか死ぬのであるから，この医療費は削減しようのないものである。

　Zweifel, Felder and Meiers（1999）によるこの仮説の検証方法は，個人のある時点での医療費を目的変数とする回帰分析（論文では医療費が 0 である個人の情報を調整するするためトービットモデル）を用いるものである。ここで説明変数として年齢に加えて「亡くなるまでの年数」を入れると，レッドヘリング仮説のもとでは，年齢の係数は有意にならない。実際スイスのデータを用いた分析の結果，年齢の係数は有意でなく，この仮説と整合的な結果が得られている。Salas and Raftery（2001）が指摘するように，この回帰分析には内生性の問題やトービット分析に関する技術的な問題があった。しかしこれらの点を考慮し

---

2)　なお，Red herring（燻製ニシン）とは，人の注意をそらし，惑わすような情報を意味する英語の慣用句である。

た Zweifel, Felder and Werblow（2004）や Shang and Goldman（2008）など多くの研究によってもレッドヘリング仮説は支持されている。

　一方で介護費に関して，レッドヘリング仮説は成立するのであろうか。Yang, Norton and Stearns（2003），Werblow, Felder and Zweifel（2007），Weaber et al.（2009）などの研究は，同様に亡くなるまでの年数をコントロールしても，介護費には年齢による効果が有意に残っていることが示されている。つまり，高齢化の進展は介護費を直接的に増加させることになる。

　このような研究には死亡時期と医療・介護費用のわかる個人レベルのデータが必要であり，日本においては難しいものであった。このような状況で日本のデータを用いた研究としては，地方自治体から提供を受けたデータを用いた Hashimoto, Horiguchi and Matsuda（2010）がある。彼らの研究でも，医療費についてはレッドヘリング仮説が当てはまるが，介護費用に関しては年齢の効果が有意に現れることが示されている。したがって，諸外国と同様，日本においても高齢化の進展が介護費用の直接原因になっているという，妥当な結果が導かれる。さらに田近・菊池（2011）では，同様に自治体提供データを用いた分析の結果，医療，介護には代替的な関係があることを示した。この結果，とくに死亡直前の治療密度の低い入院を施設介護に替えることで，総医療・介護支出の削減が見込めることが示唆されている。

　こうした理論的背景をもとに，アメリカの医療・介護費を総合的に分析した Spillman and Lubitz（2000）によれば，とくに施設介護費用が年齢とともに増大することが示されている。介護費用の国際比較としては OECD による調査があり，最新版にあたる Health at a Glance 2015 は，2013 年のデータをまとめている。これによれば，日本の介護費用は対 GDP 比 2.1% と OECD 平均の 1.7% より高い。日本より高い数字を示す国にはスウェーデン（3.2%），ノルウェー（2.2%）などの北欧諸国や，介護保険制度を導入しているオランダ（4.4%）がある。一方で，介護保険を導入しているドイツは 1.0% と低い。

　第 1 章でも見たように，森川・筒井（2011）は，OECD の 2009 年 6 月データを用いて，より詳細な国際比較を行っている。その結果日本は，施設介護利

3）　http://www.oecd-ilibrary.org/social-issues-migration-health/health-at-a-glance-2015/
long-term-care-expenditure_health_glance-2015-79-en, 2017 年 5 月 9 日アクセス。

用率が低く，居宅介護利用率が高い一方で，施設介護の支出規模が大きく，居宅介護の支出規模が小さいという，独特のパターンを示していることが示唆された。つまり，施設介護の不効率性と居宅介護の効率性が，日本を特徴付けているというのである。

　ただし，こうした国際比較において，統計数字の定義が国際比較可能なものであるかという点には議論が必要である。

(3)　ドイツの介護保険制度[4]

　ドイツの介護保険制度は，日本の制度設立の5年前にあたる1995年に創設され，日本の制度にも大きな影響を与えた。ここでは介護保険制度をとっている国々の中でもとくにドイツについて，経済学的に見た日本との差異という視点から概説，検討しよう。

　日独の大きな違いとしては以下の2点があげられる。まずはドイツには現金給付がある点は特筆すべき差異である。齋藤（2013）によれば，現金給付の給付額は，要介護度によって異なるが現物給付の場合の40〜50%である。また，現金・現物給付を組み合わせて利用することもできる。なお，須田（2006）の解説するように，ドイツ（旧西ドイツ）は少子化対策に関しても現金給付を中心とした政策をとる一方で保育園整備が遅れていたということもあり，福祉・家族政策で現金給付を積極的に採用する国であるといえる。

　現金給付の目的は家族介護者の支援であり，この背景には高コストな施設介護を居宅介護でできるかぎり代替したいという政策意図がある。この目標のため，現金給付を補完するものとして，介護期間中の労働時間に関しても，柔軟な制度設計がなされている。具体的な説明を齋藤（2013）から借りれば，介護期間中は労働時間を50%まで短縮できるが，一方で賃金はフルタイム就業時の75%を受け取ることができる。介護期間終了後にフルタイムに復帰すると，労働時間100%に対して，介護期間中の「負債」を返し終わるまでは賃金が75%で据え置かれる。そのほかにも，労災認定などさまざまな介護者支援が

---

4)　本節の記述は，ドレスデン工科大学 Alexander Karmann 教授らとの共同研究をベースとしている。なお，経済学に限らない広範な視点からの日独比較が，Campbell, Ikegami and Gibson（2010）によって提供されている。

提供されている。

こうした介護者支援政策の帰結が現れてくるのが，高齢者の家族における労働参画である。本書第 6 章で示すように，日本の女性に関して，介護保険制度の創設・浸透は，女性の労働参画率を高めているという示唆が得られている。一方，Geyer and Korfhage（2015a）は，労働供給モデルの構造推定を行い，現金給付の労働参画への弾力性が負で大きな値，現物給付の労働参画への弾力性が正で小さな値となっており，両者を同時に増やした場合，労働供給の減少が起きることを示した。Geyer and Korfhage（2015b）は介護保険創設以前・以後のデータを用いた Difference-in-differences 法によって子供世代の労働参画を分析した結果[5]，介護保険制度の創設は女性の労働参画には有意な影響を与えず，一方で男性の労働参画には負で有意な影響を与えたという結論を得ている。労働供給への負の効果は本書第 6 章で得られたものとは逆であり，日独の制度的差異が異なる経済的帰結をもたらしたものとして解釈できる。

第 2 の差異としては，低所得者層への支援額があげられる。ドイツの介護保険は「部分保険」と呼ばれ，支給額が限定されているため，低所得者層には広範なセーフティーネットが必要となる。まず各要介護度における支給上限額は，日本と比べかなり少額である。また，Rothgang（2010）に詳述されているように，施設介護においては介護費用（の一部）のみが介護保険によって支払われ，ホテルコストや施設改修などの「投資コスト」は利用者の自己負担となる。このような状況で，日本の生活保護にあたる社会扶助が介護費用に当てられる度合いが，日本と比べ大きい（齋藤，2013）。

この点について，Bakx et al.（2015）では，SHARE による Oaxaca-Blinder 分解という手法を用いて，オランダとドイツにおける介護サービスへのアクセスの違いについて分析している。結論として，所得に応じた実質的な自己負担率が大きく変動するドイツでは，この幅の小さいオランダと比べ，より寛容な政策下にある低所得者層の介護サービス利用が多いことが示されている。これに対応するような日独比較研究は著者の知るかぎりまだなく，今後の発展が待

---

5)　高齢者と同居している 45〜65 歳の人のうち，同居高齢者がなんらかの介護を受けている場合を treated group とした分析である。この状況が準実験的なものと解釈できるかという点に関して，論文内では議論がなされている。

たれる。

2.4 仕事と介護の両立のための制度

　介護保険制度は，要介護者が発生したときのリスクを幅広く皆で負担する枠組みであるが，介護者の負担がすべて賄われるわけではない。第6章で示すように，要介護者を抱えた家族の就業行動は介護保険導入前後では異なってきており，保険制度を導入したことによる一定の効果は見られる。しかし，介護保険制度の導入だけで介護を担う家族の就業行動を促進しているわけではない。当然，それ以外の制度的要因が影響していると考えられる。ドイツなどでは，現金給付も認められていることもあり，家族介護を行う者については介護保険制度以外にもさまざまな特典が用意されている。日本ではどうであろうか。介護保険導入時からは時間がたっているが，介護の社会化を目指してこれまで家庭内で介護の負担を担ってきた家族に対する支援策が徐々に導入されてきた。とくに，介護のために就業行動が制約されてきた人たちに対する支援策が充実してきている。

　以下では，仕事と介護の両立を目指すための制度について簡単に見ておこう。これらの制度は，育児・介護休業法で定められたものであり，「介護の社会化」に伴い家庭内での要介護者の就業と介護の両立を目指したものである。

　1．介護休業制度

　家族内に要介護者がいる場合，要介護者1人について介護が必要になるたびに1日，通算して93日まで労働者から会社に申し出ることで休業できる。介護休業中は，介護休業給付金として，要件を満たせばハローワークより休業前の40%（2016年8月より67%）の賃金が支給される。

　2．介護休暇制度

　要介護者1人につき，1年度に5日まで，2人の場合には10日まで，介護休業や年次有給休暇とは別に会社に申し出ることで利用できる。

　3．介護のための短時間勤務等の制度

　　イ）短時間勤務制度：日・週・月単位で時間や日数の短縮を行う

　　ロ）フレックスタイム制度：一定の期間で総労働時間を決めておき，その

範囲内で始業・終業時間を自分で決める

ハ）時差出勤制度：1 日の労働時間を変えずに始業や終業時刻を自分で決める

ニ）労働者が利用する介護サービスの費用の助成その他これに準ずる制度

事業主は以上の制度のいずれかを策定する必要があり，雇用者は介護休業と通算して 93 日の範囲内で利用することができる。

以上のほかにも残業免除などの制度があるが，一部については 2017 年 1 月 1 日より施行された。このような雇用者に対する支援策は介護保険と併用することで，第 6 章で示すように介護を行うことによる就業抑制効果を減少させていると考えられる。ただ，これらの制度は正規雇用を前提としている部分も多く，すべての雇用者がこのような制度の恩恵を受けるわけではない。実際に第 6 章の分析では，非正規雇用に関しては介護による就業抑制効果を減少させる効果は見られなかった。

3　経済学から見た介護保険制度

3.1　民間介護保険市場の失敗

基本的なミクロ経済理論の帰結として，リスクに対しては民間企業による保険で対処することが可能となる場合がある。実際に，現在の日本においては損害保険・生命保険が民営化されている。民営企業による運営は市場競争による効率化をもたらすため，政府介入がなされるケースと比較してより社会的厚生を高めるものであることが理論的帰結として与えられる。しかし，要介護リスクをカバーする「民間介護保険」は，国際的に見てもその規模は限られている。日本でも，公的介護保険のほかに生保・損保につぐ「第三分野」の保険として，がん保険などと並び民間介護保険が存在しているが，市場規模は大きいとはいえない。

民間介護保険市場が機能しないのであれば，公的介護保険のような国による介入が正当化される余地がある。実際，介護問題が一般的になっている先進国

では，前節で紹介したように，政府主導での介護政策を提供している場合が多い。ではなぜ民間介護保険は機能しないのであろうか。とくにアメリカでは，Brown and Finkelstein（2009, 2011）にサーベイされているように豊富な実証研究の蓄積が見られる。以下簡単に触れておこう。

保険機能を妨げるものの代表格は，利用者と保険者との間の情報の非対称性である。この点について，Finkelstein and McGarry（2006）では，要介護リスクに関わる私的情報の種類が多岐にわたるため，情報の非対称性の問題が発生していることが示されている。とくに，逆選択を起こす私的情報として，Oster et al.（2010）では高齢化関連疾病（ハンチントン病）に関する遺伝情報があげられている。

また，公的保険によるクラウディングアウト（民業圧迫）も，民間保険の機能を阻む要因としてあげられるものである。この点に関して，Pauly（1990）は，低所得者層向けの公的保険であるメディケイド（Medicaid）によるクラウディングアウト効果を指摘している。これを定量化するものとして，Brown and Finkelstein（2008）による研究では，動学マクロ経済モデルによるカリブレーション分析の結果，多くの個人にとっては合理的な行動の帰結として民間介護保険を購入しないことが最良の選択となるという示唆を得ている。こうした論点は，公的介護保険が導入された 2000 年以後の日本における民間介護保険市場の薄さに対しても有効であると考えられる。

なお，公的介護保険のほかに，長寿リスク（Longevity risk）に関するさまざまな保険も，民間介護保険の代替物となりうる。これは，長寿リスクと要介護リスクとが大きな相関を持つからである。具体的に見ると，本書第 5 章における福岡市全数データを用いた分析で示すように，65 歳時点では要介護状態にいる高齢者比率は 5% に満たないのに対し，95 歳以上では逆に，要介護認定を受けていない高齢者の比率は 20% に満たない。長寿リスクに対する保険機能を持つものとして，公的年金や，リバース・モーゲージや民間年金保険（Annuity）などがある。しかし，Davidoff（2015）や Finkelstein and Poterba（2004）が示すように，こうした保険自体も市場規模が小さく，要介護リスクを広範にカバーするには至っていない。

さらに，そもそも要介護リスクを定量化し，適切な保険商品を設計すること

が難しいという点も指摘されている。Brown and Finkelstein（2007）は，現実に提供されている多くの民間介護保険商品のもとで，典型的な利用者にとっては支払額のほうが受取額より多くなることを示している。また，Cutler（1993）が述べるように，要介護リスクが全国的に高まっているというような構造変化を適切に捉えることは難しく，このリスクが孕んでいる動学的な要素も保険提供サイドにとっての困難を与えている。この点を日本の状況に関して考えると，田中・松山（2004）で指摘されているように，要介護リスクに関する推移確率のような，保険商品設定の基礎となる発生率統計の整備がなされていないことが，民間介護保険における困難となっている。この問題に対する1つの取り組みとして，本書第5章では要介護度別の多相生命表を作成している。

　一方で，要介護リスクを定量化するという目的に対して，このような要介護者本人におけるコストを考えるだけでは不足である。それは，要介護リスクは家族に対するコストをも内包しているからである。次項では，こうした家族のコストを定量化することを考える。

3.2　家族に対する要介護リスクの定量化に関する実証分析

　家族の一員が要介護状態になったときに発生するコストについて，その家族が負担するコストを定量化することは難しい。家庭内生産の定量化と同様に，市場化されていないコストを識別するということの難しさである。たとえば家族介護がもたらす機会損失を考察するためには，その家族にどのような代替案があったのかを見極める必要があり，家族構成員の経済活動に関する詳細な追加情報が必要になる。以下の節においては，介護が家族に与えるコストがどのように計量分析されてきたのかを，日本の実証分析を中心とした考察を行う。

　まず，家庭内での家族による介護時間については，清水谷・野口（2004）や菅・梶谷（2014）などが定量化を試みている。これらはアンケート調査や社会生活基本調査などの時間利用調査（time use survey）を利用しており，ここで用いられている尺度は主観的な介護時間である。しかし，van den Berg and Spauwen（2006）が指摘するように，こうした自計式にはバイアスが発生しや

すいことが知られている。実際，筒井（2004）は，主観的介護時間と実際の介護時間との間では，前者の方が長く申告されがちな傾向があることを示している。この背景には介護の「負担感」という計測しにくい主観的尺度の存在が考えられるが，岸田・谷垣（2007）は国際的に広く利用されている主観的負担感尺度を用いた分析を行い，要介護者の不適応行動が激しい場合に，夜間介護や要介護者と主介護者の関係が良好でないといった要因が負担感を増大させることを示している。

　そのほかに介護者への影響を分析した研究として，Niimi（2016）は主観的幸福度を用いた分析から，とくに未婚女性が介護者であるとき，介護負担が介護者の幸福度を減少させることを示した。また，Kumagai（2017）は介護者の精神的健康状態を分析し，とくに重篤な介護と介護者のメンタルヘルスの悪化との間に正の相関があることを示した。また，家族介護者の労働参画という課題に関しては，本書の第 6 章でより詳細に扱う。

　また，要介護者の発生が，介護者に限らず家計全体に与えた影響を計る試みとして，岩本・小原・齊藤（2001）と Iwamoto, Kohara and Saito（2010）の 2 つの研究がある。これらの研究では要介護者の発生による家計消費量の変化という指標に注目した分析を行っている。これらの研究は，3 年ごとに大規模調査が行われる官庁統計である「国民生活基礎調査」の個票データを用いることで，広範な家計単位の消費量変化を追うことに成功している。結果として，介護保険制度の施行前のデータを用いた研究では要介護者の発生により大きな消費量の減少が見られたが，介護保険施行直後のデータではその影響がかなり小さくなったことが示唆されている。これらの研究が扱ったような，家族介護の家計全体への影響はまだほとんど分析されていないが，家族政策としての介護政策の本質的な影響を検証するうえで不可欠なものであり，今後の研究の展開が待たれる分野である。

　以上のように，発生した要介護リスクに伴うコストを補償するといっても，介護においてはそのコストを把握すること自体が難しい。また，コストを明確に把握できたとしても公的保険の場合には，どの程度かかったコストを補償するかということについても合意を得ることが難しいであろう。以下では，以上のような点を考慮したうえで公的介護保険の問題点・課題について整理してみ

よう。

3.3　現金給付の是非

　以下では現在の介護保険制度で採用されている現物給付に対して，現金給付の導入に関する是非について検討を行う。この点について，介護に限らず一般的な視点から経済学的な議論を行っているものに Currie and Gahvari（2008），介護に特化した議論には Da Roit and Le Bihan（2010）などがあり，詳細はこれらの文献を参照されたい。また，日本の介護保険制度の関しては鈴木（2016）なども詳細な検討を行っている。

　鈴木（2016）は，現物給付の導入の経緯に関して以下のように述べている。

　「……わが国の介護保険制度では，開始前夜の高齢者介護・自立支援システム研究会や老人保健福祉審議会等においては盛んな議論が行われたものの，結局，家族への現物給付を認めなかった。研究会や審議会の一部の委員から，現金給付を行うと女性による家族介護が固定されるという懸念が出されたことや，介護サービス事業者らが現金給付によって需要が縮小することを懸念したこと，設立当初の予算規模をできるだけ抑えたいと考える行政の意図などがその背景にあったものと考えられる」

　この記述からは現金給付の採用が経済合理性というよりも関係組織の思惑の一致によって阻止されたことを示唆している。

　一定の条件の下では，現物給付より，現金給付の方が受給者の厚生を改善させることが知られている。それにもかかわらず現物給付の採用が正当化される理由はなんであろうか。仮に介護保険が現物ではなく現金給付であれば，どのような問題が生じるのであろうか。1 つの可能性は要介護度を偽装して申請する者の増加である。[6] 要介護の状態は疾病と異なり痛みなど主観的な部分が多く，要介護状態の偽装は比較的容易にできる可能性がある。詳細な認定作業をしたとしても，介護偽装を完全に防ぐことは難しい。無論このような不正をある程

6）　現物給付が偽装問題や労働供給の抑制の回避策として有効であることは従来から知られている。たとえば，Nichols and Zeckhauser（1982）や Guesnerie and Roberts（1984）などを参照のこと。

度防止するようなシステムを構築することは可能である。しかしながら，そのようなシステムには副作用も伴い，そのコストが現金給付を行うことの利益より大きければ意味がない。[7]

　一方，ドイツでの議論のように，（とくに家族介護に対する）現金給付が行われれば他の労働促進策と組み合わせることにより介護による労働抑制効果をさらに緩和することできると考えられる。現在の日本のように労働力人口の減少や介護従事者の不足が顕在化している社会においては，介護による労働供給抑制を緩和することは非常に意味のあることであろう。

　以上が経済理論からの簡単な考察であるが，現在のところ現物給付と現金給付について安易にその優劣を判断することは難しい。鈴木（2016）が指摘したように介護保険発足時の政策議論では，現物支給には異なる 2 つの正当化がなされていた。1 つは介護保険発足時のスローガンであった「介護の社会化」である。女性を家庭内介護から解放するという目的のもとでは，介護サービスを委ねられる市場の誕生・発展が不可避であった。こうした市場創設のために，強制的に需要を発生させるための仕組みとして現物給付がなされたといえる。もう 1 つは池上（2017, 130 頁）にもあるように，現物給付の場合にはサービスの提供体制が整わなければ介護保険を利用できないのであるから，給付額の伸びを少なくとも制度発足直後には抑えられるという考え方である。

　実際は，介護保険制度発足直後から，供給サイドの整備は急速に進み，事前の政府予測をはるかに上回る勢いで介護需要が急増した。このことは，第 2 の正当化である給付抑制は失敗に終わり，2006 年改正において，施設入所におけるホテルコストの自己負担化などの給付費抑制政策がとられる原因となった。このような，社会保険の整備に対する供給サイドの素早い反応については，Finkelstein（2007）がアメリカの公的保険メディケアについて，Kondo and Shigeoka（2013）が日本の健康保険 についても発見しており，実証分析の知見と合致している。つまり，一般均衡的な観点を考慮すると，社会保険の整備によって需要は急速に増加することが示されており，介護保険制度もこの例に漏れなかったわけである。

---

7)　介護の価格弾力性が低ければ現物給付の正当性を主張することも可能であるが，実証的に厳密な確認は難しい。

　一方で，急速な介護サービス市場の整備が行われたことは，本書終章でまとめたように，第 1 の正当化である介護の社会化を達成する一助となったと考えられる。しかし，市場創設という段階がほぼ達成された今となっては，現物支給にこだわることの意味が不明確になっている。とくに，終章では，正規雇用の女性が介護サービス市場へのアクセスを通じて労働供給を維持できているのに対し，非正規雇用の女性にとってはいまだ家族介護と労働供給とが代替関係にあることが示唆されている。このように非正規就業問題と介護問題が関連してしまっている現状では，現金支給によって家族介護に報酬を与えることが，厚生改善への効果的な政策になりうるかもしれない。したがって，現金給付の是非について，現在の視点で改めて議論することには，十分な意味があると考えられる。

　また，第 5 章で行ったようにこれまでの介護保険制度に関するデータの蓄積から詳細に保険制度の利用実態を把握することが可能となっている。このような状況で，ドイツのように現物給付の 6 割程度の現金給付ができるようにすることは，介護支出全体の抑制につながるとともに，よりコストの低い不正受給防止策を構築することを可能にしているのではないだろうか。実際に，厚生労働省は「科学的介護」という掛け声のもとで，各保険者に対して介護保険の運用で得られたデータをもとに，科学的分析による結果を介護政策に反映させることを提唱している。

3.4　介護サービス選択への介入

　日本の介護保険制度においては，介護サービスの量・内容に対して，利用サイド・供給サイドへの規制や介護報酬の設定を通じ，政府の介入が見られる。以下ではこうした介入の正当性について経済理論に基づく議論を行う。

　介入の 1 つの根拠は，McGuire（2000）にまとめられているような，医療経済学における情報の非対称性の問題である。医療の場合，サービスの供給側である医師・病院と需要側である患者や保険者の間に情報の非対称性が存在する。この場合，市場に任せると医師が労働コストを減らすために過小なサービス提供を行う，あるいは自らの収入を増やすために過剰なサービスを提供するなど

のエージェンシー問題が発生する可能性がある。こうしたケースにおいては，適切な政府介入が社会的厚生を上昇させうる。

　介護サービスに関して，このような情報の非対称性は存在するのであろうか。鈴木（2016）のように，介護サービスは専門性が低く，情報の非対称性が存在しないと述べる論者も存在する。しかし，第7章で見るように，データを用いた実証分析からは，ケアマネージャーによるエージェンシー問題の存在が示唆されている。したがって，介護分野は，エージェンシー問題が発生しうるだけの，専門性のある分野として解釈するのが妥当であると思われ，この点において政府介入の必要性が正当化される。ただし，こうした状況に対してどのような介入が可能かという，ミクロ経済学のメカニズム・デザイン分野に属するような研究は，現在のところほとんどなされていない。

　さらに問題となりうるのは，過大なサービス利用による財政圧迫である。前述のように，治癒というゴールのある医療と異なり，不可逆な加齢というプロセスへの対処である介護では，いくらでもサービスを投入することが可能であり，自由裁量に任せていては利用が無制限に増加することが危惧される。したがって，要介護度に応じたサービス上限の設定は不可欠なものであり，日本だけでなく介護保険制度を導入している国では一般的に行われている介入の方式である。また，費用対効果を考えれば，サービス単価に関しても必要量に対応して適切に設定する必要がある。現状では要介護度ごとに各サービスの単価が定められているが，これをより詳細な基準から設定するというような議論も今後必要であろう。また，介護サービスの種類に関しても，公的な提供という観点からは一定の介入を行わざるをえない。日本の介護保険制度は多様な居宅系介護サービスを提供しているが，サービス分野の取捨選択に関しては今後とも議論が必要であろう。とくに，サービスの費用対効果を検証した実証分析はまだ不足しており，基礎的な議論のための資料として今後の研究が望まれる。

4　おわりに

　本章では，日本の介護制度について概観するとともに，介護保険制度の機能

や問題点について経済学的視点から概説した。介護保険制度の導入については，急速な要介護者の増加と財源不足に対応したやむをえない選択肢の 1 つであったことが窺える。したがって，導入前の介護制度に影響された部分も多く，必ずしも合理的な枠組みとして構築されたものではない。そのため，導入後もさまざまな議論・批判が行われ，それに対応して見直しが行われてきた。

　日本の介護保険制度の 1 つの特徴は，非常に多様な居宅系介護サービスが準備されていることである。介護保険におけるサービスの多様化には，本書第 6 章で示すとおり，家庭内の介護者の選択肢をも増加させるなどの望ましい効果が見られる。一方，こうした多様化はケアマネージャーという日本独特の制度と対をなすものでもあり，効率的なケアプランが作成されない場合には，第 7 章で見るように介護費用の増加を引き起こすことになる。また，日本の介護保険制度には，家族のあり方に対する考え方などが影響を与えている部分も残されている。第 3 章などで見るように，家族構造の変化は，現状の枠組みでは居宅介護を難しくする一面を内包している。さまざまな外部環境の変化は，介護保険制度を導入時のままに維持することを困難にしている。介護保険が効率的に機能するためにはさまざまな条件が必要であり，環境の変化に応じた保険制度の見直しがつねに求められることになろう。

　介護制度を検討するうえで重要ではあるが本章では取り扱わなかった問題も多く存在する。その中でとくに重要な問題は，介護制度における地方政府（とくに保険者）の役割である。現在の介護保険制度では，原則として基礎自治体が保険者としての役割を担っているが，本章第 2 節で述べたようにそれは保険制度導入以前の枠組みを踏襲したことが大きな原因となっている。したがって，何らかの整合性や効率性を求めた結果というよりは，従来からあるシステムをとりあえず採用し続けたという意味合いが強い。

　現在の制度では保険者に求められる役割は大きく分けて 2 つ存在する。1 つは，介護サービス提供の管理者としての役割であり，もう 1 つは，保険制度を運用するための財源の提供者としての役割である。地方政府がこのような役割を果たしている国はほかにも存在するが，日本の基礎自治体のようにきわめて規模の小さい自治体にもそのような役割を担わせているケースは珍しいであろう。[8]

　基礎自治体に運用を委ねるということは，サービスを必要とする住民の意思をより正確に吸い上げることが可能であり，必要なサービスを効率的に提供することができる，という意味ではメリットがあろう。しかし，現在の介護保険は，保険で提供できる介護サービスの内容や提供価格を決定する権限は国であり個別の保険者ではない。そもそも保険者が個別の要介護者の情報をどの程度国より正確に把握できるかも不明である。仮にそれが可能だとしても，運用上の裁量権が制約されている，あるいはきわめて規模の小さい自治体も保険者になっているような状況で効率的な運用が可能なのだろうか。

　財源についても考えてみよう。ドイツのように介護保険制度において保険料で収支が均衡するように設定されている国では問題ないが，日本のように被保険者の負担は全体の半分であり，残りを国，都道府県，保険者で負担するような枠組みでは多くの問題が発生する。とくに財政的基盤が弱い小規模の保険者ほど，65歳以上高齢者（第1号被保険者）が多く，保険料が高額になる傾向がある。

　以上のような現状を踏まえると，どのような組織が保険者機能を担うのか，保険者にどのような機能を付与すべきかをもう一度検討すべきではなかろうか。この点については，終章において再度議論を行う。

---

8)　国と地方政府の役割分担については従来から多くの議論が行われている。これらについては，Tiebout（1956），Oates（1972），Pauly（1973），Rattso ed.（1998），Wilson（1991），神野（2002），堀場（1999, 2008），持田（2004）などを参照のこと。

第3章

高齢者の世帯構造
——同居率減少という誤解——

1　はじめに

　日本における 65 歳以上の高齢者が属する世帯構造が急速に変化してきていることがいわれて久しい。とくに子供との同居の比率は後述するように顕著に減少していることが指摘されている。この現象に対しては，子供夫婦の独立志向などのライフスタイルの変化が関係していることが多くの論文等で示唆されている（たとえば，稲垣（2013）などを参照）。しかしながら，このような仮説を詳細な実証分析から検証した研究は少ない。

　本章では，2000 年代に結婚経験の有無にかかわらず子供のいない（チャイルドレス）高齢者世帯が急増しているという事実と，子供のいる高齢者の同居率は低下していないことを示し，詳細なデータによってこうした世帯の特徴付けを行う。このことは，近年の同居比率低下の原因は，ライフスタイルなどの変化ではなく，現在高齢者である世代の過去の出産行動であることを示すものである。

　近年の日本におけるチャイルドレス高齢者の増加に本格的に着目した論文は，筆者らが知るかぎり本研究が初となる。伝統的に，日本の高齢者世帯については，子供との同別居状況が議論の中心であり，チャイルドレスの問題は看過されてきた。この問題には，家族社会学の分野で欧米の研究者が注目しはじめているが，高齢者介護に関係する形で問題が顕在化するのは，他国に類のないス

ピードでの高齢化を経験している日本が最初となる可能性が高い。しかし，今後同様の事態が世界中で発生する可能性が高く，日本の対応とその結果の分析には，諸外国に与える示唆も大きいと考えられる。

　本章でおもに用いるデータは，厚生労働省「国民生活基礎調査」の個票である。分析から得られた知見は，以下のように要約される。世帯構造に関して，高齢者世帯におけるチャイルドレスの割合は，2001 年から 2010 年の間に 7.9％ から 15.7％ へと倍増した。2010 年時点でチャイルドレス世帯数は約 300 万世帯，うち独身チャイルドレス高齢者数は約 145 万人と推計される。一方で子供のいる高齢者における子供との同別居状況は，この期間でほとんど変化していなかった。また，別居世帯に関して，別居子の居住場所について近居・遠居の割合を見ると，この期間を通じて大きな変化は見られなかった。これらの要素を合わせると，近年における高齢者と子供の同別居状況の変化は，そもそも子供がいない，同居を選択することの不可能な世帯の増加によって起こされていることが示唆される。

　なぜ日本におけるチャイルドレス高齢者の問題は，これまで顕在化してこなかったのだろうか。この答えとしてわれわれは，過去の人口統計を用いた分析により，現在高齢者である世帯が出産行動を行った時期において，チャイルドレス世帯の増加と同時に子供 3 人以上世帯の増加が起こっていたことを見出した。この結果，合計特殊出生率や完結出生児数といった平均子供数を表す統計には変化がなく，チャイルドレス世帯の増加は少子化などマクロレベルの議論には影響を与えないものであったことが，この問題がこれまで議論されることがなかった原因なのではないかと推測される。

　さらに人口統計を用いれば，老年以前での死亡率が低い日本における今後のチャイルドレス世帯数の長期的な予測は容易である。これからしばらくは，チャイルドレス高齢者世帯はほぼ確実に増大する。さらにいえば，子供と別居する高齢者の中にも，子供世代が 1 人っ子同士で結婚し，婚姻先の親と同居しているため実親の介護ができないような家族が存在しうる。こうした世帯では，チャイルドレス高齢者と同様に，家族介護を用いることは難しくなる。このような潜在的な部分を考慮すれば，本章で顕在化している部分よりも，介護問題は深刻であると思われる。本章の分析は同別居という視点のみでは得られない

さまざまな知見を与えるものであり，とくに介護について次章において重要な
問題提起を行う。

2　先行研究

2.1　高齢者の世帯構造と同居選択

　日本において，高齢者の世帯構造を論じる際に議論の中心となってきたのは，
子供との同居選択であった。本章は，これまで注目されてこなかった子供がい
ない（チャイルドレス）高齢者の状況を分析し，同居選択に関する議論に一石を
投じるものである。分析に先立ち，混同されがちな2つの概念を分離して定義
する。1つは高齢者と子供との「同居比率」である。これは，すべての高齢者
世帯に対する，子供と同居している世帯の割合である。もう1つは「同居率」
であり，これは子供がいる高齢者世帯に対する，子供と同居している世帯の割
合である。子供がいない場合には同居するという選択肢はもともと存在しない
ため，チャイルドレス世帯の存在を考慮すれば，これら2つは異なる概念である。
　本章では混同しやすい2つの概念を明示的に以下のように定義する。
　①同居比率：高齢者世帯全体における，子供との同居世帯の比率
　②同居率：子供がいる高齢者世帯における，子供との同居世帯の比率
　既存研究の議論でよく用いられてきたものは，「国民生活基礎調査」をもと
にした表3-1である。1980年から2010年で，子供と同居している高齢者世
帯の割合は27ポイントほど減少している。本章では2000年代の状況を中心に
議論していくが，2001年から2010年でも，同居世帯の比率は6ポイントの減
少を見せている。このことは，子供との同居が多かったかつての日本の世帯構
造が急激に変化しているものとして，とくに家族介護の観点から議論の対象に
なってきた。
　上記の議論で扱われているのは，同居率ではなく同居比率である。しかし，
同居・非同居を意思決定として扱う実証的分析の場合，被説明変数として利用
されるべきなのは，「子供がいる高齢者で同居しているか，していないか」で

表 3 - 1　高齢者世帯の子供との同居状況割合

(単位：%)

年	同居せず			同 居			その他
	計	単 独	夫 婦	計	子夫婦	子未婚	
1980	28.1	8.5	19.6	69.0	52.5	16.5	3.0
1986	32.1	10.1	22.0	64.3	46.7	17.6	3.5
1989	36.7	11.2	25.5	59.9	42.2	17.7	3.3
1992	39.3	11.7	27.6	57.1	38.7	18.4	3.7
1995	42.0	12.6	29.4	54.4	35.5	18.9	3.7
1998	45.5	13.2	32.3	50.3	31.2	19.1	4.1
2001	47.6	13.8	33.8	48.4	27.4	21.0	4.0
2004	50.7	14.7	36.0	45.5	23.6	21.9	3.8
2007	52.4	15.7	36.7	43.6	19.6	24.0	4.0
2010	54.1	16.9	37.2	42.3	17.5	24.8	3.7

(出所)　各年の「国民生活基礎調査」(厚生労働省) より著者作成。

あり (たとえば，「国民生活基礎調査」の個票を用いた，岩本・福井 (2001) などの分析)，これに関連する記述統計として分析されるべきなのは同居率である。そして，同居比率の大幅な減少については指摘されてきたが，同居率に関してはほとんど議論されないまま，同居比率に関する議論がそのまま用いられる傾向があった。

　一方で，急速な高齢者増加による介護問題などの顕在化はたんに「介護の市場化」だけでなく「家族による介護」とのバランスを問うような論調も出現してきており，世帯構造のあり方が注目されるようになってきている。しかし，厳密な分析が存在しない中で「同居率を高めるべき」などという議論が登場することはきわめて危険であることはいうまでもない。本章においても，できるだけ介護問題に焦点を当てながら，世帯構造の推移について詳細な分析を行うことにする。

2.2　同居選択・世帯構造に関する先行研究

　親と子の同居選択については，離散選択モデルを用いた分析が Börsch-Supan, Kotlikoff and Morris (1988) や Kotlikoff and Morris (1990) によって行われ，近年では兄弟姉妹間で誰が親と同居を選択するかを分析した Konrad et al. (2002) のような研究もある。日本のデータにおいても先に示した岩本・

福井（2001）や Johar, Maruyama and Nakamura（2015）などいくつかの応
用例があり，遺産動機や孫の保育援助など同居選択に影響を与える要因が指摘
されている。渡辺ほか（2008）でも Johar, Maruyama and Nakamura（2015）
と同じパネルデータを用いて同居・非同居の要因を実証分析しているが，いず
れの分析も，同居選択の傾向が経年的に減少する要因に対しては言及していな
い。

　一方，世帯構造，とくに高齢親との同居の有無は多くの分析において所与と
して扱われている。世帯構造が子供夫婦の出産・育児，労働供給，介護などに
影響を与える重要な要因として取り上げられている。Nakamura and Ueda
（1999）では，子供夫婦の出産・育児と妻の労働供給について，本書第 6 章で
も扱うが Sugawara and Nakamura（2014）では同居世帯における親の介護の
必要度と子供夫婦における妻の労働供給との関係について分析している。藤森
（2010）では，家族介護が受けられない単身高齢者世帯の急増とその介護問題
について詳細に論じられており，本章との関連性も深い。

　また，橘木・浦川（2007）が指摘した格差・不平等論と関連して白波瀬
（2009）が論じるように，単身高齢者世帯の貧困問題を論じた研究がある[1]。本
章で扱うチャイルドレス世帯については，配偶者が死別した場合には，その他
の同居者がいるという特殊ケースを除き，自動的に単身高齢者世帯になってし
まう。したがって，チャイルドレス世帯は，単身高齢者世帯問題の潜在的な対
象となるという点で，貧困問題の観点からも無視できない対象である。

2.3　家族社会学におけるチャイルドレス

　欧米の家族社会学・人口学において，Dykstra（2009）がサーベイしている
ように，チャイルドレス（childlessness）が注目を集めたのは近年になってか
らのことである。1 つの原因としては，世帯に関する多くの統計調査が同居家
族の情報を集めることに重点を置いているため，別居子の有無についてはデー

---

1)　高齢者と子供との同居選択は，高齢者介護におけるインフォーマルな家族介護という文脈でも
　議論されてきた。子供と親の同居と子供による介護提供の同時選択を分析した研究に Pezzin
　and Schone（1999）がある。

タとして観測されることが少なかったことが考えられる。また，とくに欧米諸国においては，未婚者の出産や離婚の増加など，結婚制度の変化がより多くの注目を集めていたため，チャイルドレスがほかの大きなトピックに隠されてしまっていたことも，研究が遅れた原因であろう。

歴史的な状況を記述した国際比較研究に Rowland（2007）がある。われわれが扱うのは 2000 年代であり，2000 年・2010 年に 65 歳になるのはそれぞれ1935 年・1945 年生まれである。これに留意して欧米の状況を見ると，1930〜34 年生まれ，1935〜1939 年生まれ，1940〜1944 年生まれの各コホートについて，45 歳時点で子供のいない女性の割合はアメリカで 13%，10%，9%，フランスで 13%，11%，11% など，欧米全体で減少傾向にある。ただし，この値には未婚女性も含まれている。日本のデータは 1920〜1924 年生まれコホート以前までしか記載されていないが，伝統的に出産を結婚の当然の帰結と見なしていた戦前の日本では，チャイルドレス高齢者世帯割合は 10% 未満であった。

チャイルドレス高齢者世帯のおもな特徴として，健康状態，社会的孤立度，経済状況に関する分析がなされている。健康状態については，Plotnick（2011）が，チャイルドレス高齢者にはアルコールの過剰摂取や運動不足など，規範意識の欠如による不健康な行動が行われがちであることを示した。社会的孤立については，Bachrach（1980）が，チャイルドレス高齢者が健康状態を悪化させると他者との接触頻度が低くなるが，この傾向は非熟練労働者にとくに強く，熟練労働者については非親族との接触があるため弱められることを示した。経済状況については，Rempel（1985）や Plotnick（2009）が，チャイルドレス高齢者が子供のいる高齢者と比べて多くの所得・資産を持つことを示し，子育てコストがないことにこれを帰着させた。

3　世帯構造の推移

3.1　世帯構造のパターン

高齢者の世帯構造のパターンは，既婚か未婚か，既婚の場合は子供の有無な

図3-1 高齢者世帯のパターン

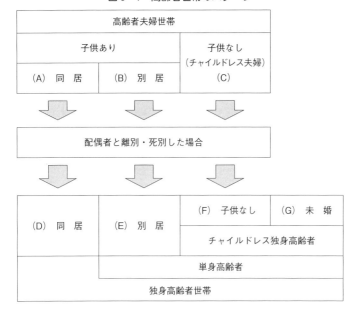

どで図3-1のA～Gに示した7つの類型に分けることができる。子供のいる
高齢者の同居・非同居の選択に関しては最初の選択だけでなく，配偶者の死亡
や介護・医療の必要性に伴ってその都度行われることになる。

　図で示したように，子供のいない世帯（C+F）と未婚世帯（G）がチャイル
ドレス高齢者世帯となり，これは見方を変えればチャイルドレス高齢者夫婦世
帯（C）とチャイルドレス独身高齢者（F+G）を足し合わせたものとなる。一
方，よく問題視される単身高齢者世帯は，この図では子供がいるが別居してい
る夫婦世帯（E）と子供のいない夫婦世帯において配偶者を亡くした高齢者
（F）と未婚者（G）によって構成される。通常の高齢者の同居比率は全体に対
する同居高齢者の割合であり，子供のいない高齢者夫婦世帯だけでなく未婚者
の推移によっても影響を受ける。また，本章で定義される同居率は子供のいる
高齢者世帯の中で同居している世帯の比率となる。つまり，高齢者世帯全体の
同居率は（A+D)/(A+B+D+E），高齢者夫婦世帯の同居率はA/(A+B)，
独身高齢者世帯の同居率はD/(D+E)となる。

　以下では「国民生活基礎調査」や人口統計資料によって，こうした世帯構造のパターンについて，日本の高齢者世帯の状況を見ていく。

3.2　「国民生活基礎調査」による分析

(1)　データの説明

　「国民生活基礎調査」は，世帯と全人員の健康，収入，介護などに関して3年ごとに大規模調査が行われる。その標本数の多さから日本の世帯分析において中心的なデータとしての役割を果たしている。本章では 2001, 2004, 2007, 2010 年の大規模調査の個票データを用いる。

　調査対象は，「国勢調査」の調査区を層化無作為抽出し，選択された調査区について世帯の全数調査を行うという形で選ばれる。年によって変動はあるが 5000 強の調査区が選ばれ，その全調査対象世帯に世帯票が配布される。2010年調査では，28 万 9363 世帯の約 75 万人が対象とされ，回収率は約 80% であった。世帯票が配布される調査区からさらに抽出された 2000 地区の全世帯には所得票が，2500 地区の全要支援・要介護高齢者には介護票が追加調査される。しかし，所得票・介護票の対象地区は重複しないように設計されている。本章では，標本数の多い世帯票情報を中心にした考察を行い，所得票・介護票については補足的に用いる。

　世帯票では，世帯構造に関する質問項目として，世帯同居者の特性のほか，別居の子供の有無が調査されている。別居子については居住場所に関する質問がなされているが，ほかの特性は調査されていない。施設入所者については，世帯人員中に入所者がいるかという質問があるが，入所者の特性は尋ねられていない。また，高齢者単独世帯が施設に入所している場合は，そもそも「国民生活基礎調査」の対象世帯から除外されてしまう。

　高齢者介護に関係する変数として，世帯票では世帯人員の要介護認定の有無が聞かれているが，具体的な要介護度は介護票でしか調査されていない。一方で，世帯人員が見守り・手助けを必要としているかという質問項目があり，必要としている人員に対しては自立状態を 4 段階から選択する質問がなされる。介護票を用いて比較すると，これら 4 段階の自立状態と要介護度は大まかに比

例しているため，本章ではこの自立状態を介護必要度を測る変数として用いる。また，手助け・見守りを必要としている高齢者それぞれに対して，主たる介護者が誰であるのか，同居しているのかが聞かれている。主たる介護者に関しては，家族以外に事業者という選択肢もある。

　なお，以下では原則として世帯票については都道府県・指定都市別ウェイトを用いて復元した数値を用いている。所得票と介護票については復元に関して各調査票独自のウェイトが付与されているが，世帯票による世帯構造とマッチさせるためには二重の調整（世帯票のウェイトと所得票および介護票のウェイト）をする必要があるため，ここでは復元倍率を用いていない。

(2)　同居・別居・チャイルドレス高齢者の世帯構造

　表3-2は，図3-1の世帯構造のパターンに対応するように，2001年から2010年における高齢者世帯の子供との同別居・チャイルドレスの状況を「国民生活基礎調査」世帯票個票よりまとめたものである。高齢者世帯は65歳以上が1人でもいる世帯として定義している。高齢者夫婦世帯は，夫婦片方が65歳以上である世帯とした。また，独身高齢者世帯には配偶者との死別・離別，未婚によって独身になった者を含めた。子供と同居している世帯について，子供世代にも65歳以上の人員が存在する場合は，最年長世代と第2世代の関係のみを考え，第2世代と第3世代やそれ以降の同居構造は考えない。子供と同居していない世帯で子供以外の同居者がいる場合は，別居子の有無を問わずその他世帯と定義した。表3-2に示されるように，その他世帯は少なく，趨勢的な傾向も見られないため，以下ではとくに考慮しない。また，同居世帯以外について，別居子の有無が「不明」である世帯が多く，別項目として整理した。この項目についても趨勢的な傾向が見られないため，以下では分析を行わない。

　表3-2から見て取れるのは，この期間におけるチャイルドレス高齢者世帯割合の増加である。高齢者世帯全体では2001年の7.88%から2010年の15.74%へと約8ポイントの増加が見られる。高齢者夫婦では4.05%から

---

2)　本書第5章を参照。

表 3 - 2　高齢者世帯における同居・別居・チャイルドレスの状況

全高齢者世帯

		2001 年	2004 年	2007 年	2010 年
子供有り	同居（A＋D）	6,324,251	6,647,623	7,028,726	7,394,696
	（％）	（44.18）	（41.79）	（40.42）	（39.13）
	別居（B＋E）	5,657,770	6,288,287	6,050,044	6,867,826
	（％）	（39.52）	（39.53）	（34.79）	（36.35）
チャイルドレス(C＋F＋G)		1,128,708	2,129,690	3,048,826	2,974,847
（％）		（7.88）	（13.39）	（17.53）	（15.74）
その他		66,094	109,768	122,883	113,765
（％）		（0.46）	（0.69）	（0.71）	（0.60）
別居子有無不明		1,138,575	732,469	1,140,088	1,544,377
（％）		（7.95）	（4.60）	（6.56）	（8.17）

高齢者夫婦世帯

		2001 年	2004 年	2007 年	2010 年
子供有り	同居（A）	5,563,581	5,847,194	6,190,993	6,506,137
	（％）	（53.76）	（51.48）	（50.73）	（50.19）
	別居（B）	3,587,091	3,892,048	3,661,381	3,978,434
	（％）	（34.66）	（34.26）	（30.00）	（30.69）
チャイルドレス（C）		418,971	1,117,612	1,552,353	1,532,149
（％）		（4.05）	（9.84）	（12.72）	（11.82）
その他		53,317	93,814	101,035	90,862
（％）		（0.52）	（0.83）	（0.83）	（0.70）
別居子有無不明		725,776	408,257	697,747	856,055
（％）		（7.01）	（3.59）	（5.72）	（6.60）

独身高齢者世帯

		2001 年	2004 年	2007 年	2010 年
子供有り	同居（D）	760,670	800,429	837,734	888,559
	（％）	（19.18）	（17.60）	（16.15）	（14.98）
	別居（E）	2,070,679	2,396,238	2,388,663	2,889,392
	（％）	（52.20）	（52.68）	（46.05）	（48.71）
チャイルドレス（F＋G）		709,737	1,012,078	1,496,473	1,442,698
（％）		（17.89）	（22.25）	（28.85）	（24.32）
その他		12,777	15,954	21,848	22,902
（％）		（0.32）	（0.35）	（0.42）	（0.39）
別居子有無不明		412,799	324,211	442,340	688,322
（％）		（10.41）	（7.13）	（8.53）	（11.60）

（注）　カッコ内の数字は全体に対する構成比を示している。
（出所）　各年の「国民生活基礎調査」の図表より算出。

表 3-3 別居子の居住地

別居高齢者夫婦世帯				
	2001 年	2004 年	2007 年	2010 年
近　居	2,089,314	2,097,979	1,738,528	2,123,071
（％）	(58.25)	(56.65)	(51.54)	(55.41)
遠　居	1,497,777	1,605,349	1,634,327	1,708,646
（％）	(41.75)	(43.35)	(48.46)	(44.59)

別居独身高齢者世帯				
	2001 年	2004 年	2007 年	2010 年
近　居	1,254,612	1,354,654	1,275,415	1,650,534
（％）	(60.59)	(59.91)	(58.28)	(60.19)
遠　居	816,067	906,564	913,100	1,091,878
（％）	(39.41)	(40.09)	(41.72)	(39.81)

（出所） 表 3-2 に同じ。

11.82％，独身高齢者世帯では 17.89％ から 24.32％ への増加が見られ，絶対数では独身高齢者世帯のほうが多いが，増加率に関しては両者であまり違いがない。2010 年時点でチャイルドレス世帯数は約 300 万世帯，うち独身チャイルドレス高齢者数は約 145 万人と推計される。

　同時に読み取れることとして，チャイルドレス世帯を除くと，高齢者世帯の同居比率にはあまり変化が見られない。実際，表 3-1 に示されていたこの期間の同居比率の減少は 6 ポイントであり，ほぼチャイルドレス世帯の増加分と対応している。また，表にはのせていないが，子供がいる高齢者について子供との同居率（表 3-2 において，同居／（同居＋新居））を 2001 年と 2010 年で比べてみると，全高齢者世帯（52.8％ → 51.8％），高齢者夫婦世帯（60.8％ → 62.1％），独身高齢者世帯（26.9％ → 23.5％）と 10 年間でほとんど変化していない。同居率の推移という意味では 2000 年代を通して大幅な減少は見られず，むしろ高齢者夫婦世帯では増加傾向を示している。

　表 3-3 では，別居子の居住場所に関する記述統計をまとめている。ここで近居とは同一市町村内までの範囲とし，同一敷地内での別居をも含んでいる。また，複数の子供がいる場合には，最も近くに住んでいる子供の情報を用いている。近居・遠居の割合にも，2001 年から 2010 年にかけて，別居高齢者夫婦，独身世帯ともにほとんど変化が見られないことがわかる。これらの結果から，

表 3 - 4 独身の原因

別居独身世帯	2001 年	2004 年	2007 年	2010 年
未　婚	19,131	20,633	33,613	19,836
（％）	(0.96)	(0.90)	(1.50)	(0.73)
死　別	1,791,631	2,047,662	1,894,029	2,343,999
（％）	(89.65)	(89.01)	(84.24)	(86.53)
離　別	181,816	232,110	320,582	344,861
（％）	(9.10)	(10.09)	(14.26)	(12.73)
施設入所	5,806	51	76	112
（％）	(0.29)	(0.00)	(0.00)	(0.00)
独身チャイルドレス世帯	2001 年	2004 年	2007 年	2010 年
未　婚（G）	236,703	311,841	625,272	503,123
（％）	(33.95)	(31.52)	(43.29)	(36.10)
死　別（F）	335,641	510,563	600,090	654,200
（％）	(48.14)	(51.61)	(41.55)	(46.94)
離　別（F）	123,796	165,334	209,598	230,176
（％）	(17.76)	(16.71)	(14.51)	(16.52)
施設入所	1,047	1,517	9,399	6,122
（％）	(0.15)	(0.15)	(0.65)	(0.44)
独身チャイルドレス男性	2001 年	2004 年	2007 年	2010 年
未　婚	64,232	90,127	204,064	192,963
（％）	(32.83)	(32.31)	(45.35)	(40.47)
死　別	75,853	112,129	145,021	170,626
（％）	(38.77)	(40.20)	(32.23)	(35.78)
離　別	54,815	76,221	96,903	110,885
（％）	(28.02)	(27.33)	(21.54)	(23.26)
施設入所	740	439	3,977	2,343
（％）	(0.38)	(0.16)	(0.88)	(0.49)
独身チャイルドレス女性	2001 年	2004 年	2007 年	2010 年
未婚（G）	172,471	221,714	421,207	310,159
（％）	(34.39)	(31.21)	(42.36)	(33.83)
死別（F）	259,788	398,434	455,069	483,574
（％）	(51.80)	(56.09)	(45.76)	(52.75)
離別（F）	68,982	89,112	112,695	119,290
（％）	(13.75)	(12.55)	(11.33)	(13.01)
施設入所	307	1,078	5,422	3,779
（％）	(0.06)	(0.15)	(0.55)	(0.41)

（出所）　表 3 - 2 に同じ。

チャイルドレスを除いた高齢者世帯の同別居状況については，2000年代においてほとんど変化がなかったことが示唆される。

　ちなみに，近居も広い意味での同居として定義すれば，同居率の10年間の推移は，高齢者夫婦世帯（83.6% → 82.3%），独身高齢者世帯（71.2% → 67.2%）であり，両者ともに大きな変化はない。また，独身高齢者同居率は表3-2では25%前後であったが，近居を含めると70%前後と大きな値になることは注目すべきことであろう。

　次にチャイルドレス世帯の内訳を見てみよう。現在も夫婦でいるチャイルドレス世帯（C）については，表3-2の高齢者夫婦世帯のチャイルドレスの項目にあるように，その数・比率ともに増加している。また，独身チャイルドレス高齢者は，結婚したが離死別などによって独身となったもの（F）と未婚者（G）に分かれる。表3-2に示されているように，独身チャイルドレス世帯の構成比は2001年の17.89%から2010年の24.32%とかなり大きく増加している。

　表3-4は独身高齢者となった理由についてまとめたものである。なお，厳密には独身ではないが，配偶者が施設入所するケースも合わせて記載した。ここで独身チャイルドレス世帯における理由の内訳を見ると，もともと未婚であったものの比率は30～40%程度であり，結婚ののち離別・死別によって独身になったものがかなり多く存在することがわかる。このうち主要な要因は死別であり，各年とも既婚者が独身になった理由の7割以上を示している。この傾向は平均余命の長い女性で顕著になっている。

　以上から，独身チャイルドレス高齢者の増加の主要な原因は，未婚率の上昇ではなく子供を持たなかった既婚者の増加であったことが示唆される。後述するように，1990年代以降の日本では急激な生涯未婚率の増加が見られるが，2001年から2010年にチャイルドレス高齢者となった世帯については，未婚率の増加の寄与は認められない。また，男女間には生涯未婚率の差があるが，独身チャイルドレスにおける未婚の割合には大きな男女差は見出されないことが表3-4から示唆される。上記の考察から示唆されるのは，結婚を経験したチャイルドレス世帯（C+F）がこの年代に一定数存在し，かつ増加していたことである。以上の点について次章で人口統計を用いて詳細に論じる。

3.3　人口統計に見るチャイルドレス高齢者

　人口統計のテキスト[3]に述べられているように，人口統計の統計量には期間別統計量とコホート統計量がある。前者はある年の各世代の人々の，後者はある世代の各年の合計である。本章のように，近年65歳になった高齢者などの世代を対象とした分析には，コホート統計量を見ていく必要がある。議論を簡潔にするため，以下では x 年に65歳になった世代をそれぞれ x 年世代と呼ぶことにする。

　日本においては，未婚女性による出産はほとんどなかったため，出生率は有配偶率と有配偶者の出生率とに分解することが可能である。有配偶率については，国立社会保障・人口問題研究所『人口統計資料集』に「国勢調査」から計算した生涯未婚率（50歳時における初婚経験なしの割合）が記載されている。2000，2005，2010年世代が50歳になるのはそれぞれ1985，1990，1995年であり，女性の未婚率は4.32％，4.33％，5.1％と，1ポイント未満の微増にとどまっている。

　一方，有配偶出生率については，人口動態調査をもとにした2000，2005，2010，2015，2020年世代におけるコホート別累積出生率の値が国立社会保障・人口問題研究所『人口統計資料集』に記載されており，それぞれ2.00864，1.96849，2.10474，2.02765，1.97631となり，長期的に安定した値を示している。

　以上のように有配偶率・有配偶出生率がほとんど変わらない状況で，前節のようなチャイルドレスの増加が起こるには，子供を持たない女性の増加が3人以上の子供を出産する女性の増加によって相殺されていなければならない。これを間接的に見たのが図3-2の出産順位別合計特殊出生率である。

　出産順位別合計特殊出生率は期間統計量であり，ある順位の子供について，該当年次におけるすべての女性の出生率を合計したものである。これを各順位で合計すれば合計特殊出生率となる。コホート統計量ではないため，世代の出

---

3)　出生率関係の統計学的議論は岡崎（1999）や Preston, Heuveline and Guillot（2000）といった形式人口学のテキストを参照されたい。日本に関する実証分析は加藤（2001，第5章）においてサーベイされている。

図3-2　出生順位別合計特殊出生率の時系列

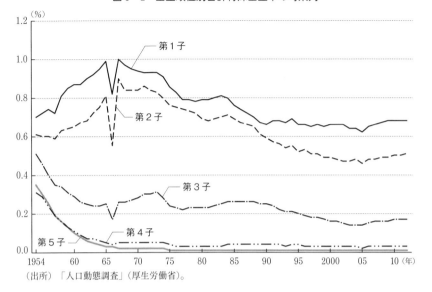

（出所）「人口動態調査」（厚生労働省）。

生行動を表すものとして解釈するのは危険であるが，ここでは全体像を概観するためにこの統計量を用いる。2010年世代は1945年生まれであり，この世代の女性の主たる出産年齢を考えると，1965年に20歳，1984年に39歳になっている。ここで図3-2の第1子合計特殊出生率を見ると，1967年から80年まではほぼ減少し続けていることがわかる。

　一方で，1967年から1974年は，第3子合計特殊出生率が増加している。したがって，2000年世代と比べて2010年世代は，第1子が少なく，第3子が多いために，平均出生児数や合計特殊出生率は変わらないとしても，チャイルドレス高齢者が多い。しかし，平均の子供数が変わらないために日本全体の総子供数には変化がなく，マクロレベルで見た少子化には影響を与えない。そのことが，この期間の出生行動に関する議論を引き起こさなかった一因であろう。

　また，国立社会保障・人口問題研究所「出生動向基本調査」（1987年以前は「出産力調査」）には，完結出生児数という項目があり，有配偶女性が生涯に持つ子供の数を計るものとして用いられることがある。この統計では，子供数0人の有配偶女性割合は低位で安定していて，有配偶チャイルドレスが増加した

という本章の主張とは食い違う。しかし，「出生動向基本調査」は 49 歳以下の女性を調査対象にしている一方で，完結出生児数は結婚持続期間 15～19 年の女性の出生子供数を計っている。つまり，この統計量の算出には，35 歳以上で結婚した女性の子供数は考慮されていない。一方で，女性については，年齢の増加とともに出産可能性が減少することも知られている。晩婚化によって増加したこの層が有配偶チャイルドレスの増加を生み出す一方で統計量の算出に用いられず，「出生動向基本調査」の報告においてはチャイルドレス世帯数の増加が観測されないことになったと推測される。

　より厳密に実態を把握するためには公表された「人口動態調査」を用いて女性コホート別の第 1 子出生率を導出することが望ましい。しかし，公刊資料からは 1935～1939 年に生まれた女性の 20～24 歳時における第 1 子出生数が推計できなかったため，今回の分析では省略した。

　ここまでは現在の高齢者世代におけるチャイルドレス割合を見てきたが，今後の高齢者世代に関しても簡単に見ておこう。図 3-2 の出生順位別合計特殊出生率によれば，1990 年までは第 1 子減の傾向が続く。ここで 1990 年では，2035 年世代が 20 歳，2030 年世代が 25 歳，2025 年世代が 30 歳，2020 年世代が 35 歳である。したがって，今後も当面はチャイルドレスが増加すると思われる。

　この合計特殊出生率の低下には，未婚率の上昇も大きく寄与している。2015, 2020，2025 年世代の生涯未婚率（50 歳時での初婚未経験割合）は 5.82%，7.25%，10.61% と急増している。一方で，男性生涯未婚率は女性以上の急増を見せている。結婚可能性が経済的理由に左右されるという多くの実証分析がある。この場合，今後急増する未婚を理由としたチャイルドレス高齢者世帯は貧困問題の対象ともなり，その経済状況についてはさらに深刻な問題をもたらしうる。

4　おわりに

　本章では最近の世帯構造の変化を詳細に分析することにより，高齢者の同居率は減少していないことと，その背景にチャイルドレス高齢者の増加があるこ

とを示した。同居率の分析の結果は，これまでの同居比率をベースとした認識とは異なったものであり，チャイルドレス高齢者の増加は，今後の介護政策などに大きな影響を及ぼすものと考えられる。

最後に本章では分析しえなかった今後の課題について述べる。チャイルドレス高齢者世帯がなぜ子供を持たなかったのかという疑問については考察の対象外としたことである。このトピックについては，いま高齢である世代の，出生年齢時点のデータを用いた出生行動分析が必要である。これは本章の範疇を超える課題であり，今後の研究が期待される。

また，ここで見た高齢者の世帯構造を前提とすれば，現状の介護政策にも多くの問題が含まれていることが示唆される。たとえば，世帯の収入・資産に関していえば，チャイルドレス世帯には流動的な資産が多い。また高齢者介護の観点に関しては，手助け・見守りの必要な高齢者が単独で住んでいる世帯の割合が，別居世帯と比較してチャイルドレス世帯において少ない。自立の度合いに関しては同居世帯と似たものであり，別居世帯と比べて軽度の非自立者が少ない。これは，チャイルドレス高齢者が別居高齢者と比べて施設に入居しやすく，要介護度が低い状況でも優先的に入居していることを示唆している。低い要介護度の高齢者が，介護保険サービスの中でも介護保険財政を圧迫しやすい施設介護にアクセスしやすくなっていることは，介護保険財政の圧迫につながる。したがって，厳しい財政状況を考えれば，チャイルドレス高齢者についても，在宅・施設介護のバランスを再考することや，施設介護部門のさらなる効率化が求められる。これは，介護資源としての家族をあてにした現在の介護保険制度について，警鐘を鳴らすものである。これらの問題については第4章において詳細に検討する。

また，チャイルドレス高齢者世帯の特徴付けについて，本章で用いた「国民生活基礎調査」の調査項目よりも詳細な考察がなされることによって，より興味深いテーマが見つかると思われる。たとえば，チャイルドレス高齢者はどのような介護サービスを利用しているのか，サービス選択に同居・別居世帯との違いはあるのかといった論点は，介護保険制度の実証分析において重要な情報を与えうる。しかし，こうした分析にはレセプトデータなどのより詳細なデータが必要であり，今後の研究に期待したい。

第 4 章

さまざまな介護サービスの提供実態
——要介護者の介護と生活の場——

1 は じ め に

　2000 年に介護保険制度が導入されて以来，日本の介護は新たな局面に移ったことになる。以下では，その実態を介護保険制度のサービスの提供者の実態と要介護者の生活の場という視点から簡単に整理しておこう。

　介護保険制度開始当初は，これまで主たる介護の担い手であった女性を，家族介護の負担から解放しようという「介護の社会化」が政策目標の 1 つとされた。この結果，同居する子供世代による介護を前提としたかつての日本の社会的規範が崩れ，世界に類を見ないような大規模の介護サービス市場が誕生した。しかし 2006 年改正以降は，施設介護から在宅介護への転換が目的とされ，家族介護が再び重視された。介護老人福祉施設における部屋代，食事代などの総称であるホテルコストが介護保険給付から除外されたことはこの現れである。

　家族介護と施設介護との関係については，アメリカのデータを用いた分析として van Houtven and Norton（2004）や Charles and Sevak（2005）があり，家族介護と老人ホーム施設入所に代替関係があることが示されている。ただし，低所得者向け公的保険であるメディケイドで老人ホーム費用がカバーされるアメリカの状況を単純に日本に当てはめることはできず，留意が必要である。とくに，介護老人福祉施設（特別養護老人ホーム）への入所は高齢者個人の意思決定よりも，施設サイドによる入所制限を考慮する必要がある。

2　要介護者の介護と生活の場
——在宅と施設を決めるもの

　介護を受ける必要が生じるようになった高齢者はなんらかの形で介護サービスを提供されることになるが，その形態は居住（生活）の場と密接に関連する。自宅で介護を受けるとなれば，介護の程度が軽いうちはおもな介護の担い手は家族であり，介護の程度が重くなるにつれて訪問系，通所系などのサービスも受けることになる。また，家族等の介護の担い手の負担を軽減するために短期滞在型のサービスなども併用されることになる。自宅で介護をしてくれる人がいなければ，介護の程度が相対的に軽くとも居住系サービスや入所系サービスを受けることになる。

　以上のように高齢者の介護は，生活をする場や，家族の状態などによって大きく在宅か施設かに分類されることになる。ただし，2006年度以降の地域密着型介護サービスの導入により，入所系であっても自宅のある（あった）地域や家族とのより深い連携が可能となるように改善されてきている。たとえば，特別養護老人ホームでも，定員29人以下については市町村（保険者）が指定することが可能であり，要介護前に慣れ親しんだ地域との関係が重視されるようになっている。

　介護保険が提供する介護サービスにも，大きく分けて居宅系サービスと施設系サービスがある。施設系サービスについては諸外国でも提供されているが，居宅系サービスが市場化され内容も充実していることが，日本の大きな特徴となっている。

　在宅で介護を受けるか，それとも施設に入所するかを決定する要因は何であろうか。いくつかの要因が考えられるが，それらは個別に影響を与えるのではなく相互に関連していることが考えられる。考えられる個別の要因として，要介護者当人や家族の意向，入所に伴うコストの大小などが考えられる。また，当然のこととして，実際に家庭内で介護を行う家族がいるかなどの家族構成も要因として考えられる。以上の要因は，要介護者の介護の必要度によっても変

化していくことが考えられる。

　施設か在宅での介護を望むかに関してはいくつかのアンケート調査があり，面白い結果が見られる[1]。それは，介護する家族は施設に入所させるのをためらっている割合が多いのに対して，介護経験者自身は自分が要介護になったときには施設に入ることを望む者が多い，ということである。現在の要介護高齢者では比較的在宅介護を望む者が多いが，今後は施設での介護を望む要介護者が今以上に増えていくことを示唆している。

　施設系サービスには，医療系サービスを中心とした短期的な居住施設である介護老人保健施設，介護療養型医療施設と，介護を中心とした長期居住施設があり，本章では長期居住施設をおもに扱う。この中にも，軽度要介護者を対象とし，重度化した場合は退去が必要になるような施設と，重度要介護者を対象とし，基本的には亡くなるまで居住させる施設とがある。前者は養護老人ホーム，軽費老人ホーム（A，B型）や有料老人ホーム（在宅型），サービス付き高齢者向け住宅が含まれる。A，B型軽費老人ホームが介護保険法ではなく老人福祉法の対象であるなど，この分野に関しては介護という視点だけからでは分析しにくいこともあり，本章のおもな分析には含まない。後者には，介護老人福祉施設（特別養護老人ホーム，特養），有料老人ホーム（介護付き），C型軽費老人ホームの一部，認知症対応型共同生活介護が含まれる。本章でおもに扱うのは，このうちの特養と介護付き有料老人ホームである。本章補論ではこうした施設の類型をまとめてある。

　施設系サービスのうち高齢者が長期居住可能な施設の中核は介護老人福祉施設（特別養護老人ホーム）である。介護老人福祉施設は介護保険制度以前から福祉政策の一環として設置されたものである。現在でも営利企業・医療法人の参入は認められていない。厚生労働省「介護サービス施設・事業所調査」によれば約90％は社会福祉法人によって運営されている。介護保険制度で介護内

---

1)　たとえば，「介護に関する意識調査」（オリックス・リビング株式会社）などがある。この調査は，毎年11月11日に40代以上の男女1000人以上に介護に関する意識調査を継続的に行っている。2009年の調査では，家族の介護が必要になった場合に一番多い選択肢は「訪問介護サービス」の68.5％（複数回答）であるのに対し，自分が介護される場合には，なんらかの施設に入所を希望する比率は54.4％（単一回答）となっている。この逆転現象は女性に顕著に現れている。

容・点数が定められているため，サービス内容はある程度定型化している。入所者の選定に対しては介護の必要の程度として要介護度を勘案し，家族の状況として単身世帯か否か，同居家族が高齢または病弱か否かなどを勘案すること，また居宅サービスの利用に関する状況を勘案することが国の指針として定められている。

　介護老人福祉施設のほかにも，介護保険制度の会計上は居宅系サービスとして扱われるが，長期施設介護を提供するサービスとして，介護付き有料老人ホームがある。有料老人ホームは福祉の範疇に収まらない，自由意思による入居希望者を対象として始まったサービスであり，主たる担い手は営利企業である。狭義の介護に関しては介護保険制度で定められているが，施設の裁量でさまざまなサービスが提供できる。

　有料老人ホームへ入所するには，後述するように高額の一時金や毎月の費用が発生する。一方，割安な特養に入所するには入所定員の制約があり，多くの入所待ちの希望者が存在する。平均的な特養と有料老人ホームが運営する施設の入所費用を見てみよう。特養の費用負担は要介護者の所得水準（4 段階）で負担額が異なる。4 段階の所得水準とは，

　第 1 段階：生活保護受給者，老齢福祉年金受給者等

　第 2 段階：市町村民税世帯非課税，本人の年金収入 80 万円以下

　第 3 段階：市町村民税世帯非課税，本人の年金収入 80 万円超

　第 4 段階：市町村民税世帯課税（たとえば，夫婦 2 人世帯で本人の年金収入 211
　　　　　　万円超）

の区分である。また，個室を中心としたユニット型個室と多床室を中心とした従来型施設では，負担金が異なる。それぞれの利用者負担月額は表 4－1 のようになる。[2]

　一方，有料老人ホームにおいては，介護保険負担による狭義の介護費用以外に，各種サービスを含めた居住費用が存在するが，この値は施設によって大きく異なる。さらに，生涯家賃を一括先払いさせる入居金という経済慣行があり，これは入所者の長寿リスクを施設側に転嫁する契約になっている。実際には，

---

2)　社会保障審議会介護保険部会（平成 25 年 9 月 18 日）配布資料より。

表4-1　ユニット型個室と多床室の利用者負担月額

	第1段階	第2段階	第3段階	第4段階
ユニット型個室	5万円	5.2万円	8.5万円	13万円以上
多　床　室	2.5万円	3.7万円	5.5万円	8万円以上

（注）　両者で金額が大きく異なるのは，多床室では室料（部屋の利用料）が介護
保険給付のほうで支払われるためである。

表4-2　介護付き有料老人ホームと住宅型ホームの比較

（単位：円）

	介護付き有料老人ホーム		住宅型ホーム	
	(1)	(2)	(1)	(2)
敷金・補償金などの前払い金	543,077	460,631	266,284	245,228
月額合計額	247,687	219,791	131,575	127,258

（注）　(1)：75歳自立状態で入居，(2)：85歳要介護度3で入居。

営利企業が運営する有料老人ホームの料金は多様であるが，業界団体（全国有料老人ホーム協会，2013年度数値）の調べから一応の姿を見ることができる。介護付き有料老人ホームでの支払いは，基本的に以下の3分類が存在する。

・月払い方式：月ごとに家賃相当額を支払う（入居時の前払い金はない）。

・全額前払い方式：家賃相当額を一括して前払いする。

・併用方式：家賃相当額の一部を前払いし，残りを月額で支払う。

それぞれの比率は，52.1%，34.6%，26.2%と月払い方式が5割以上を占めている。入居時の年齢や要介護度によって金額が異なるためすべての方式について比較することが難しいため，最も比率の高い月払い方式について表4-2で簡単に見てみよう。

以上では，住宅型ホームでは月に13万円程度の負担で入居できることを示しているが，介護付き有料老人ホームでは，月に20万円以上の費用がかかる。また，年齢によってかなりの差があるため，70歳前後で要介護度3以下の高齢者が入居した場合にはかなりの高額の支払いが毎月必要になる。そしてこれに介護保険の利用に応じた費用がかかることになる。

特養と介護付き有料老人ホームの費用差は歴然としている。特養では，所得区分が第4段階であっても平均的な老齢年金の受給者が支払うことは可能とな

っている。一方で介護付き有料老人ホームは平均的に見て，月額 20 万円以上
の負担が必要となり，要介護高齢者（もしくは，その家族）にとって，かなりの
負担となることが予想される。

　施設入所がコスト的に困難な場合には，在宅での介護となるが，介護をして
くれる家族がいるかどうかで状況が異なる。健康な配偶者や同居する（もしく
は近くに住む）子供などがいれば，家族による介護も選択肢の 1 つとなる。そ
の場合には，家族介護に加えてさまざまな居宅系や通所系の介護も組み合わせ
て介護をすることが可能となる。しかし，第 3 章で述べたように，子供のいな
い高齢者が増加し，家族介護が選択肢から除外されるケースが今後多くなるこ
とが想定される。

　また，介護保険制度が制定されて 15 年以上たったが，現状ではいまだに要
介護度が高い要介護者の人数が趨勢的に増加しており，この傾向はしばらく続
くことが予想される。したがって，施設入所を必要とする要介護者が今後増加
していくことが考えられる。介護保険制度のもとでは，これまでにもさまざま
な修正が行われ，傾向として，居宅系介護の拡大を試みているが，施設系の必
要度がこれまで以上に増すことは否定できない。

3　介護保険制度によるサービスの提供実態

3.1　施設入所か在宅か

(1)　介護保険の利用状況

　第 5 章で示すように，要介護者になってから人生の最期を迎える期間は，
男で約 10 年，女で約 17 年（65 歳時点で要介護度 2 以下になった場合，第 5 章表 5
－3 より）とけっして短い期間ではない。また，要介護度はその期間を通じて
一定ではなく段々と重くなっていくことが通常である。したがって，どこで介
護を受けるかは，要介護度や家族の状況などによって変化していくことになる。

　要介護者が介護を受ける場所としては大きく 2 つのケースが考えられる。1
つは，おもに自宅で居住し家族や介護保険制度によるさまざまなサービスを受

けるケースであり，もう 1 つは介護施設に入所するケースである。表 4-3 は，介護保険利用者がおもに介護を受ける場所を居宅（自宅）と介護施設に分けて要介護者の推移を見たものである。また，要介護度でどの程度異なるか見るために全体と要介護度 3 以上に分けて示している。ただし，この資料は居宅サービス受給者，地域密着型サービス受給者，施設サービス受給者を被保険者番号で名寄せした人数であるため，全体の要介護者数とは必ずしも一致しないことに注意が必要である。また，この調査の数値は 2011 年までしか利用できない。

　介護保険の利用者はこの期間で急速に増加している。しかし，要介護度 3 以上の割合は 40% 前後で変動しながら推移している。変動の理由は介護保険制度の立ち上げ時の混乱や要介護の基準変更，そして，2006 年の制度変更の影響などが考えられるが，後述するように男女高齢者での推移がかなり異なることが影響していると思われる。

　居宅か施設かで見ると，全体の施設入所者割合は 2002 年の 28% から 20%（2011 年）と 8 ポイントほど低下している。特別養護老人ホームの入居基準の 1 つである要介護度 3 以上の高齢者では，入居比率は 50% から 40% 前後と全要介護者よりも高くなるものの，やはりこの期間で 10 ポイントほど減少している。とくに，2006 年以降の落ち込みが大きく，これは同年の制度改正が大きく影響しているものと考えられる。

　要介護度 3 以上の高齢者とは，どのような状況なのであろうか。第 1 章の付表 2 で示した要介護度の定義をもう一度見てみよう。基本的に要介護度 3 の高齢者とは，「立ち上がりや歩行などが自力ではできず介護を必要とする状態。排泄や入浴，衣服の着脱などに全面介助が必要」な者ということになる。この目安から判断するかぎり，在宅での介護には非常に大きな負担が伴うことが推測される。しかし，居宅介護においても多くのサービスが介護保険で提供されており，必ずしも家族などの関係者だけで介護するわけではなく，非常に厳しい環境に置かれているかどうかは不明である。以上のように，要介護の必要性が高い高齢者の入所比率が下がっているのはなぜだろうか。理由は大きく分けて 2 つ考えられる。1 つは，当人や家族の希望で居宅介護を行っている可能性であり，もう 1 つは，廉価な施設（たとえば特別養護老人ホームなど）での供給が需要に比べてきわめて低い可能性である。

表 4 - 3　居宅・施設介護サ

	2002 年	2003 年	2004 年	2005 年
要介護サービス受給者数	2,440,710	2,767,557	3,075,876	3,302,154
うち要介護 3 以上	1,014,304	1,103,916	1,234,561	1,295,683
居宅サービス	1,750,026	2,042,923	2,323,055	2,520,307
うち要介護 3 以上	505,544	557,539	638,256	670,167
地域密着型サービス				
うち要介護 3 以上				
合　計				
うち要介護 3 以上				
施設サービス	690,684	724,634	752,821	781,847
うち要介護 3 以上	508,760	546,377	596,305	625,516
要介護 3 以上施設入居率	0.501585	0.494944	0.483010	0.482769
施設入居要介護 3 以上比率	0.736603	0.754004	0.792094	0.800049
要介護度 3 以上の割合	0.415577	0.398877	0.401369	0.392375
施設入居割合	0.282985	0.261832	0.24475	0.236769

（注）　1.　居宅サービス受給者・地域密着型サービス受給者・施設サービス受給者
　　　　2.　「計」には経過的要介護を含むため，介護度区分別内訳とは一致しない場
　　　　3.　2012 年度より資料公表は行われていない。
（出所）　国民健康保険中央会「認定者・受給者の状況」。

　前者については，必ずしも明確な裏付けを見出すことが簡単でないため，こ
こでは，後者について見てみよう。先に見たように高齢者の入所施設としては
営利・非営利，自立・非自立などでさまざまな施設が存在する。民間では，介
護付き有料老人ホーム，サービス付き高齢者向け住宅，グループホームなどが
あり，非営利としては特別養護老人ホーム，介護保険老人ホームなどがある。[3]
営利については，入居者が必ずしも要介護者だけでないため，その実態を把握
することは難しい。また，体系的な調査がないためさまざまな調査から導出す
る必要がある。幸いにも厚生労働省老健局が各施設の定員者数についてまとめ
たもの（「厚生労働省（老健局）の取組について」厚生労働省老健局高齢者支援課，平
成 27 年 3 月 19 日）がある。

　図 4 - 1 からは特別養護老人ホームのウェイトがつねに高いことがわかる。
ただし，有料老人ホームの伸びがほかに比べて非常に高く，2014 年度には介
護老人保健施設を抜いて 2 番目になっている。しかし，有料老人ホームなどは，

---

3)　高齢者向け住宅の性格については，付表で整理している。

ービス別要介護者の状態

2006 年	2007 年	2008 年	2009 年	2010 年	2011 年
3,333,013	3,383,690	3,710,446	3,848,427	4,024,790	4,227,717
1,292,393	1,424,378	1,611,486	1,666,365	1,733,146	1,783,003
2,538,096	2,568,276	2,677,541	2,785,865	2,929,081	3,093,861
657,501	757,579	816,106	844,718	889,884	921,150
		208,401	232,674	256,057	286,633
		112,889	127,849	141,393	159,070
		2,885,942	3,018,539	3,185,138	3,380,494
		928,995	972,567	1,031,277	1,080,220
794,917	815,414	824,504	829,888	839,652	847,223
634,892	666,799	682,491	693,798	701,869	702,783
0.491253	0.468133	0.423517	0.416354	0.404968	0.394157
0.798690	0.817743	0.827759	0.836014	0.835905	0.829514
0.387755	0.420954	0.434311	0.432999	0.430618	0.421741
0.238498	0.240984	0.222212	0.215643	0.208620	0.200397

を被保険者番号で名寄せした人数である。
合がある。

必ずしも入所者が要介護者とは限らない。有料老人ホームの入居資格という点
については2つの分類がある。1つは要介護状態にない高齢者を対象とし，深
刻な要介護状態になった場合には退去する必要のある「在宅型」有料老人ホー
ムである。もう1つはすでに要介護状態にある高齢者を対象とする「介護付
き」有料老人ホームである。いずれにしろ，入居率が不明なため，要介護者が
実際にどの程度入所しているかは明確ではない。

　先に示した業界団体での調査（全国有料老人ホーム協会，2014）で少し概観し
ておこう。2013年7月1日時点の数字であるが，有料老人ホーム件数は全体
で8427件であり，うち介護付き有料老人ホームは3308件で全体の4割を占め
ている。定員ベースで見ると全体で34万7380人であり，うち介護付き有料老
人ホームが20万3914人と全体の58.6%を占めている。開設年で見ると，介
護保険制度の変遷とともに明瞭な変化を示している。介護保険制度導入前
（1999年以前）は238件（全体の2.8%）であるが，制度施行直後（2000～2005年）
では，1579件（全体の18.7%）と急速に増えている。さらに，老人福祉法等改
正以降の2006～2008年では1981件（全体の23.5%）と増加するが，未届施設

図4-1　高齢者向け住まいの定員数の推移

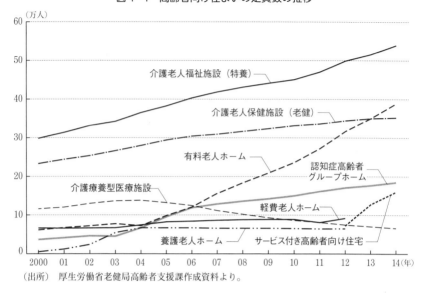

（出所）　厚生労働省老健局高齢者支援課作成資料より。

届出強化以降（2009〜2010年）は1622件（19.3%）と伸び率が低下する。しかし，2011年以降のサービス付き高齢者向け住宅制度創設以降は3004件（全体の35.7%）と再び大きな増加を示している。このように，民間施設は制度の変遷とともに拡大の程度を変化させながら趨勢としては大きな増加を示している。

　以上の調査より，開設主体を見ると，介護付き有料老人ホームでは全体の82.6%が株式会社および有限会社で占められている。また，サービス付き高齢者向け住宅では，62.7%であり，両者ともに営利企業での開設が多数を占めている。

　入居率の平均値を見ると，介護付き有料老人ホームでは88.1%，サービス付き高齢者向け住宅では78.2%と比較的高い数値を示している。また，開設が2年以上の施設だけに限ると，前者は90.0%，後者は94.9%とともに9割を超している。

(2)　老人施設の開設経緯

日本において老人ホームにあたる部門ができたのは19世紀後半である。当

初現れたのは，宗教団体・慈善団体を主体とする，身寄りのない貧困高齢者を対象にする無償の福祉施設であった[4]。この分野を規定する法制度が施行されたのは1926年の救護法によってであり，これらの介護施設は公的福祉部門の一環とされたが，政府からの運営補助金額には限りがあった。こうしたコストを賄うため，当時の施設は経済的には入居資格を満たさない入居者を「自由契約者」の名で受け入れた。しかし，政府監督下の救貧施設であったこれら施設のサービスに対して，不満を漏らす自由契約利用者も多かった。こうした背景から，正確な発祥は不明であるが，自由契約者のみからなる，現在の有料老人ホームの原型となる施設が誕生していった。1963年の老人福祉法は，公的部門である特別養護老人ホームが自由契約者を受け入れることを禁止して，自由契約者のみからなる有料老人ホームとの間に明確な線引きを行うとともに，有料老人ホームに対する規制を定めた。

　この後，1990年代までは，有料老人ホームの利用者はほぼ富裕層，特養は身寄りのない貧困高齢者をおもな対象としていた。とくにバブル期には，都心の一等地に豪華な有料老人ホームが誕生して注目を集めた。こうした傾向が変わるのは2000年の介護保険法制定後である。介護保険法のもとでは，老人福祉法においてなされた特別養護老人ホームが福祉施設にとどまらず一般の利用者を受け入れるようになったことで，有料老人ホームと特養の線引きは曖昧となった。このような背景から，富裕層に限らない顧客層を開拓する有料老人ホームも増加した。

　介護保険法の制定により，1999年には3万2302人であった有料老人ホームの定員数は，2009年には18万3245人と5倍以上の伸びを見せた。一方で，1999年に28万3822人であった特養の定員数は，2009年にも41万4668人と，有料老人ホームと比べ伸び悩んだ[5]。こうした変化の一因が，2005年に通達された「総量規制」である。これは2014年には，要介護2以上の高齢者のうち施設入居者が37％未満になるようにという，厚生労働省から各保険者への要請であった。2004年段階でこの割合の全国平均は41％に達しており，多くの

---

4)　以下の内容は百瀬（1997），須藤（2006a, 2006b）に基づく。

5)　「介護サービス施設・事業所調査」（2009年の特養），「社会保険施設調査」（1999年の特養・1999, 2009年の有料老人ホーム）をもとに作成した。

保険者にとって，この要請を達成するには新規施設の供給を停止する必要があった。これにより，特養の新規建設はほぼストップし，多くの特養待機者を生んだ。具体的には，2009 年 9 月時において 42 万 1000 人という厚生労働省の発表がある[6]。一方，有料老人ホームについては強く制限しない自治体も存在し，伸び率は減少したものの増加が続いた。なおこの要請は，2006 年，2009 年の介護保険計画においても求められたが，2012 年度には廃止された。

　アメリカとの比較を行うと，日本の有料老人ホーム部門が鮮明に特徴付けられる。アメリカでは，公的な介護保険は存在せず，有料老人ホームの費用は公的な高齢者医療保険であるメディケア（Medicare）ではカバーされない一方で，公的な低所得者医療保険であるメディケイドがこれをカバーする。特養にあたる公共的な補助によって成り立っている部門がなく，民間部門による有料老人ホームしかないが，こうしたホームは月平均費用が 6000 ドルと高額である[7]。結果として，多くの高齢者が入居後に資金を使い尽くし，低所得者となってメディケイドの対象となり，最後は公的資金が投入されるというメディケイド・スペンドダウン（Medicaid spend down）と呼ばれる状況が発生している。

　つまり，アメリカでは，同一施設に対して複数の支払方式があり，その 1 つとして低所得者医療保険を利用したセーフティーネットを用いている。一方で日本では，施設自体を低所得者中心の特養と高所得者中心の有料老人ホームに分け，介護保険でカバーされる量を前者では多く，後者では一部にとどめている。アメリカの制度が，メディケイド・スペンドダウンによって高額なホーム利用料を公的保険で提供しているという批判を集めていることを考えると，市場自体を分割する日本の方法は，国際的にも注目すべき示唆を与えうるものと考えられる。

　しかしながら，後述するように日本の枠組みにも多くの問題がある。多くの入居待ちが存在するかと思えば，地域によっては特養でも空き部屋が出ているという，地域間の偏在がその 1 つである。特養の運営主体が社会福祉法人であり，地域の福祉と強く関連していることを考えれば現状ではやむをえないことかもしれないが，今後の高齢者の地域間のさらなる偏在などを考慮すれば，特

---

6)　http://www.mhlw.go.jp/stf/houdou/2r98520000003byd.html, 2013 年 10 月 26 日アクセス。

7)　Congressional Budget Office（2004）.

養と民間有料老人ホームなどとの関係を見直す時期が来ているのではないだろうか。

3.2 特別養護老人ホーム

以下では，施設の中で最も定員数が多くデータ的にも把握しやすい特別養護老人ホーム（特養）について見てみよう。特養はほかの施設と比べて入所費用が廉価なために，順番待ちをしている多くの要介護者が存在する。介護老人福祉施設の定員数は，介護保険法制定直前の 1999 年には 18 万 3245 人であったものが，2009 年には 41 万 4668 人となっている。定員数は低い伸びにとどまっているが，これは新しい施設の建設が制限されているためである。この結果，介護老人福祉施設への待機者が急増し，2009 年では 42 万 1000 人にのぼる。

2010 年 5 月から 2011 年 4 月までの状況をまとめた厚生労働省「介護給付費実態調査」の 2010 年度調査によれば，介護老人福祉施設は介護保険給付費の 19% にあたる 1 兆 4365 億円を占めており，非常に高価なサービスである。施設数が制限されているのは，こうした状況下で介護保険財政への圧迫を防ぐためである。

また，入所基準として要介護度 3 以上を条件としており，入所者は原則としてすべて要介護者である。介護保険制度が採用された当初（2000 年）は，要介護度 3 未満の入居者が約 27% いたが，2011 年には 12% ほどに減少しており，全体の 9 割前後が要介護度 3 以上の高齢者となっている。要介護度 3 未満の入居者が存在する理由としては，入所に関する指針に「介護の必要の程度及び家族等の状況を勘案し，……必要性が高いと認められる入所申込者を優先的に入所させるように努めなければならない」（平成 11 年 3 月厚生省令第 39 号），「家族の状況については，単身世帯か否か，同居家族が高齢又は病弱か否かなどを勘案」（平成 14 年 8 月計画課長通知）などという方針があるためと思われる。

実際に 2012 年に全国老人福祉協議会が行った調査では，要介護 2 以下の入所者の最も大きな入所理由として「介護者不在，介護困難，住居問題等」があげられ，全体の 6 割以上を占めていることが指摘されている。また，2010 年「介護サービス施設・事業所調査」より，要介護度別での所得区分は，表 4–4

表4-4　要介護度別の所得区分のシェア

（単位：％）

	第1段階	第2段階	第3段階	第4段階
要介護1	8	55	19	15
要介護2	7	57	17	16
要介護3	7	56	16	18
要介護4	6	57	15	19
要介護5	6	57	16	18

（出所）　2010年「介護サービス施設・事業所調査」（厚生労働省）より。

のようになっており，第1段階と第2段階に属する高齢者で各要介護度とも6割を超しており，所得が相対的に低い要介護者でないと特養に入居することが難しい状況を示している。また，退所理由（2010年）を見ると9割以上が死亡（63.7％）もしくは医療機関への移送（28.9％）で占めており，いったん入所すれば最期まで入所している者が大勢であることがわかる。その結果，平均在所年数は約4年にわたっている。

3.3　民間有料老人ホーム——民間有料老人ホームはなぜ高いのか

　チャイルドレス高齢者が増大している現状では，家族介護で施設介護をすべて代替することは困難である。こうした状況では，施設介護部門の効率化は避けて通れない課題である。本章では，生涯居住を前提とする施設である老人ホーム部門のうち，民間企業を中心とする有料老人ホーム市場を分析する。

　世界的に高齢化が進展する一方で，長寿リスク（Longevity risk）は，いまだ保険でカバーしきれていない最大のリスクの1つであるといわれている。たとえば年金保険やリバース・モーゲージといった，長寿リスクへの保険的機能を持つものはあるが，その市場規模は限定されている。本節で扱うのは，これらの保険と似た機能を持つ，日本の有料老人ホームで行われている「入居金制度」というユニークな経済慣行である。

　有料老人ホームへの入居者は，通常2種類のものを同時に支払う。1つは月額費用であり，これは日々の生活費などにあたるものとして，入居期間中毎月支払うことになる。もう1つが入居金であり，これは有料老人ホームが定める

「償却期間」分の家賃を一括先払いするものである。このほかに，介護保険サービスを利用する際には別途自己負担分の支払いがある。

入居金制度の特殊な点は，入居者が償却期間よりも長く居住した場合には追加の家賃が発生しない一方で，入居者が償却期間の来る前に死亡・退去した場合には，差額分が返却されるという点である[8]。このように入居金制度は，生存期間にかかわらず，入居者の生涯家賃を肩代わりするものとして，入居者にとって長寿リスクを無視することを可能とする契約であるといえる。このことは同時に，入居者の長寿リスクを有料老人ホーム側が一手に引き受けるということを意味している。

このような入居金制度は，年金以外に収入源のない高齢者にとって安心できる契約となっている。一方で，合理的な有料老人ホームは，このリスクをほかの手段で回収するはずである。具体的には，入居金制度のもとでも毎月確実に支払われる月額費用が，このリスク分のしわ寄せを受けて高額になっていることが想像される。本節では，入居金制度がなかった場合にどの程度の生涯支払いが起こっていたのかという仮想的な状況に対する予測分析を行い，実際の支払額と比較することで，入居金制度の影響について分析を行う。

入居金制度はあくまでも経済慣行であり，これを強制する法律はない。以下で説明するように，この制度はバブル期以前の，富裕層のみが有料ホームの顧客となっていた時代に形成されたものである。

本研究では2009年のデータを用いるが，介護保険制度によって経済状況が変化したこの時点でも，65％以上の有料老人ホームが入居金制度を採用している。なお，本書**2.1**項で示した2013年の数字は50％弱であり，この制度を採用する有料老人ホームが徐々に減っていることがわかる。

（1）　入居一時金の存在

特養とは異なり営利法人が主体である有料老人ホームは，なんらかの経済合

---

8)　入居金のうち一定割合を，償却期間内に死亡・退去したとしても返却されない「初期償却」としているホームも多い。本節の実証分析では，100％を初期償却としているホームについてはそもそも入居金制度を用いていないものとして扱ったが，その他の初期償却については簡単化のため捨象した。

理性に基づいて価格（入居金や月額費用など）を決定していると考えられる。なぜ，高額といわれる一時金が存在するのであろうか。本当に一時金は高額なのであろうか。

　企業行動を扱う経済学の分野である「産業組織論」で活発に用いられるBerry, Levinsohn and Pakes（1995, 以下BLP）のモデルを拡張して，有料老人ホーム市場を分析する。このモデルは，複数の市場における消費者・企業の行動を記述し，需要・供給の均衡点から実際のデータが観測されているとするモデルである。BLPモデルの特徴は，これを実証研究に用いる場合，企業に関する情報のみからで消費者サイドのパラメーターも推定可能であるという点である。

　有料老人ホーム市場における消費者・企業の意思決定は，将来の長寿リスクを考慮して行う不確実性下の動学的意思決定となる。通常のBLPモデルは静学的な状況を扱っているため，ここでは有料老人ホーム市場に合うようにモデルの拡張を行った。以下ではその概略を述べる。

　まず消費者の意思決定モデルについて，よく用いられるリスク選好入りの効用関数では，長寿リスクには対応できない。ここでは，各消費者が生存期間に関する主観的予測値を持っているものとし，これを用いた動学的最適化を行っていると仮定した。消費者が生存期間の過大評価を行っている場合にはこの予測値が大きなものとなるという点で，消費者のリスク選好を反映できるモデルである。

　一方の有料老人ホームの意思決定モデルとして，Norton（2000）にまとめられた既存研究での手法を踏襲し，有料老人ホームは定常状態における期待利潤を最大化すると仮定した。通常のBLPモデルの対象と有料老人ホーム市場が異なる点として，有料老人ホームは月額費用と入居金という2つの要素をコントロールできるという状況がある。ここでは，入居金（＝償却期間×月額家賃）のうち償却期間は有料老人ホームが決めるが，月額家賃は不動産市場で外生的に定まっていると仮定した。そのうえで，償却期間によって定常状態における入居者の長寿リスクが定まり，このリスクを所与として，有料老人ホームが期待利潤を最大化するように月額費用を決めている。

　以上の枠組みによって得られるモデルは，次の式で表される。

$$q_{h_m} = x_{h_m}{}'\beta_d - p_{h_m}\alpha + \xi_{h_m} + \ln\left(1 - \sum_{k_m=1}^{H_m} \exp(q_{k_m})\right),\ h_m = 1, ..., H_m \quad (4.1)$$

$$p_{h_m} = \exp(w_{h_m}{}'\beta_s + \omega_{h_m}) - \frac{1}{\alpha[\exp(q_{h_m})-1]} - f_{h_m}\Gamma(T_{h_m}, f_{h_m}; \gamma) \quad (4.2)$$

ここで m は市場, h_m は市場における各有料老人ホームを表す。市場 m にお けるホームの総数を H_m とする。被説明変数である q_{h_m} は各市場における有料 老人ホーム h_m の入居者数シェアの対数値を示し, p_{h_m} は月額費用を表してい る。入居金に関する変数として, T_{h_m} は有料老人ホーム h_m の償却期間, f_{h_m} は 月額家賃を表している。また, x_{h_m}, w_{h_m} はそれぞれ需要サイド・供給サイドに 関わる観測可能な説明変数であり, ξ_{h_m}, ω_{h_m} は観測不能な有料老人ホーム固有 の要素である。

(2) モデルの推定結果からわかること

データや推定方法についての詳しい説明は Sugawara（2017）に譲ることとし, ここでは簡単に説明しよう。データは週刊朝日 MOOK（2011）に記載されている 2010 年 10 月時点の情報を用いた。該当資料に記載されている情報は 2343 ホームのものであり, 全有料老人ホームの半数ほどである。サンプル・ セレクション・バイアスの恐れに関しては, 全国有料老人ホーム協会資料によ る全数調査との比較を行っている。このうち介護付き有料老人ホームで情報に 欠損のないものを集め, 1265 ホームからなる標本を作成した。

推定された結果より, 入居金があるケースとないケースについて入居者が 20 年および 30 年入居した際にかかると予測した生涯支払金を比較することが できる。

推定結果は表 4-5 にまとめられている。表中の 95% 信用区間は 95% Cred- ible interval の訳語であり, 事後確率 95% 区間に入る推定量の値域を表すた めにベイズ統計学で用いられる概念である。この区間に 0 が含まれなければ, 推定量の符号に関して高い信頼性を持って結果を解釈できる。

個々の説明変数の係数に際しては, 下記のように直感に合う推定結果が得ら れている。需要サイドでは, 労働者 1 人当たりの利用者数は負の係数を持つが, これについては労働者数の多い有料老人ホームのほうが消費者に高い効用をも

表4-5　推定結果

	変　数	事後平均	95%信用区間
β_d	定　数	$-4.311^{***}(0.238)$	$[-4.772,\quad -3.839]$
	労働者1人当たり入居者数	$-0.675^{***}(0.057)$	$[-0.793,\quad -0.570]$
	チェーン運営	$0.379^{***}(0.053)$	$[\quad 0.278,\quad 0.485]$
	開設以来年数	$0.018\quad(0.030)$	$[-0.043,\quad 0.073]$
	入居率	$0.445^{***}(0.165)$	$[\quad 0.123,\quad 0.777]$
β_s	定　数	$2.914^{***}(0.068)$	$[\quad 2.765,\quad 3.044]$
	労働者1人当たり入居者数	$-0.409^{***}(0.028)$	$[-0.459,\quad -0.345]$
	チェーン運営	$0.213^{***}(0.025)$	$[\quad 0.155,\quad 0.255]$
	開設以来年数	$-0.094^{***}(0.015)$	$[-0.124,\quad -0.069]$
	地域平均家賃	$0.191^{***}(0.016)$	$[\quad 0.165,\quad 0.228]$
	地域平均賃金	$-0.010\quad(0.016)$	$[-0.049,\quad 0.012]$
	標本数	1265	

（注）　カッコ内は標準誤差，***は99%信用区間に0が含まれていないこ
とを示す。

たらすという自然な解釈が可能である。チェーン企業による運営は正の係数を[9]
持つが，これはチェーン企業による経営が効率的な運営をしていることを示唆
するものと思われる。開設以来年数の符号は定かではないが，これは有料老人
ホームが長い歴史を持つことは高い信頼性を与えると同時に，施設の老朽化も
もたらすため，その影響が一意には定まらないことを示唆するものと解釈でき
る。また，操作変数である入居率は正の係数を持ち，有料老人ホームの質の代
理変数として機能しているという仮説に整合的な結果が得られた。

　供給サイドの推定結果を解釈する際には，係数が正である説明変数は入居者
1人当たりの限界費用を上昇させ，利潤を低下させるということに注意が必要
である。労働者1人当たり入居者数は負の係数を持つ。これは，労働者数の減
少は限界費用を減少させるという自然な結果である。チェーン企業による運営
は正の係数を持つが，これはチェーン企業が市場単位での運営に対して柔軟性
を持てないことを示唆する。開設以来年数は負の係数を持ち，これは経験の蓄
積によって費用が下がるという直感に合致する。操作変数に関して，地域平均

---

9)　この変数は，サンプル内で20以上の有料老人ホームを持っているチェーン企業（ベネッセ，
　メッセージ，ワタミ，ニチイ，ライフコミューン，ツクイ）に属すれば1，そうでなければ0と
　いうダミー変数として定義した。

家賃は正の係数を持ち，限界費用を上昇させるものとして自然な結果が得られている。一方で，地域平均賃金の符号は定かではない。これは，医療・福祉職の賃金が介護職とは異なる医療職を含んでしまっているため，介護職の平均賃金としては正確さに欠けるからではないかと思われる。

　推定された結果より，入居金があるケースとないケースについて入居者が20年および30年入居した際にかかる予測される生涯支払金を比較することができる。

（3）　予測結果による考察

　図4-2と4-3は，各ホームに20年，30年居住した場合の生涯支払額を表している。なお，すべての有料老人ホームでの現状の償却期間は20年未満であるため，この生存期間はすでに償却期間を超え，家賃が無料となる期間に入っている。x軸上には個別の有料老人ホームが並んでいて，上述のとおり19カ所のホームを分析している。各有料老人ホームについて，左側の棒が現状，右側の棒が仮想での生涯支払額（万円）を表している。

　結果として，図4-2が示すように，20年の居住ではどの有料老人ホームにおいても現状のほうが高い生涯支払額を必要としている。一方，図4-3が示すように，30年住んだ場合，3番目の有料老人ホームにおいてようやく入居金なしでの支払額が入居金ありでの生涯支払額を超える。別の言い方をすれば，この有料老人ホームに30年居住すれば，入居金の元を取ることが可能である。しかし，今回の分析対象である介護付き有料老人ホームに，20年以上居住することはきわめて希少な事例である。したがって，現実的な生存年数のもとでは，入居金制度は過払いを引き起こしていることが示唆された。

　この過払いの原因は，リスク回避的な消費者・企業の行動による。つまり，消費者は余命を過大評価し，ホームは余命の長い消費者に備えて高い月額費用を提供している。このような状況では，リスク中立的に行動しうる主体としての政府がリスクヘッジ手段を提供できれば，社会厚生は増加することになる。具体的な介入策としては，下記のようなものが考えられる。有料老人ホーム側に関しては，ホーム側が長寿リスクを一手に引き受けるという現状の入居金制度のもとでは，リスクプレミアムとして高い月額費用の形で課し，リスクをカ

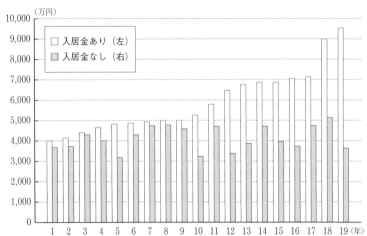

図4-2　20年居住した場合の生涯支払額

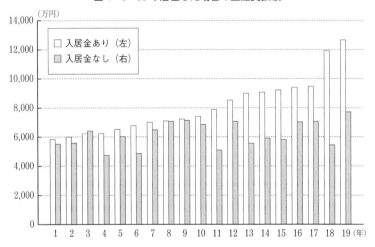

図4-3　30年居住した場合の生涯支払額

バーするという行動が見受けられた。したがって，有料老人ホームが適切に長寿リスクをヘッジできるようになれば，生涯支払額の減少が可能になる。これを達成するための1つの政策介入方法は，入居金制度の撤廃である。入居金制度はあくまでも経済慣行にすぎないが，現在でも多くの有料老人ホームがこれを採用している。この理由としては，ほかの有料老人ホームが入居金制度を採

用している以上，単一企業としてここから離脱すると損をしてしまうという，ナッシュ均衡の状態にこの市場があるためと予想される。したがって，政府による強制的な入居金制度の撤廃は，本節の予測結果に示されたような生涯支払額の減少につながると期待できる。

　一方の消費者サイドについていえば，このような過払いを受容する消費者がいるということは，公的介護保険の枠を超えるような，私的介護保険への需要があるということを示唆する。こうした私的介護保険は，公的介護保険を補足するものとして機能すると期待される。しかし現状では，私的介護保険は第三の保険として提供されているが，その流通量は限られている。したがって，政府による私的介護保険に関わる税制控除などの消費者支援政策や，保険会社に適切な保険商品の設計を可能にするような要介護度推移確率などの情報の公開が，有効な政策であると考えられる。

　日本の老人ホーム市場は，特養と有料老人ホームという2つのセクターからなる重層構造を持っている。安価な特養は費用の多くを介護保険で提供している点で社会的コストは高く，入居者の増大は財政の圧迫につながるため，低所得者層へのセーフティーネットとしての機能が中心となっている。逆に，かつては富裕層に限定されていた有料老人ホームは，一般層にも利用可能な財になりつつあり，介護保険財政への圧迫度の少ない施設介護部門としての可能性を持っている。

　しかし現状では，本節で示したように，長寿リスクの扱いがもたらす困難さから，過大な価格設定がなされ，市場拡大の妨げとなっている。こうした現状では，健全な競争を生み出しうるような政府介入が行われれば，有料老人ホーム市場の拡大によって施設介護へのアクセスが容易になり，社会厚生が増大するものと期待される。

4　世帯構造から見た介護保険制度

4.1　チャイルドレス高齢者の介護問題

　本節では第3章で示した日本の家族構造の変化と介護問題を関連させて検討する。とくに，介護問題という観点からチャイルドレス高齢者に関する問題を議論しよう。高齢者夫婦世帯では，チャイルドレスであるかどうかにかかわらず，配偶者が主たる介護者となる世帯が大多数である。したがって，チャイルドレスの介護問題を特徴付けるために，ここでは独身高齢者世帯に議論を集中する。

　家族類型によって介護の場所がどのように異なっているかは，既存の統計からある程度確認することができる。高齢者の要介護度別・世帯構造別の在宅か施設入所かに関する情報は「国民生活基礎調査」の世帯票と介護票を組み合わせて用いることによってある程度把握することが可能である。世帯票で調査されている「手助け・見守りを必要とするか」という自立状態と，それを4段階に細分化した非自立度の情報を用いる。Sugawara and Nakamura（2014）に示されているように，この非自立度は要介護度とおよそ比例する。また，先に述べたように要介護者の介護場所の議論においては施設入所の可能性が大きなポイントになるが，「国民生活基礎調査」では施設入所者は標本から脱落しており，介護場所の選択に関しては，あくまでも仮説の域を出ず，直接の検証はできない。

　表4-6は世帯構造別に独身高齢者が自立しているかどうかを見たものであり，表4-7は自立していない高齢者についてより詳細に非自立状態を記述したものである。まず同居世帯と第3章で定義したチャイルドレス世帯を比較すると，同居世帯ではチャイルドレス世帯と比して自立していない高齢者の割合が高いことが表4-6から読み取れる。さらに表4-7にあるように，自立度の低い深刻な介護を要する高齢者の割合も同居世帯のほうが大きい。この現象に関しては，2つの仮説が考えられる。1つは，それまで別居世帯において高

表 4-6　世帯構造別に見た独身高齢者の自立状況

独身同居世帯	2001 年	2004 年	2007 年	2010 年
自立している	502,525	485,755	451,056	488,101
（%）	(66.06)	(60.69)	(53.84)	(54.93)
自立していない	258,145	314,673	386,677	400,458
（%）	(33.94)	(39.31)	(46.16)	(45.07)
独身別居世帯	2001 年	2004 年	2007 年	2010 年
自立している	1,840,858	2,002,519	1,864,244	2,168,256
（%）	(88.90)	(83.57)	(78.05)	(75.04)
自立していない	229,821	393,719	524,419	721,136
（%）	(11.10)	(16.43)	(21.95)	(24.96)
独身チャイルドレス世帯	2001 年	2004 年	2007 年	2010 年
自立している	647,435	882,462	1,341,561	1,244,967
（%）	(91.22)	(87.19)	(89.65)	(86.29)
自立していない	62,303	129,616	154,912	197,731
（%）	(8.78)	(12.81)	(10.35)	(13.71)

（出所）　各年の「国民生活基礎調査」の個票より作成。

齢者の健康状態の悪化が同居のきっかけになるため，同居世帯では介護の必要度が高くなっているという仮説である。もう 1 つは，家族介護が利用できないチャイルドレス世帯では，健康状態が悪化した高齢者は施設に入所し，「国民生活基礎調査」のサンプルからは脱落するため，チャイルドレス世帯には介護の必要性が低い高齢者しか残らないというものである。

　さらに，別居世帯のほうがチャイルドレス世帯よりも自立していない高齢者割合が高いことが表 4-6 からわかる。この現象を説明するには，独身チャイルドレス世帯と比べ，独身別居世帯の高齢者は施設に入所しにくいのではないか，という可能性が考えられる。ここで表 4-7 の詳細な自立度を見ると，チャイルドレス世帯と別居世帯では，別居世帯のほうがより高い割合で重度の手助けを必要としている。これを見ると，チャイルドレス世帯では，重度者だけでなく軽度の介護必要度にとどまる高齢者までもが施設に入所できているのに対し，別居世帯では重度化しなければ入所できないという可能性を考えることができる。

　別居世帯に関しては，「国民生活基礎調査」における「主たる介護者」の情報を用いて，より詳細な分析が可能となる。別居世帯であっても家族介護者が

表4−7　自立していない高齢者における非自立度の状態

独身同居世帯	2001 年	2004 年	2007 年	2010 年
非自立度 1	44,979	70,937	74,122	86,818
（％）	(18.94)	(24.01)	(22.15)	(23.51)
非自立度 2	88,712	112,241	129,093	144,696
（％）	(37.35)	(37.99)	(38.58)	(39.18)
非自立度 3	52,797	56,892	58,742	72,184
（％）	(22.23)	(19.26)	(17.55)	(19.55)
非自立度 4	51,028	55,388	72,668	65,613
（％）	(21.48)	(18.75)	(21.72)	(17.77)
独身別居世帯	2001 年	2004 年	2007 年	2010 年
非自立度 1	103,478	191,703	242,314	327,831
（％）	(48.47)	(51.20)	(50.78)	(50.32)
非自立度 2	76,747	127,326	163,455	229,010
（％）	(35.95)	(34.01)	(34.25)	(35.15)
非自立度 3	22,190	37,294	54,459	64,221
（％）	(10.39)	(9.96)	(11.41)	(9.86)
非自立度 4	11,079	18,064	16,974	30,369
（％）	(5.19)	(4.83)	(3.56)	(4.66)
独身チャイルドレス世帯	2001 年	2004 年	2007 年	2010 年
非自立度 1	32,390	68,063	87,509	114,947
（％）	(55.38)	(57.86)	(61.69)	(63.32)
非自立度 2	20,129	36,433	40,291	49,545
（％）	(34.42)	(30.97)	(28.4)	(27.29)
非自立度 3	4,637	9,769	9,770	13,640
（％）	(7.93)	(8.30)	(6.89)	(7.51)
非自立度 4	1,328	3,379	4,294	3,394
（％）	(2.27)	(2.87)	(3.03)	(1.87)

（出所）　各年の「国民生活基礎調査」の個票より作成。

いる場合には，状況は同居世帯と似たものになると思われる。しかし，もし家族介護者がいない場合には，別居世帯はチャイルドレス世帯とほとんど変わらない状況になるだろう。ここで，主たる介護者に関する情報を用いて別居世帯をより詳細に分割する。具体的には，主たる介護者が事業者であるかどうかを考える。主たる介護者が事業者である世帯は，家族介護を利用できない可能性が高く，チャイルドレス世帯と似た性質を持つと考えられるからである。2001年から2010年の期間で，主たる介護者が事業者である世帯の割合は，25％から33％と十分に大きな値を示すため，分析に足るものであると思われる。

　表4−8は，自立していない独身別居高齢者について，主たる介護者の種別

表4‐8　主たる介護者別に見た高齢者の非自立度

独身別居世帯，主たる介護者が家族	2001 年	2004 年	2007 年	2010 年
非自立度 1	56,143	90,824	125,690	163,025
（%）	（43.62）	（48.66）	（50.61）	（51.04）
非自立度 2	48,933	65,674	83,551	116,169
（%）	（38.02）	（35.19）	（33.64）	（36.37）
非自立度 3	15,207	20,074	28,242	27,585
（%）	（11.82）	（10.76）	（11.37）	（8.64）
非自立度 4	8,424	10,068	10,853	12,602
（%）	（6.55）	（5.39）	（4.37）	（3.95）

独身別居世帯，主たる介護者が事業者	2001 年	2004 年	2007 年	2010 年
非自立度 1	27,410	65,480	46,347	60,793
（%）	（49.9）	（53.34）	（39.13）	（34.63）
非自立度 2	20,698	41,742	52,249	75,699
（%）	（37.68）	（34.00）	（44.11）	（43.12）
非自立度 3	5,593	11,622	17,096	28,448
（%）	（10.18）	（9.47）	（14.43）	（16.20）
非自立度 4	1,224	3,914	2,747	10,619
（%）	（2.23）	（3.19）	（2.32）	（6.05）

（出所）　各年の「国民生活基礎調査」の個票より作成。

で分けて非自立度をまとめたものである。この表から，主たる介護者が事業者である別居世帯では，チャイルドレス世帯と比べて非自立度 1 の割合が少なく非自立度 3 の割合が多いことがわかる。つまり，より重度の手助けを必要としている高齢者が多い。一方で，主たる介護者が家族である別居世帯では，非自立度の分布がチャイルドレス世帯と似通ったものになっている。

　この状況の説明として，要介護状態が重度化した高齢者は，可能ならば同居または施設入所を選択するのだが，主たる介護者が事業者である別居世帯についてはそのどちらにもアクセスできないのではないか，ということが考えられる。したがって，もしもチャイルドレス高齢者が軽度であっても優先的な施設入所を許されているとしたら，家族介護を利用できない別居世帯は割を食っていることになる。

　前述したように，「国民生活基礎調査」においては，介護保険施設入居者に関して得られる情報は限られており，上記にあげたチャイルドレス高齢者の優

先的な施設入所という仮説は，あくまでも間接的にしか検証できない。

　この点については，全国老人福祉施設協議会（2013）が参考になる。これは軽度要介護者の介護保険施設入所に関する，施設を対象とした調査である。この調査によれば，要介護1・2の要介護者が介護老人福祉施設に入所するケースにおいて，「介護者不在・介護困難・住居問題等」が60％を占める。さらに，自宅等への退所が不可能であると施設が判断した入所者に関して，介護者の状況がフリーフォームで回答されているが，別居子がいる場合にはその介護能力が細かく調査されていることが示唆されている一方で，チャイルドレス高齢者についてはここが自動的に介護者不在とされる。これらのことから，1つの可能性としてチャイルドレス高齢者は軽度であっても優先的に入所対象となりやすいことが示唆される。

4.2　世帯構造別世帯属性と介護サービス

　表4-9は，「国民生活基礎調査」世帯票では観測されない詳細な情報について，同調査の所得票・介護票を用いて補足的に分析したものである。これらの票が対象とした世帯はあくまでも世帯票標本の部分標本であり，標本数が少ないことに留意する必要がある。また，標本数を確保するため，2001, 2004, 2007, 2010年のデータを結合して利用した。介護票については，単純化のため，2人以上が要介護である世帯は除外した。

　所得票からは，自立していない独身高齢者世帯の，世帯当たり固定資産税と家計人員1人当たり純貯蓄額を表記している。同居世帯の固定資産税が高いことは，同居には広い家が必要である，あるいは遺産動機による子供の同居選択の結果，という2つの要因が存在する可能性を示唆している。一方，チャイルドレス世帯では，固定資産税は少ないが純貯蓄額は多い。子を持たなかったために広い家が必要なかった，将来の介護費用に備えて流動性の高い資産を持っておこうとするリスク管理行動という2つの要因が考えられる。

　ここで注目されるのは，主たる介護者が事業者である別居世帯は，ほかの世帯構造と比べて固定資産税・純貯蓄額ともに低い水準にあるということである。前述のように，主たる介護者が事業者である別居世帯は，家族介護を利用しな

表4-9　世帯構造別世帯属性と介護サービス

独身同居世帯	標本数	平　均	標準偏差
固定資産税（千円）	600	163.77	361.89
世帯人員1人当たり純貯蓄（万円）	631	447.57	1,603.61
介護費用（円）	1,132	12,584.65	25,027.65
訪問介護利用日数	1,132	1.94	5.26
通所介護利用日数	1,132	4.08	5.70
別居世帯，主たる介護者が家族	標本数	平　均	標準偏差
固定資産税（千円）	284	42.33	108.66
世帯人員1人当たり純貯蓄（万円）	304	631.53	1,651.31
介護費用（円）	719	8,296.72	13,134.38
訪問介護利用日数	719	5.19	7.59
通所介護利用日数	719	3.19	5.05
別居世帯，主たる介護者が事業所	標本数	平　均	標準偏差
固定資産税（千円）	131	31.18	71.71
世帯人員1人当たり純貯蓄（万円）	138	299.56	803.80
介護費用（円）	520	9,789.14	16,073.55
訪問介護利用日数	520	9.41	9.03
通所介護利用日数	520	1.91	3.74
チャイルドレス	標本数	平　均	標準偏差
固定資産税（千円）	195	27.36	61.59
世帯人員1人当たり純貯蓄（万円）	201	577.04	2,664.14
介護費用（円）	433	7,837.55	16,620.01
訪問介護利用日数	433	8.53	10.07
通所介護利用日数	433	2.09	4.33

（出所）「国民生活基礎調査」の所得票および介護票の個票より作成。詳細は
　　　　本文を参照のこと。

いという点でチャイルドレスと似た状況にある。こうした世帯では資産状況が
厳しいという結果は，遺産動機による同居選択をしている子供たちから同居を
拒否されたグループである可能性を示している。

　介護票からは，要介護高齢者が1人いる世帯の介護サービスの利用費用（1
カ月当たり）と，訪問介護・通所介護の利用日数（1カ月当たり）の記述統計を
示した。同居世帯は介護費用が高く，重度要介護者を抱えていることが示唆さ
れている。同居世帯においては訪問介護の利用は少なく，家族介護が訪問介護
を代替していることが見て取れる。一方で，通所介護の利用が多く，こちらは
家族介護を補完していることがわかる。また，別居世帯のうち主たる介護者が

家族のケースでは，同居世帯と比べ介護費用がかなり低く，重度化は同居のきっかけになるものと推測される。この世帯構造では，同居世帯ほどではないものの，家族介護を利用しないほかの構造と比べて訪問介護の利用量が少なく，通所介護の利用料が多い。

　家族介護を利用していない世帯構造では，別居世帯のうち主たる介護者が事業所のケースは，チャイルドレスと比べて介護費用が多く，とくに訪問介護の利用日数が多い。これは，チャイルドレスでは施設に入所しているような重度者が，別居世帯のうち主たる介護者が事業所のケースでは在宅のままになっている，という前節の結果と整合的になっている。

5　おわりに

　本章では，要介護高齢者の介護について，「生活の場」という視点から実態等について概観した。要介護の高齢者は，自宅において，家族もしくは外部の介護サービスの提供によって介護生活を送るか，民間をも含めた介護施設に入所するかの選択を迫られる。第3章で検討したように，高齢者の家族との同居率は傾向的に減少しているという事実は否定されたが，一方でチャイルドレス高齢者という子供のいない高齢者世帯が増えてきているという事実を指摘した。このことは，老老介護，もしくは単身の要介護者が増加することを意味する。

　本章では最近の高齢者におけるチャイルドレス高齢者世帯の急増は介護保険制度に大きな影響を与える可能性を持つことを指摘した。具体的には，チャイルドレス高齢者は軽度要介護度であっても介護保険施設に入所する可能性が高いということが示唆された[10]。チャイルドレス高齢者の急増と民間の有料老人ホーム等の高い入居費用を考えれば，現状の特養などの施設との関係を見直す必

---

10)　チャイルドレス世帯が介護老人福祉施設に優先的に入所しているという仮説については，データの制約から直接の検証ができなかった。この原因は，「国民生活基礎調査」では施設入所者の情報が限定的にしか得られないことにある。施設入所者に特化した調査などがなされれば，この部分に関してはより詳細な分析が可能になるだろう。

要性があろう。世帯構造の変化などを考えれば在宅介護にも限界があり，政策的に在宅介護が重視される中で在宅介護と施設介護の枠組みについて再度根本的な見直しを行わなければ，介護保険制度を維持することが難しくなると予想される。

　施設の代替策として，現状では家族介護と補完的に行われることの多い在宅介護サービスを，上野（2007）で「おひとりさま」と論じられた単身高齢者にも提供するような政策転換が必要であろう。現在議論されている「地域包括ケア」（西村，2013）もこうした在宅介護機能の延長を含んでおり，今後の展開が待たれる。とくに比較的サービス提供事業所の密度が高い都市部では，こうしたサービスが成立する可能性が高い。しかし，近い将来には都市部においても後期高齢者が急速に増加することが予想されており，根本的な見直しが必要となろう。一方で，そもそも在宅介護サービスが十分に行き渡っていないような地方においては，施設介護の役割は今後さらに拡大していく可能性がある。

　また施設介護が必要な場合には，資産的に余裕のある世帯については，介護保険財政からの支出を抑えるため，介護老人福祉施設ではなく民間主体の有料老人ホーム・サービス付き高齢者向け住宅への入所を奨励することも一策である。そのためには，**3.3**項で指摘した有料老人ホームの高コスト構造を是正するための政策介入も一考の余地があろう。

補　論　高齢者向け住まいの分類

　全国有料老人ホーム協会（2014）の中で「検討の目的，着眼点」として，以下のような内容が記述されている。

　有料老人ホームとサービス付き高齢者向け住宅は，根拠法や制度の違いこそあれ，サービス付き高齢者向け住宅の中には，老人福祉法の有料老人ホームの定義（「高齢者を入居させ，食事等のサービスを提供するもの」）に合致している住宅も多く，それらに対しては法律上有料老人ホームと同じ基準が適用されるという特質を持っている。他方，有料老人ホームの約半数，サービス付き高齢者向け住宅の約 5 % は，介護保険制度居宅サービスである特定施設入居者生活介護の指定を受けている。しかしながら，特定施設を含めた，両者の相違点や類似点等の実態把握は十分になされていないのが現状である。

業界団体においてもいまだに介護施設の実態に関しては十分な把握がなされていないことが窺える。このような中で実態把握を目指した当報告書はきわめて貴重な内容といえる。

　実際に施設ごとの要介護度別の入居者比率をアンケート調査から見ると，表 4-10 のようになる。総じて，介護を必要とする入居者の比率は 8 割以上であ

表 4-10　入居者の自立・要介護者比率

（単位：%）

| | 有料老人ホーム | | サービス付き高齢者向け住宅 | |
	介護付き	住宅型	特定指定	非特定指定
自　立	20.0	7.3	5.4	12.8
要支援 1・2	11.9 (15.0)	8.1 (8.8)	16.8 (18.1)	16.4 (20.1)
要介護 1・2	30.3 (38.3)	36.6 (39.7)	41.5 (44.8)	37.0 (45.5)
要介護 3 以上	37.0 (46.7)	47.5 (51.5)	34.4 (37.1)	28.0 (34.4)
申請中・不明	0.7	0.5	1.9	5.8

　（注）　カッコ内は，要支援と要介護者での比率。
　（出所）　全国有料老人ホーム協会（2014）。

り，要介護の入居者が多いことがわかる。ただし，要介護2以下が全体の4割から6割近くを占めており，特養に比べて相対的に軽度の要介護者の比率が高い。特養の入居基準が要介護度3以上であり，これらの施設において要介護度3以上になった入居者の一部が特養に移動していることが窺える。

　高齢者向け施設については，報告書でも指摘されているようにさまざまな法律を根拠としており，そこで示されている基本的性格や定義はそれぞれの施設で異なっている。付表は，厚生労働省老健局が2015年3月に整理（「厚生労働省（老健局）の取組について」）した資料より転載したものである。この付表から，それぞれの施設の本来の趣旨，目的を知ることができる。

	①特別養護老人ホーム	②養護老人ホーム	③軽費老人ホーム（ケアハウス）
根拠法	・老人福祉法第 20 条の 5	・老人福祉法第 20 条の 4	・社会福祉法第 65 条 ・老人福祉法第 20 条の 6
基本的性格	要介護高齢者のための生活施設	環境的，経済的に困窮した高齢者の施設	低所得高齢者のための住居
定　義	入所者を養護することを目的とする施設	入居者を養護し，その人が自立した生活を営み，社会的活動に参加するために必要な指導を行うことを目的とする施設	無料又は低額な料金で食事の提供その他日常生活上必要な便宜を供与することを目的とする施設
利用できる介護保険	・介護福祉施設サービス	・特定施設入居者生活介護 ・訪問介護，通所介護等の居宅サービス	
主な設置主体	・地方公共団体 ・社会福祉法人	・地方公共団体 ・社会福祉法人	・地方公共団体 ・社会福祉法人 ・知事許可を受けた法人
対象者	65 歳以上の者であって，身体上又は精神上著しい障害があるために常時介護を必要とし，かつ居宅においてこれを受けることが困難なもの	65 歳以上の者であって，環境上及び経済的理由により居宅において養護を受けることが困難なもの	身体機能の低下等によって自立した生活を営むことについて不安であると認められる者であって，家族による援助を受けることが困難な 60 歳以上の者
1 人当たり面積	10.65m²	10.65m²	21.6m²（単身） 31.9m²（夫婦）など
件　数 [注1]	8,935 件（2014.10）	953 件（2012.10）	2,182 件（2012.10）
定員数 [注2]	538,900 人（2014.10）	65,113 人（2012.10）	91,474 人（2012.10）

（注）　1.　①・⑥：「介護給付費実態調査」，②・③：「社会福祉施設等調査」（基本票），④：厚
　　　　2.　「定員数」の値については利用者数。

け住まいの概要

④有料老人ホーム	⑤サービス付き高齢者向け住宅	⑥認知症高齢者グループホーム
・老人福祉法第 29 条	・高齢者住まい法第 5 条	・老人福祉法第 5 条の 2 第 6 項
高齢者のための住居	高齢者のための住居	認知症高齢者のための共同生活住居
老人を入居させ，①入浴，排せつ又は食事の介護，②食事の提供，③洗濯，掃除等の家事，④健康管理のいずれかをする事を行う施設	状況把握サービス，生活相談サービス等の福祉サービスを提供する住居	入浴，排せつ，食事等介護その他の日常生活の世話及び機能訓練を伴う住居共同生活の住居
		・認知症対応型共同生活介護
・限定なし（営利法人中心）	・限定なし（営利法人中心）	・限定なし（営利法人中心）
老人 ※老人福祉法上，老人に関する定義がないため解釈においては社会通念による	次のいずれかに該当する単身・夫婦世帯 ・60 歳以上の者 ・要介護／要支援認定を受けている 60 歳未満の者	要介護者／要支援者であって認知症である者の認知症の原因と疾患が急性の状態にある者を除く。
13m² （参考値）	25m² など	7.43m²
9,581 件（2014.7）	4,932 件（2014.9.30）	12,597 件（2014.10）
387,666（2014.7）	158,579 戸（2014.9.30）	184,500 人（2014.10）

生労働省老健局調べ，⑤：サービス付き高齢者向け住宅情報提供システム調べ。

第5章

介護保険利用者から見た要介護者の実態

1　は　じ　め　に

　要介護者の実態については必ずしも明確に把握されていない。本書において
もすでに要介護者の実態把握を試みたが，必ずしも全体像が明瞭に描かれたわ
けではない。本章では，介護保険制度の利用者に関する個票データを用いて，
要介護者のより明瞭な実態把握を試みる。65歳以上の高齢者については，介
護保険制度の第1号加入者として全員が加入しており，要介護の有無，介護の
程度，介護に関わる費用，要介護度の時点間の進行度合いなどについて把握す
ることが可能である。また，現状では困難な点も残されているが複数の統計を
突き合わせることにより65歳以上の高齢者の死亡時期も確認することができ
る。

　本章では，介護保険加入者のデータを用いて，以下の2点について要介護者
の実態を確認する。1つは，要介護者になってから死亡するまでの期間（平均
余命）について，要介護度別の多相生命表を作成することにより確認する。介
護では，病気と異なりいったん要介護者になると，一定期間後に完治すること
は稀であり，死亡するまで介護が必要となるケースが通常である。今後の財政
問題等を考える場合，要介護別に，どの程度介護状態が続くのかは重要なこと
である。健康，不健康，死亡という3状態間の推移を分析する多相生命表はす
でに作成されており，不健康な高齢者の平均余命などについてはいくつかの導
出例が存在する。しかし，不健康な高齢者の中には病気等も含まれているし，

不健康の程度については明確に定義されていない。また，時点間のパネルデータ等が整備されていないため，仮定の置き方等によって平均余命などの数値が異なることが考えられる。

　介護保険の導入により65歳以上全員について介護の必要のない高齢者，要介護度別の要介護高齢者の人数を毎月把握することができるようになった。ただし，介護保険データの管理は個々の保険者（基礎自治体）に委ねられており，すべての保険者についてデータを利用するのは難しい。また，各保険者の協力が得られないかぎり生命表作成に必要な死亡データと突き合わせることも難しい。

　こうしたデータの制約がある中で，本章では2つの分析を行う。第1の分析として，保険者である福岡市の協力のもとで，65歳以上の高齢者全員についての介護保険に関連するデータと死亡データを突き合わせたデータセットを開発し，要介護度別の多相生命表を算出し，平均余命を計算することによって要介護になってからの時点間の変化を見ることにした。福岡市の65歳以上人口は約25万人（2010年）と多く，十分に統計的検証に耐えられる生命表を作成することができる。

　もう1つの分析は，全国ベース（一部の保険者データは欠落）の介護保険利用者のデータを用いて，利用者側から見た介護費用の実態把握を試みるものである。介護保険制度のもとでは要介護度別にサービス利用額の上限が規定されている。利用者は，この上限を制約としてサービスの利用量を決めることになる。厚生労働省の「平成24年介護給付費実態調査」をもとに平均利用率を計算すると，要介護度3では支給限度額に占める割合は56.5%，要介護度4では60.3%，要介護度5では62.9%程度となる[1]。各要介護度では支給限度額の6割前後しか使用していないことが確認できるが，実際の費用構造としてはどのようになっているのであろうか。介護保険上での収支計算では，さまざまな減額制度や上限を超した部分は10割負担のため保険制度の収支には反映していない可能性がある。ここでは，利用金額ではなく各利用者が実際に提供を受けたサービスの単位数（もしくは費用額）から介護保険での費用構造を分析する。

---

1)　厚生労働省老健局「公的介護保険制度の現状と今後の役割」（平成25年）より。

併せて，利用者の所得分布によって費用構造がどのように異なるか福岡市のデータを用いて考察する。

2 要介護度を用いた多相生命表[2]

日本人は，要介護の状態になってから死亡するまで，どのような状態をどの程度の期間経験するのであろうか。この状況がわかれば，介護にかかるコストをより正確に分析することが可能となるだけでなく，要介護の程度がどのように推移していったかについても明瞭に把握することが可能となり，介護予防の効果なども明示的に把握することが可能となろう。

こうした課題に対して，本章では多相生命表（Multistate lifetable）を通じて考察を行う。多相生命表とは，複数の状態に関して，各世代コホートがどのような遷移を見せるのかを記述するものである。多相生命表が作成できれば，Schoen（1988）や Crimmins, Hayward and Saito（1994）が示した方法により，状態別余命の分析が可能になる。

Yong and Saito（2009）によって，自己申告による健康状態を用いた，健康な高齢者と不健康な高齢者についての状態別平均余命は計算されているが，健康・不健康という状態の定義は必ずしも明確ではない。一方，介護保険を導入することにより，はからずもこのような問題点を解消したデータを利用することが可能となった。介護保険の保険者（基礎自治体）は業務の一環として 65 歳以上の高齢者について，その要介護状態を月単位で把握している。さらに，要介護の状態については，国が定めた基準に基づいて 7 段階（要支援 1～2，要介護 1～5）に区分されている。2000 年に介護保険が導入されて 15 年以上たち，年齢別・要介護度別の推移確率を把握するに必要な期間が確保できるようになった。この要介護度状態に死亡データを対応させることができれば，たんに健康・不健康という区別だけではなく，健康・要介護の程度別の多相生命表を導出できる。このような多相生命表を導出できれば，要介護者の実態についてわ

---

2) 本節で記述した多相生命表の詳細については，Saito, Sugawara and Nakamura（2015）を参照のこと。

表 5-1　「国勢調査」から見た福岡市の人口

	2000 年	2005 年	2010 年
総人口	1,341,470	1,401,279	1,463,743
65 歳以上人口	177,771	213,380	254,085
65 歳以上単身者数	36,695	45,461	59,995
福岡市における人口に占める 65 歳以上の割合（%）	13.3	15.2	17.4
日本全体での人口に占める 65 歳以上の割合（%）	17.4	20.2	23.0

れわれは新たな情報を得ることができる。

　残念なことに，全国ベースでの介護保険データについては，一部の保険者を除いて利用することは可能であるが，介護保険からの離脱者について死亡かほかの理由かを区別することが現状ではできない。ここでは代替案として，介護保険の保険者である福岡市の介護保険データを用いることにする。このデータでは介護保険離脱者について原因が区別されており，多相生命表の作成に十分なものとなっている。また，表 5-1 で示すように福岡市は政令指定都市であるため人口も多く，65 歳以上については 18 万人（2000 年）〜25 万人（2010 年）と十分なサンプル数を確保することができる。

　今回得られたデータは個人レベルのパネルデータであり，月別の推移確率の推定に関しては標本から得られた比率を用いることができる。これは既存研究と比較して，頑健な手法である。Fukuda, Nakamura and Takano（2005）やSeko et al.（2012）も要介護度別生命表を作成しているが，これらはサリバン法（Sullivan, 1971）と呼ばれる全体の状態別比率の集計値を按分して推移確率を推定する手法に基づいたものである。

　ただし，表 5-1 からわかるように，日本全体の平均と比べると今回のデータでは 65 歳以上の高齢者比率が 5 ポイントほど低くなっており，代表性という意味では若干問題があるかもしれない。そこで，公表されている生命表から，全国平均と福岡市の男女年齢別平均余命を比べてみた。全国平均では 65 歳について見ると男性では，17.54 年（2000 年），18.13 年（2005 年），18.74 年（2010年），女性では 22.42 年（2000 年），23.19 年（2005 年），23.80 年（2010 年）となるが，福岡市のそれは男性で，17.62 年（2000 年），18.58 年（2005 年），18.91

年（2010年），女性では22.72年（2000年），23.81年（2005年），24.14年（2010年）であり，この数値を見るかぎり，両者には大きな差はない。また，70歳以上の年齢層についてもほぼ同様な結果になっている。このことからも，福岡市のデータを用いた結果から，ある程度一般的な帰結を引き出すことは許容されよう。

2.1 介護保険と多相生命表

用いるデータは福岡市に住民票のある65歳以上すべての人たちについての介護保険関連の情報である。具体的に，介護保険の第1号被保険者（65歳以上）について，2000年から2012年までの月単位のデータであり，各月の情報は健康も含んだ介護状態8区分（健康，要支援1〜2，要介護1〜5）と介護保険の離脱理由（死亡，その他）である。これらについて男女別，年齢別に個人の情報が月単位でパネル化されている。先に述べたように，福岡市の65歳以上人口は，当該期間で20万人前後と，けっして少ない人数ではない。しかし，これを男女・年齢・要介護度別に区分すると，それぞれのサンプル数はかなり減少してしまう。計算された推移確率の推定精度という意味では十分ではない。また，要介護度については介護保険の改正により区分や各要介護度の基準の変更などがあり，その区分をそのまま用いることは適当ではない。ここでは，サンプル数の不足を補うためにも，多相生命表における異なったグループについて，健康，軽度の要介護度（要支援1〜2と要介護1〜2）と重度の要介護度（要介護度3〜5）の3区分として扱う。要介護者をこの2つのグループに分けたのは，第1章で示したように2つのグループで要介護になった原因が異なること，特別養護老人ホームなどの施設入所の条件が原則として要介護度3以上であること，要介護度の区分が変更されているが，この2つのグループ間では基準の変更の影響を受けていないことが考えられること，などを考慮したためである。また，2006年の大幅な介護保険の制度変更を考慮して，2つの期間（2000〜2005年，2006〜2012年）に分けて多相生命表を作成する。

実際に利用したデータについての記述統計を表5−2に示す。2000〜2005年では男性で1万7000人，女性で3万9000人が当該期間内に要介護者となって

表 5 - 2　利用したデータについての記述統計

	2000〜2005 年		2006〜2012 年	
	男	女	男	女
人　数（人）	98,815	143,527	127,687	181,046
95 歳以上の人数（人）	719	2,877	5,717	6,969
当該期間内に要介護となった人数（人）	16,929	38,556	26,843	57,286
当該期間中の死亡者数（人）	18,556	19,362	25,948	27,442
次の期間まで生存した人数（人）	77,005	117,914	97,587	146,494
その他（人）	3,254	6,251	4,152	7,110
当該期間内で観察された延べ人数（人）	446,454	676,408	651,941	978,990
健康な高齢者として観察された延べ人数（人）	402,466	557,727	570,267	762,006
軽度な要介護者として観察された延べ人数（人）	28,334	78,199	55,251	146,039
重度な要介護者として観察された延べ人数（人）	15,654	40,382	26,423	70,945
平均年齢（歳）	72.40 (6.74)	74.20 (7.82)	72.96 (7.01)	74.94 (8.20)
当該期間内での平均残存年数（年）	4.52 (1.83)	4.71 (1.77)	5.11 (2.21)	5.41 (2.12)

（注）　カッコ内は標準偏差を示す。

いる。また，死亡者数は男女ともに 1 万 9000 人程度である。平均年齢は男性
72.4 歳，女性 74.2 歳であり，当該期間内での残存年数はそれぞれ 4.52 年，
4.71 年となる。2006〜2012 年の期間においては，男女ともに人数が 3 万〜4
万人増加するが，全体的な傾向はそれほど変わらない。

　図 5 - 1A と B は両期間（2000〜2005 年，2006〜2012 年）に分けて年齢別に 3
つのグループ（健康，軽度の要介護，重度の要介護）の構成比を示したものである。
両期間では，構成比はそれほどの違いは見られない。相対的に年齢が低いほど
健康な高齢者が多く，年齢とともに軽度，重度ともに要介護者の比率が上昇す
る。しかし，男女では，女性のほうが年齢とともに健康なグループの比率が早
く低下していることがわかる。これは，女性の要介護者は高齢になっても男性
に比べて残存率が高いことが影響していると考えられる。

2.2　要介護度別平均余命

　表 5 - 3 と表 5 - 4 は多相生命表より男女・年齢ごとの平均余命を算出したも
のである。

図 5-1　年齢別 3 グループの構成比

A　年齢別 3 グループの構成比（2000〜2005 年）

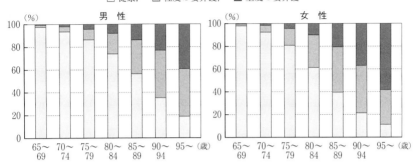

B　年齢別 3 グループの構成比（2006〜2012 年）

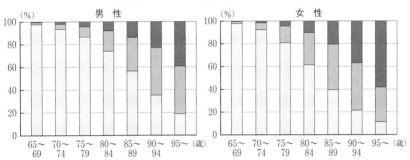

　多相生命表には状態ベースと人口ベースの考え方がある。状態ベースの多相生命表は，初期時点の年齢・状態ごとに生命表を算定するものである。一方で人口ベースの多相生命表は年齢のみから生命表を算定するものである。人口ベースの場合も，初期年齢における各健康状態の分配を定めておく必要がある。表 5-3 は，状態ベース，表 5-4 は人口ベースでの結果である。最初に表 5-3 を見てみよう。初期状態（健康，軽度の要介護，重度の要介護）別に男女，年齢，期間別に平均余命を示している。たとえば，2000〜2005 年の期間において 65 歳の男性で初期状態が健康であれば，平均余命は 17.34 年となるが，そのうち 14.45 年は健康な状態で，1.9 年は軽度の要介護者として，0.99 年は重度の要介護者として過ごすことを示している。初期状態が重度の要介護の場合は，平均余命は 7.08 年となり，そのうち 4.03 年は重度の要介護者として，1.48 年は

表 5‑3　状態ベース多相生命表による平均余命（年）

A　2000〜2005 年

初期状態	年齢	平均余命（男性）				平均余命（女性）			
		計	健康	要介護		計	健康	要介護	
				軽度	重度			軽度	重度
健　康	65	17.34	14.45	1.90	0.99	22.29	15.73	4.09	2.47
	70	13.99	11.07	1.93	0.99	18.26	11.75	4.01	2.49
	75	11.09	8.17	1.94	0.98	14.60	8.39	3.74	2.47
	80	8.62	5.77	1.89	0.96	11.40	5.84	3.18	2.38
	85	6.65	4.03	1.72	0.90	8.77	4.13	2.42	2.21
	90	5.18	2.88	1.49	0.82	6.58	3.09	1.56	1.93
軽度の	65	10.22	3.60	4.86	1.76	16.24	5.48	7.77	2.99
要介護	70	8.56	2.14	4.76	1.67	14.08	3.37	7.68	3.03
	75	7.09	1.25	4.36	1.48	11.88	1.83	7.03	3.02
	80	6.14	0.80	4.06	1.28	9.77	1.01	5.90	2.85
	85	5.17	0.40	3.59	1.18	7.79	0.52	4.66	2.60
	90	4.37	0.19	3.16	1.02	6.18	0.25	3.58	2.36
重度の	65	7.08	1.57	1.48	4.03	11.65	2.35	3.24	6.06
要介護	70	6.06	0.85	1.21	4.01	10.49	1.63	2.86	5.99
	75	4.97	0.46	0.96	3.55	8.78	0.83	2.33	5.62
	80	4.01	0.25	0.72	3.04	7.00	0.37	1.47	5.17
	85	3.45	0.10	0.62	2.73	5.77	0.18	0.89	4.70
	90	2.89	0.05	0.38	2.46	4.42	0.08	0.42	3.91

B　2006〜2012 年

初期状態	年齢	平均余命（男性）				平均余命（女性）			
		計	健康	要介護		計	健康	要介護	
				軽度	重度			軽度	重度
健　康	65	18.86	15.68	2.14	1.04	24.11	17.10	4.41	2.60
	70	15.31	12.09	2.17	1.04	19.93	12.93	4.39	2.61
	75	12.07	8.88	2.17	1.03	16.05	9.28	4.18	2.59
	80	9.38	6.28	2.10	1.00	12.65	6.48	3.68	2.48
	85	7.23	4.38	1.91	0.95	9.76	4.58	2.87	2.31
	90	5.67	3.17	1.55	0.96	7.30	3.32	1.93	2.04
軽度の	65	11.20	4.53	4.99	1.68	18.59	7.71	7.85	3.03
要介護	70	9.50	2.88	4.96	1.66	15.70	4.50	7.99	3.22
	75	7.65	1.65	4.57	1.43	13.02	2.39	7.47	3.16
	80	6.37	0.83	4.28	1.26	10.55	1.12	6.49	2.94
	85	5.24	0.42	3.72	1.10	8.31	0.51	5.16	2.63
	90	4.33	0.19	3.15	0.99	6.45	0.24	3.94	2.27
重度の	65	7.61	1.72	1.39	4.50	12.40	2.89	3.17	6.34
要介護	70	6.11	0.94	1.03	4.14	10.99	1.78	2.77	6.45
	75	4.96	0.46	0.79	3.71	8.96	0.81	1.92	6.23
	80	4.09	0.19	0.64	3.26	7.23	0.33	1.32	5.57
	85	3.27	0.09	0.41	2.77	5.76	0.16	0.74	4.87
	90	2.83	0.03	0.24	2.56	4.43	0.07	0.33	4.03

表5-4　人口ベース多相生命表による平均余命（年）

期間	年齢	平均余命（男性）				平均余命（女性）			
		計	健康	要介護		計	健康	要介護	
				軽度	重度			軽度	重度
2000〜	65	17.25	14.33	1.92	1.00	22.22	15.63	4.11	2.48
2005年	70	13.70	10.65	1.99	1.06	18.00	11.31	4.14	2.55
	75	10.67	7.53	2.05	1.09	14.19	7.57	4.01	2.61
	80	8.07	4.87	2.08	1.12	10.78	4.53	3.59	2.66
	85	6.00	2.86	1.98	1.16	8.02	2.46	2.86	2.70
	90	4.51	1.54	1.79	1.18	5.82	1.23	1.93	2.65
2006〜	65	18.77	15.56	2.16	1.05	24.06	17.02	4.43	2.61
2012年	70	15.00	11.65	2.24	1.11	19.68	12.51	4.50	2.67
	75	11.53	8.10	2.29	1.14	15.52	8.30	4.46	2.76
	80	8.62	5.13	2.31	1.18	11.76	4.79	4.15	2.82
	85	6.27	2.89	2.19	1.20	8.59	2.37	3.37	2.84
	90	4.60	1.40	1.92	1.28	6.05	1.00	2.30	2.75

軽度の要介護者として，1.57年は健康な状態で過ごすことになる。

　初期状態が健康な場合に，男女でどの程度差が見られるか検討しよう。男女の平均余命格差を比率（女性平均余命÷男性平均余命）で見ると，年齢によって異なるが，女性のほうがかなり高くなっている。しかし，平均余命のうち，健康な状態でいられる年数で見ると，その差はかなり小さくなる。このことは，女性は男性と比べて平均余命は長いが，要介護で過ごす期間も相対的に長くなっていることを示している。この点は，介護という視点から見ても，健康余命や不健康余命においていわれている男女差とほぼ同じことがいえることがわかる。

　以上のことは，初期状態が軽度な要介護，重度な要介護であるケースを見てもわかる。男女でのトータルの平均余命の差は，初期状態が健康な場合より拡大している。また，軽度な要介護に比べて重度のほうがさらに拡大していることがわかる。

　以上の初期状態別に見た平均余命から，男女の平均余命の差が要介護状態での差に大きく依存していることが確認できる。この傾向は，2006年から2012年の期間においても同様である。

　次に，2つの期間（2000〜2005年と2006〜2012年）について比較してみよう。

初期状態が健康および軽度な要介護においては，男女ともに男性90歳のケースを除いて平均余命は増加している。一方で，初期状態が重度な要介護のケースにおいては，重度な要介護での期間がすべてのケースで長くなっているが，それ以外は年齢が高くなるほど男女ともに減少しているケースが多くなっている。初期状態が健康や軽度な要介護の場合でも，重度な要介護の期間は男女で大きく異なっている。男性ではすべてのケースで減少しているのに対し，女性では逆に増加している。以上のことから，重度な要介護のケースにおいて男女で両期間において異なった動きがあることが示唆される。

　以上の点をより明確にするために，人口ベースの表5‐4で両期間の相違を見てみよう。両期間ともに男女にかかわらず年齢とともに健康でいられる期間は相対的に短くなっている。2000～2005年には65歳では男性は全余命のうちの83％，女性では70％であるのに対し，80歳では男性で60％，女性で42％まで低下する。男性のほうが低下率が大きくなるのは，女性がより長い余命を持つためである。いずれにしろ，加齢により男女ともに要介護となる比率が高くなる。とくに，女性では重度の要介護でいる期間が65歳で11％なのに対し，80歳では2倍以上の25％まで増加する。

　2006年前後の2つの期間を比べると，男女・各年齢ともに平均余命は増加している。しかし，健康でいる期間の比率は80歳以上で男女ともに低下している。重度の要介護で過ごす期間は男女ともに両期間でそれほどの差はないが，健康でいられる期間の割合の減少とともに軽度の要介護でいる期間の比率が80歳以上で上昇している。この傾向はとくに女性で著しい。軽度の要介護で過ごす期間は男性の比率が高いことを考えれば，男性は軽度の要介護を経て死亡するものが相対的に多いのに対し，女性は健康から軽度の要介護，そして重度の要介護という状態を経て死亡するケースが多いことがわかる。

　以上から，2006年を境とした2つの期間における平均余命の増加は，男女の平均余命の増加，その中で女性の要介護者の余命の拡大による影響が大きいことが示唆されよう。男女ともに軽度の要介護の状態で過ごす期間が2006年以降増加していることが，介護保険の制度変更（とくに予防効果の重視）によるものか，ほかの要因によるものかは，現状では明確なことはいえない。

2.3 生涯介護費用の上限額の導出

ここでは以上の結果（2006〜2012年）を用いて介護費用に関して簡単な計算を行うことにする。介護費用については介護保険データから1人当たりの平均的費用を計算することができるが、これはある時点でのクロスセクションで見た平均値である。一方、多相生命表ではある条件のもとで、一生涯に健康な状態と要介護（軽度、重度）の状態をどの程度の期間過ごすかの期待値を得ることができる。したがって、要介護状態になる期間についてそれにかかる費用を考慮すれば、一生涯を通しての介護費用の期待値を算出することができる。

ただし、要介護度別・年齢別などの平均介護費用の情報は得られていないため、今回は単純化し、介護費用の上限額を用いて計算を行う。[3] 上限額は要介護度別に定められており、要介護度別平均余命から、こうした生涯費用の上限額を計算することは容易である。ただし、本章においては、上述のように、要介護度別よりも大まかなくくりとして、重度・軽度別の生命表を作成している。これらから上限額を計算する際には、単純に上限額の平均を取った。具体的には、重度であれば要介護度 3, 4, 5 の上限額をそれぞれ足してから 3 で割ったものを上限額として用いている。

表5-5は、**2.2**項で示した2つの多相生命表の結果を用いて、それぞれの条件のもとで死ぬまでにどの程度の介護費用が発生するかの上限を、65歳と85歳の時点で男女別に計算したものである。人口ベースの結果は、初期状態にかかわらず65歳と85歳の高齢者が死ぬまでにどの程度の介護費用の上限が発生するか計算したものである。状態ベースでの数値は、各年齢で初期状態が健康、軽度な要介護、重度な要介護にコントロールしたうえで介護費用の期待値を計算したものである。

最初に人口ベースの費用上限を見てみよう。男性では、65歳で約730万円、85歳で約780万円となっており、両者でそれほど変わらない。これは、表5-4に示したように85歳のほうが余命のうち健康でいられる期間が相対的に短

---

3) 上限額ではなく実際の利用額を用いた計算の試行として、野口（2017）による介護レセプトデータと人口動態統計をマッチさせたデータによるものがある。

表 5-5　生涯介護費用の試算値

（単位：千円）

		年　齢	計	軽度の介護	重度の介護
男　性	状態ベース				
	健　康	65	7,164	3,324	3,924
		85	6,480	2,940	3,540
	軽度の介護	65	13,956	7,692	6,264
		85	9,840	5,736	4,104
	重度の介護	65	18,924	2,148	16,776
		85	10,944	636	10,308
	人口ベース	65	7,251	3,328	3,923
		75	7,795	3,531	4,264
		85	7,844	3,381	4,463
女　性	状態ベース				
	健　康	65	16,488	6,804	9,684
		85	13,032	4,440	8,592
	軽度の介護	65	23,412	12,120	11,292
		85	17,772	7,956	9,816
	重度の介護	65	28,536	4,884	23,652
		85	19,284	1,140	18,144
	人口ベース	65	16,553	6,838	9,715
		75	17,156	6,878	10,278
		85	15,781	5,207	10,574

く，生きている間のほとんどの期間で介護費用が発生するためである。ちなみに，表 5-4 より 65 歳では，要介護の期間は 3.21 年（軽度 2.16 年，重度で 1.05 年）であるのに対し，85 歳では，その期間は 3.39 年（軽度で 2.19 年，重度で 1.20 年）と 65 歳より長くなることがわかる。この数字は女性のほうが高く男性の 2 倍以上になっている。女性について介護費用を見ると，65 歳で約 1700 万円であるのに対し 85 歳では約 1600 万円と，男性と異なり 85 歳のほうが低くなっている。

　次に，状態ベースの結果を用いて費用（ここでは，費用の上限を指している）について見てみよう。予想されるように，初期状態が健康なケースでは，両年齢とも人口ベースの結果とそれほど違いはない。要介護度別に見てみよう。初期状態が軽度な要介護の場合は，男性 65 歳で約 1400 万円，85 歳で約 980 万円と 65 歳で健康なケースの 2 倍程度，85 歳で 6 割増し程度である。女性の場合には，男性ほど増加はしないが，費用額は 65 歳で約 2300 万円，85 歳で約

1800万円とかなりの高額となる。初期状態が重度の要介護の場合は，男女ともかなりの高額となる。とくに65歳ですでに重度の介護状態の場合には，男女ともにかなり高額の介護費用が発生することを示している。

　以上の結果は，介護費用の男女差を明瞭に示している。とくに，初期状態ですでに要介護状態にある場合は男女での差が顕著となる。これは，前項で見たように女性のほうが要介護状態になってからの余命が長いという結果が大きく影響していることは明らかである。また，上記の結果はあくまでも利用額の上限に関するものであることに留意が必要である。実際の利用額については，3節で示されているように上限額の6割程度である。[4]

2.4　多相生命表による整理

　福岡市の要介護度別多相生命表の結果からはいくつかの重要な点がわかる。とくに，男女によって高齢期の要介護の状態がかなり異なっている。そのことは，介護費用の上限にも反映しており，男女での介護費用は大きな差が見られる。これは，表5−4で見たように男性では65歳時点で平均余命が18年前後，そのうち要介護で過ごす期間が3年前後（割合で見て17%前後）であるのに対し，女性では平均余命23年前後のうち7年前後（割合で見て29%前後）と大きな割合になっている。さらに，重度の介護状態（要介護度3以上）で暮らす期間も男性と比べて倍以上になっている。

　一方で，軽度の状態で過ごす期間の比率が女性では2006年以降で急速に高くなっている。このことは，重度の要介護状態にならないで最期を全うするようなケースが増加したことにより生じたとすれば，2006年以降の介護予防等の効果がなんらかの形で影響していると捉えることもできる。いずれにしろ，多相生命表での結果は介護状態においても男女差を明確に示すとともに，今後確認しなければならない方向性を示している。

---

4)　土居（2016）においても，保険利用者について1人当たり利用者負担額・総費用額の生涯にわたる期待値を計算している。本項で示した上限値の6割程度が実際に利用した額と想定しても，ここでの数値は土居（2016）の結果とは大きく異なっている。

3　介護費用の実態把握

　本節では，介護保険受給者がどの程度介護保険サービスを利用しているかという点を，2 つの大規模データからの記述統計を用いて明らかにする。まず「介護給付費実態調査」個票を用いた分析を行う。その後，福岡市より提供された全数データを用いた分析を行う。

3.1　全国レセプトデータによる分析

　「介護給付費実態調査」はいわゆる「介護レセプト」と呼ばれるものである。レセプトデータとは，医療関連で用いられる，「レシート」から転じた表現であり，医療系サービスの購買機会ごとに購買品目，購買量，購買額などを記録したデータである。ただし英語では claims data という表現が一般的である。医療系レセプトデータはいわゆるビッグデータとして近年注目を集め，安倍政権の諮問機関である「未来投資会議」でもその活用に向けた施策が議論されている。そのうちの介護部門に関するデータが本節で扱うものである。[5]

　「介護給付費実態調査」は，介護保険では各月にケアプランが作成されるという特徴から，購買機会が月次にそろえられている。被保険者個人の ID も提供されているので，今回のデータは月次パネルデータとなる。介護保険制度創設時にデータの二次利用を拒否した自治体のデータは提供されないが，国内の90% 以上の自治体の全数データが提供されている。個人×月という単位で見た場合，今回提供された 2006 年 5 月から 2015 年 4 月のデータにおいて，標本数は 5 億を超えるという巨大データである。このサイズのデータをそのまま扱うことは計算機的に厳しく，本章では 10% ランダムサンプルを用いる。この標本抽出に際しては，単純なランダムサンプリングを用い，同じ個人の異時点データなどであってもとくに考慮せずに選択している。また，利用料などのデ

---

5)　なお，「介護給付費実態調査」の個票を用いた研究に，Iizuka, Noguchi and Sugawara（2017）がある。

ータ確定にはタイムラグがあるため，今回は提供最終月の半年前である 2014 年 11 月までの情報を用いて分析を行う。異常値などを取り除き，延べ 3267 万 6866 人×月のデータを利用する。

　なお，「介護給付費実態調査」の提供データは，いくつかのファイルに分かれている。本章で用いたのは T1 ファイルと呼ばれる，介護サービス提供事業所から報告された情報である。したがって，以下で行われる県別の分析は，事業所の立地する県に関するものであり，利用者の居住する県とは必ずしも一致しないことに注意が必要である。また，サービス利用月の要介護度については T1 ファイルで観測可能であるが，それ以前・以後の状況を知るためには，利用者情報である M ファイルとの結合が必要である。本章で用いる 10% サンプルはすでに標本数が多いため，この結合作業は行っていない。したがって，以下の分析対象には，月途中から利用を開始，途中で利用を終了した個人の情報も含まれてしまっている。なお，福岡市データに関しては，こうしたセンサリングに対処し，月初から月末まで利用していた個人の情報のみを用いた分析を行っている。比較すると，全国と福岡市の結果に大きな乖離は見られず，全国データにおけるセンサリングの影響は軽微であると思われる。また，事業所からの情報がもとになるため，基本的に介護保険サービスの受給者に関する情報しか得られず，要介護認定を受けていても介護保険を利用していないケースや，そもそも要介護認定を受けていないケースに関しては，分析の対象外である。

　表 5-6 は，「介護給付費実態調査」を用いた，介護保険サービス受給者における介護サービス利用量の記述統計をまとめたものである。(1) 欄は，要介護度別の上限を 1 とした場合の利用率に関する平均と標準偏差を表している。受給者の平均として，各要介護度が設定する上限額の 64% を実際に利用していることが示唆される。要介護度別に見てみると，要支援 1 は要介護度 2 より大きく，要介護度 5 は要介護度 4 より小さいという例外はあるものの，おおまかには要介護度が高くなるにつれて利用率が高くなっていることが見て取れる。とくに，要支援では 50% 未満であった利用率が要介護度 4,5 では 75% を超えている。つまり，上限と実際の利用額の間には，要介護度ごとに異なる大きさの乖離があり，その乖離のサイズは要介護度と比例している。また，おそらくこの要介護度ごとの差異を反映した数字として，より重度要介護者の多い女性

表5-6　介護サービス利用量の記述統計

		(1) 利用率（1＝上限）		(2) 上限超の割合	(3) 総観測数
		平　均	標準偏差		
全　体		0.640	0.372	0.152	32,676,866
性　別	男　性	0.595	0.367	0.129	9,240,621
	女　性	0.658	0.373	0.161	23,436,245
年齢別	70歳以下	0.554	0.360	0.102	1,759,005
	70〜80歳	0.581	0.367	0.119	8,583,381
	80〜90歳	0.649	0.372	0.157	16,245,318
	90歳〜	0.725	0.365	0.198	6,089,162
要介護度別	要支援1	0.494	0.252	0.033	2,956,320
	要支援2	0.433	0.272	0.026	3,644,406
	要介護度1	0.554	0.426	0.143	6,181,008
	要介護度2	0.672	0.430	0.228	6,228,061
	要介護度3	0.718	0.347	0.233	5,247,290
	要介護度4	0.777	0.305	0.158	4,613,269
	要介護度5	0.768	0.272	0.133	3,806,512

（出所）「介護給付費実態調査」（厚生労働省）の個票データ（2006年5月〜2014年11月）より。

のほうが，年齢別にするとより高齢者のほうが利用率が高くなるという傾向も見て取れる。

　表5-6の（2）欄は，要介護度別上限を超えてサービスを利用している人の割合を示している。全体では，15％強の利用者が上限を超えた利用をしている。要介護度別に見ると，要支援1,2では上限を超える割合は4％弱と少なく，要介護度2,3では20％を超えており，ほかの要介護度（1および4,5）が14％前後であるのに比べて多くなっている。

　図5-2は，表5-6で示した要介護度ごとのサービス利用量に関して，平均だけでなく全体の分布を見るために，利用率のヒストグラムを示したものである。図中の垂直線は上限である1を示している。要支援1,2では，中間的な利用率に分布の山がある。要介護度1ではむしろ0周辺に大きな山があり，そこから単調に分布が減少していく。要介護度2もこれと似ているが，上限を超えたあたりにもう1つの山があるという特徴がある。要介護度3,4,5では上限周辺に大きな山がある。

　本図の分析からいくつかのことが示唆される。上限と実際の利用額には，要

図5-2　利用率のヒストグラム

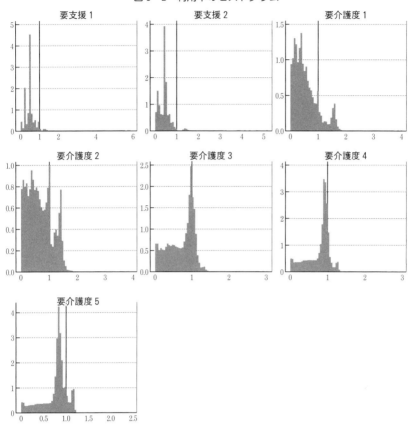

介護度ごとに異なる乖離があることはすでに示した。この乖離が比較的少ない要介護度3, 4, 5では，ほぼ上限まで使う人の割合が多い。したがって上限を超えてしまうために必要量を購入できていない人がいる可能性があり，上限設定の拡大に関する検討も必要であろう。とくに要介護度3では，表5-6の（2）欄から示されるように，現状でも上限を超えて利用をしているケースも多く，上限設定見直しは重要な課題である。要介護度2は2つの山がある分布を持っており，これはこの要介護度に2つの異なるグループの利用者が含まれてしまっている可能性を示唆している。さらに，右側の山は上限を超えた部分にあり，実際に表5-6の（2）欄で示すように上限を超えた利用者数も多い。この要介

表 5-7　都道府県別利用率（平均からの乖離）の記述統計

	要支援 1	要支援 2	要介護 1	要介護 2	要介護 3	要介護 4	要介護 5	全　体
北海道	0.003	0.008	0.015	0.027	0.029	0.033	0.042	0.010
青森県	−0.005	0.004	−0.045	−0.019	−0.002	0.001	−0.013	−0.006
岩手県	−0.007	−0.001	−0.074	−0.070	−0.045	−0.036	−0.045	−0.038
宮城県	−0.004	0.003	−0.014	−0.014	−0.031	−0.045	−0.054	−0.021
秋田県	−0.019	−0.032	−0.064	−0.035	−0.011	−0.023	−0.035	−0.020
山形県	0.021	0.030	0.015	−0.003	−0.016	−0.027	−0.041	0.002
福島県	−0.002	0.005	−0.014	−0.041	−0.049	−0.051	−0.061	−0.025
茨城県	−0.005	0.001	−0.006	−0.001	−0.009	−0.020	−0.027	0.007
栃木県	−0.013	0.006	−0.020	−0.025	−0.029	−0.025	−0.020	−0.011
群馬県	0.010	0.011	0.011	0.024	0.026	0.015	0.000	0.017
埼玉県	−0.009	−0.011	−0.039	−0.016	−0.020	−0.024	−0.022	−0.014
千葉県	−0.002	−0.015	−0.025	−0.024	−0.019	−0.026	−0.031	−0.014
東京都	−0.011	−0.029	−0.072	−0.065	−0.054	−0.036	−0.017	−0.041
神奈川県	−0.001	−0.027	−0.022	−0.047	−0.039	−0.038	−0.033	−0.027
新潟県	−0.016	−0.007	−0.011	−0.014	−0.024	−0.016	−0.020	0.001
富山県	−0.015	0.000	−0.011	0.011	0.026	0.048	0.064	0.030
石川県	0.011	0.034	0.096	0.094	0.067	0.052	0.047	0.065
福井県	0.010	0.025	0.035	0.042	0.046	0.034	0.015	0.042
山梨県	−0.016	−0.013	−0.002	−0.003	−0.002	−0.006	−0.022	0.011
長野県	−0.033	−0.027	−0.055	−0.047	−0.031	−0.010	−0.010	−0.021
岐阜県	−0.036	−0.017	0.013	0.010	−0.008	−0.018	−0.022	0.003
静岡県	0.005	0.000	0.037	0.029	0.009	−0.002	−0.005	0.025
愛知県	−0.008	−0.003	0.038	0.015	0.011	0.002	0.000	0.010
三重県	−0.038	−0.026	−0.029	−0.024	−0.010	−0.007	−0.006	−0.010
滋賀県	−0.045	−0.037	−0.028	−0.014	−0.005	−0.006	−0.008	−0.012
京都府	−0.046	−0.044	−0.094	−0.063	−0.029	−0.010	−0.007	−0.036
大阪府	−0.041	−0.047	−0.061	−0.068	−0.031	−0.018	−0.005	−0.050
兵庫県	−0.007	0.002	0.003	0.021	0.007	−0.002	−0.004	−0.006
奈良県	−0.003	0.005	0.014	−0.022	−0.021	−0.023	−0.029	−0.016
和歌山	−0.026	−0.028	−0.052	−0.032	−0.019	−0.004	0.005	−0.029
鳥取県	0.017	0.033	0.045	0.052	0.032	0.025	0.005	0.038
島根県	−0.002	−0.003	−0.019	−0.014	−0.007	0.005	0.010	−0.005
岡山県	0.012	0.012	0.010	0.009	0.010	0.004	−0.009	0.004
広島県	0.014	0.022	0.024	0.032	0.021	0.025	0.031	0.008
山口県	0.009	0.015	0.054	0.075	0.055	0.057	0.054	0.041
徳島県	0.005	0.007	0.005	−0.002	0.030	0.051	0.042	0.005
香川県	0.000	−0.003	0.016	0.042	0.036	0.021	0.003	0.019
愛媛県	0.002	0.013	0.031	0.025	0.012	0.008	0.007	0.010
高知県	−0.019	−0.007	0.050	0.049	0.051	0.066	0.095	0.051
福岡県	0.026	0.031	0.085	0.084	0.063	0.057	0.054	0.039
佐賀県	0.026	0.058	0.118	0.140	0.107	0.082	0.073	0.075
長崎県	0.037	0.051	0.113	0.119	0.069	0.040	0.018	0.044
熊本県	0.020	0.028	0.023	0.052	0.056	0.070	0.071	0.030
大分県	0.024	0.026	−0.024	0.007	0.029	0.036	0.022	−0.003
宮崎県	0.003	0.035	0.053	0.060	0.044	0.038	0.043	0.042
鹿児島県	0.017	0.029	0.031	0.065	0.039	0.032	0.023	0.028
沖縄県	0.030	0.036	0.060	0.064	0.064	0.043	0.011	0.054

（出所）　表 5-6 に同じ。

護度に関しては，要介護度の分解も含む設定見直しを検討する必要がある。ま
た，要支援に関しては上限より少ないところに大きな山があり，また表5-6
の（2）欄から示されるように，実際に上限を超えて利用している割合も微少
であることから，上限の影響はあまりないものと考えられる。

　続いて表5-7に，利用率に関して，都道府県別の記述統計として，要介護
度別に平均からの乖離の大きさを示している。各都道府県において，利用率が
要介護度によって，平均より高くなったり低くなったりする例は少なく，全要
介護度で利用率が低いあるいは高いといった統一的な傾向を持つ都道府県がほ
とんどである。とくに平均より低い利用率を示しているのは東京・大阪の二大
都市圏を中心とする関東・近畿ならびに東北地方であり，一方で高い利用率を
示しているのは石川・福井の北陸と四国・中国・九州地方の各県である。

　なぜ，地域によってこのような差が出るかについてはいくつかの可能性が考
えられる。1つは，介護保険サービスの供給者である保険者の対応である。利
用者にとって望ましい介護サービスを積極的に提供しようとする保険者ほど利
用実績も高くなることが考えられる。また，利用者の密度（地域の高齢化）が
高いほど，さまざまなサービスの提供が必要とされ費用を押し上げることも考
えられる。さらに，北陸地域において利用額が大きいことを踏まえると，家族
内での就労（とくに同居する子供夫婦の妻）率が高くなれば，第6章で示すよう
に必然的に介護保険の利用が増える可能性もある。本節では，このような地域
間の差異について十分な分析を行う余裕がないが，このような地域間の差異が
どのようなメカニズムで生じているか分析することは重要であろう。

3.2　利用者の所得区分と介護費用[6)]

　次に，福岡市のデータを用いた分析を行う。福岡市データは，福岡市の編集
のうえで提供を受けた介護レセプトデータであり，とくに「介護給付費実態調
査」にない情報として，各個人の所得区分が得られているという特徴がある。
この点を生かし，本章では所得と介護保険サービス利用との関係について分析

6）　所得区分については付表を参照のこと。

を行う。とくに，所得水準の低い個人・世帯に関しては「高額介護サービス費」に関する援助がなされるため，この点を考慮した分析が必要であると思われる。

　ここで重要な概念として，「所得区分」がある。これは，65 歳以上の第 1 号被保険者が毎月払う介護保険料について，所得額に応じて調整を行うためのものである。まず保険料の基準額が定められたのち，所得区分に応じてその基準額に対して支払う割合が定められる。また，これに関連するものとして「高額介護サービス費」がある。この概念については第 2 章で解説したが，所得に応じて設定される利用者負担の上限額であり，この額を超えた自己負担額については保険給付が行われる。さらに，生活保護世帯については，すべての自己負担額について保険給付が行われる。生活保護世帯は所得区分段階 1 に含まれるが，この区分には生活保護以外の世帯も含まれていることに注意が必要である。

　福岡市のデータはサンプルサイズも大きくないため，事業所からの情報と個人の情報を結合して用いる。したがって，各個人の要介護度推移が観測されているため，月途中に要介護認定を受けたケース，月途中で要介護認定を外れたケースを排除することが可能である。一方で利用量については，「介護給付費実態調査」とは異なり，単位数ではなく金額でしか提供されていない。また，サービスごとの利用量ではなく，集計された形でしか提供されていない。介護保険における点数と金額の換算率はサービスごとに違いがあるため，異なるサービスが集計された金額から単位点数を逆算することは不可能である。したがって，ここでは上限に対する割合を観測することが不可能であり，代わりに総利用金額を分析することにする。通常の自己負担額はこの値の 10% である。また，各個人の所得区分は年度内でも変更になることがあるが，変更時期についての情報が今回の提供データにはないので，年度の初めに決定されている所得区分を用いることにする。

　表 5 - 8 は，2000〜2005 年度，2006〜2008 年度，2009〜2011 年度，2012〜2014 年度の各期間について，所得区分ごとの総利用金額平均を示したものである。「高額免除」の列は，高額介護サービス費制度によって，自己負担額の上限として定められている額を示している。

表 5 - 8　福岡市の所得区分別・要介護度別総利用金額の平均値

2000〜2005 年							高額免除	
所得区分	要支援	要介護1	要介護2	要介護3	要介護4	要介護5	〜2005/9	2005/10〜
1	23,971	78,666	125,987	166,032	209,881	202,714	世帯 15,000	個人 15,000 世帯 24,600
2	19,151	65,942	115,317	157,279	192,073	186,172	世帯 24,600	個人 15,000 世帯 24,600
3	18,775	63,461	105,936	154,833	189,847	187,783	世帯 24,600	世帯 24,600
4	18,142	53,690	89,232	134,946	155,972	155,533	世帯 37,200	世帯 37,200
5	19,070	54,556	83,766	131,384	163,073	155,198	世帯 37,200	世帯 37,200

2006〜2008 年								高額免除
所得区分	要支援1	要支援2	要介護1	要介護2	要介護3	要介護4	要介護5	
1	16,662	35,981	84,372	133,205	161,868	188,815	184,137	個人 15,000 世帯 24,600
2	15,194	31,119	76,917	117,437	157,577	184,246	168,581	個人 15,000 世帯 24,600
3	13,498	28,544	67,627	100,047	140,480	161,453	143,910	世帯 24,600
4	12,426	25,952	63,276	99,073	139,059	168,362	159,698	世帯 37,200
5	14,016	29,138	63,151	93,020	128,644	147,030	121,293	世帯 37,200
6	14,818	28,457	61,674	89,695	118,500	148,919	129,051	世帯 37,200
7	14,327	27,561	61,652	83,634	126,465	156,321	145,352	世帯 37,200
8	14,500	30,493	62,247	95,375	131,986	159,417	138,153	世帯 37,200

2009〜2011 年								高額免除
所得区分	要支援1	要支援2	要介護1	要介護2	要介護3	要介護4	要介護5	
1	17,293	37,870	89,789	131,106	165,964	188,612	183,523	個人 15,000 世帯 24,600
2	16,206	32,838	85,478	121,615	168,801	184,858	181,028	個人 15,000 世帯 24,600
3	14,307	31,208	78,799	106,617	147,843	166,962	158,887	世帯 24,600
4 特例	13,191	29,236	65,807	97,351	143,240	165,980	168,305	世帯 37,200
4	11,771	26,849	64,752	94,537	137,600	160,915	152,929	世帯 37,200
5	15,116	31,302	74,105	97,947	135,086	149,717	122,625	世帯 37,200
6	16,052	33,587	66,597	91,514	129,878	145,920	136,656	世帯 37,200
7	14,775	33,055	68,260	93,759	129,748	148,907	132,185	世帯 37,200
8	14,628	31,036	67,505	96,507	141,570	160,638	143,537	世帯 37,200
9	16,544	35,728	74,141	101,931	138,080	162,521	154,441	世帯 37,200

（続く）

2012〜2014 年

所得区分	要支援1	要支援2	要介護1	要介護2	要介護3	要介護4	要介護5	高額免除
1	17,269	41,373	94,250	132,279	182,422	197,179	196,300	個人 15,000 世帯 24,600
2	15,632	34,943	88,017	128,130	177,306	189,977	185,978	個人 15,000 世帯 24,600
3 特例	14,221	31,123	81,088	116,860	170,211	185,377	177,816	世帯 24,600
3	14,255	31,283	77,152	108,692	155,877	173,270	158,024	世帯 24,600
4 特例	11,846	27,317	65,857	103,660	150,378	173,314	177,756	世帯 37,200
4	11,555	26,243	63,645	94,227	142,483	157,090	158,019	世帯 37,200
5	14,179	32,418	74,563	100,834	152,761	153,476	136,413	世帯 37,200
6	14,779	33,059	69,988	100,679	138,787	149,468	143,327	世帯 37,200
7	15,274	35,174	69,564	99,942	144,281	154,884	142,132	世帯 37,200
8	14,623	32,692	66,059	96,800	138,901	170,280	156,296	世帯 37,200
9	14,334	36,452	72,001	105,448	156,014	149,284	160,569	世帯 37,200
10	19,086	31,310	71,740	95,955	137,599	188,104	130,989	世帯 37,200
11	14,198	36,369	72,214	117,185	169,858	150,204	174,294	世帯 37,200
12	15,734	34,826	73,272	105,810	151,532	171,468	173,622	世帯 37,200

（出所）　介護保険データ（福岡市）より。

　この表のうち一見して目立つのは，ほとんどの年度・要介護度において，所得区分 1 の利用額が大きいことである。これは全額保険給付となる生活保護の影響と見るのが妥当であろう。さらに区分 2，3 のような低所得者も利用額が大きく，これは高額介護サービス給付の影響と見るのが自然と思われる。こうした購買行動が，予算制約がない・少ない状況での最適消費の結果なのか，それともモラルハザードや供給者誘発需要といった問題をはらんでいるのかについては，本データのみでは判断できない。

　一方で所得区分値の大きい高所得者も，予算制約が比較的緩やかであるためか相対的に利用額が大きい。これらの結果，中間に位置する所得区分で利用額が小さくなっているという U 字型の分布が，どの年度・どの要介護度でも一般的に見られる。この点は，利用者負担額を決定する際に重要な情報となろう。

3.3　レセプトデータからわかること

　本節では，介護保険の利用者情報より，以下の 3 点について実態把握を試みた。

①介護保険の費用面から見た要介護度別費用構造の把握

②地域別に見た費用構造の把握

③所得階層による費用構造の把握

①の結果からは，介護保険導入直後によくいわれていた利用上限を超える利用者が 2006 年以降もかなり存在するということが確認された。このことは，要介護の基準の設定や利用上限額について現行の枠組みをもう一度再検討する必要があることを示唆しよう。②については，社会保障の利用について，よくいわれている西高東低現象が介護保険の利用についても見られるということを示している。ただし，北陸地域などの女子の就労確率が高い地域などでも利用額が大きくなっており，保険者の考え方の違いや地域特性を踏まえた分析が必要となることが示唆された。③については，医療費の支出においてよくいわれている「弱者に対する減免措置」の現象が介護保険においても見られることを示している。また，相対的に高い所得層において利用額が増加する（U 字型分布）現象も確認でき，今後の利用者負担のあり方に対して貴重な情報を提示している。

4 おわりに

本章では，これまで必ずしも明確になっていなかった要介護者の介護状態の推移の実態や，それに基づく平均余命などを示すことにより，要介護者別の費用構造を明示的に示すことができた。福岡市という限定された地域での分析ではあるが，この結果は，今後の介護政策を考えるうえで重要な情報となろう。

また，介護保険制度上での費用構造について利用者側のデータを用いることにより，実際にどのような費用構造になっているかを要介護度別に示している。所得階層別の費用構造の分析と合わせて，今後の要介護度の基準や利用上限額，さらには，自己負担の額などを検討するうえで重要な情報を示しており，今後，なぜこのような費用構造を持つのか分析することにより，介護保険制度の改善につなげることができる。

付表　介護保険料の所得段階の変遷

2001〜2005 年度	2006〜2008 年度	2009〜2011 年度

段階	区分
1	生活保護，老齢福祉年金（非課税）
2	市民税　世帯非課税
3	市民税　本人非課税

段階	区分
1	生活保護，老齢福祉年金（非課税）
2	市民税　世帯非課税（課税年金収入額と合計金額の合計が 80 万円以下）
3	市民税　世帯非課税（第1, 2 段階以外）
4	市民税　本人　非課税（第1〜3 段階以外） （注）H18, H19 は税制改正に伴う激変緩和措置あり

段階	区分
1	生活保護，老齢福祉年金（非課税）
2	市民税　世帯非課税（課税年金収入額と合計所得金額の合計が 80 万円以下）
3	市民税　世帯非課税（第1, 2 段階以外）
4 特	市民税　本人非課税（課税年金収入額と合計所得金額の合計が 80 万円以下）
4	市民税　本人非課税（4 特以外）

段階	区分
4	市民税　本人課税（合計所得 200 万円未満）

⇒

段階	区分
5	市民税　本人課税（合計所得 200 万円未満） （注）2006, 2007 年度は税制改正に伴う激変緩和措置あり

⇒

段階	区分
5	市民税　本人課税（合計所得 125 万円以下）
6	市民税　本人課税（合計所得 125 万円超 200 万円未満）

段階	区分
5	市民税　本人課税（合計所得 200 万円以上）

段階	区分
6	市民税　本人課税（合計所得 200 万円以上 300 万円未満）
7	市民税　本人課税（合計所得 300 万円以上 600 万円未満）
8	市民税　本人課税（合計所得 600 万円以上）

段階	区分
7	市民税　本人課税（合計所得 200 万円以上 300 万円未満）
8	市民税　本人課税（合計所得 300 万円以上 600 万円未満）
9	市民税　本人課税（合計所得 600 万円以上）

2012〜2014 年度		2015〜2017 年度	

段階	区分
1	生活保護，老齢福祉年金（非課税）
2	市民税　世帯非課税（本人課税年金収入額と合計所得金額の合計が 80 万円以下）
3特	市民税　世帯非課税（本人課税年金収入額と合計所得金額の合計が 80 万円超 120 万円以下）
3	市民税　世帯非課税（本人課税年金収入額と合計所得金額の合計が 120 万円超）
4特	市民税　本人非課税（本人課税年金収入額と合計所得金額の合計が 80 万円以下）
4	市民税　本人非課税（本人課税年金収入額と合計所得金額の合計が 80 万円超）

段階	区分
5	市民税　本人課税（合計所得 125 万円以下）
6	市民税　本人課税（合計所得 125 万円超 200 万円未満）

段階	区分
7	市民税　本人課税（合計所得 200 万円以上 300 万円未満）
8	市民税　本人課税（合計所得 300 万円以上 400 万円未満）
9	市民税　本人課税（合計所得 400 万円以上 500 万円未満）
10	市民税　本人課税（合計所得 500 万円以上 600 万円未満）
11	市民税　本人課税（合計所得 600 万円以上 700 万円未満）
12	市民税　本人課税（合計所得 700 万円以上）

段階	区分
1	生活保護，老齢福祉年金（非課税） 市民税　世帯非課税（本人課税年金収入額と合計所得金額の合計が 80 万円以下）
2	市民税　世帯非課税（本人課税年金収入額と合計所得金額の合計が 80 万円超 120 万円以下）
3	市民税　世帯非課税（本人課税年金収入額と合計所得金額の合計が 120 万円超）
4	市民税　本人非課税（本人課税年金収入額と合計所得金額の合計が 80 万円以下）
5	市民税　本人非課税（本人課税年金収入額と合計所得金額の合計が 80 万円超）

段階	区分
6	市民税　本人課税（合計所得 125 万円以下）
7	市民税　本人課税（合計所得 125 万円超 200 万円未満）

段階	区分
8	市民税　本人課税（合計所得 200 万円以上 300 万円未満）
9	市民税　本人課税（合計所得 300 万円以上 400 万円未満）
10	市民税　本人課税（合計所得 400 万円以上 500 万円未満）
11	市民税　本人課税（合計所得 500 万円以上 600 万円未満）
12	市民税　本人課税（合計所得 600 万円以上 700 万円未満）
13	市民税　本人課税（合計所得 700 万円以上）

第6章

介護保険導入と女性の労働供給

1 は じ め に

　国際的に見ても非常に急速な高齢化を経験した日本では，2000年に介護保険制度の導入に踏み切った。介護保険導入の目的の1つに，これまでおもに家庭内での介護を担ってきた女性（とくに，要介護者を親に持つ子供夫婦の妻）から介護の負担を軽減し，労働市場への参加を促進する「介護の社会化」があげられてきた。これは，介護市場の拡充により介護サービスを家庭外で購入することにより家庭内での介護に費やしてきた時間を減少させ，労働供給を促進しようとするものである。

　本章では，介護が必要な親を抱える子供夫婦の妻の労働供給について，介護保険制度が与えた影響を分析する。介護保険導入は，さまざまなケアサービスの市場の出現を引き起こした。介護サービスを市場で調達できるようになり，家庭内での介護の負担を軽減して介護者（とくに女性）の労働供給を促進することが可能となっている。この状況は，幼児を抱えた母親が就業をあきらめて自分で育児をするか，保育園などの外部でのサービスを用いることにより就業を可能にするかという選択と類似するものとして捉えることができる。

　これまでにも，介護保険が介護を担う家族の就業行動に与える影響については少なからぬ論文が存在する。ただ，山田・酒井 (2016) の介護保険制度導入の就業行動に与える影響についての最近のサーベイにおいても，論文によって見解が分かれることが示されている。しかし，いくつかの論文では主たる分析

目的は，要介護者の存在が労働供給を阻害するかどうかであり，介護保険の導入が阻害の程度を引き下げているかどうかを直接に分析したものではない。以下では，介護保険の導入が要介護者の存在による労働供給の抑制をどの程度緩和したかについて焦点を当てる。要介護者の存在は，ほかの条件が一定であれば，時間制約を強め労働供給を抑制するだけであり，制度の導入がそれらの要請をいかに緩和しているかが政策評価をするにあたって重要な評価基準となる。

Carmichael and Charles（1998）が指摘したように，家計レベルでの標準的な意思決定モデルのもとでは，要介護者の存在は家族の労働供給にプラス・マイナス両面の影響を与える可能性がある。負の効果は，介護の必要性が時間的制約をもたらし，その結果労働供給が減るというものである。一方，正の効果は，介護費用を賄うために労働供給を増加させるというものである。このような正の効果は，欧米のデータを用いたこれまでの実証研究ではほとんど見られなかった。一方で，日本の介護保険制度の特徴的な点は，ほかの先進国と比べ多様な介護サービスが提供されていることである。Carmichael and Charles（2003），Heitmueller（2007），Heitmueller and Inglis（2007）などは，介護サービスの提供が行われても，市場サービスの選択肢が少ないようなケースでは介護者の労働供給に対する阻害圧力が大きいままになる傾向があることを示唆し，介護サービスの多様化が必要であることを指摘している。そのような中で，相対的に多様な介護サービスを提供している日本の介護制度の効果を検証することは非常に意味のあることであろう。

本章の研究では，介護が必要な高齢者と同居する息子の配偶者（妻）について，その労働供給への介護保険の影響を考察する。介護保険が導入される前は，子供世代でおもに介護を担うのは彼女たち（息子夫婦の妻）であった。高齢者と実の娘との同居は相対的に少ないため，同居する子供夫婦の妻の労働供給を分析対象とすることは，介護保険がその政策目的を達成したかどうかを評価するには適切な対象といえよう。

本来ならこのような政策評価は，Asai, Kambayashi and Yamaguchi（2015）が保育政策に対して行ったように，頑健な Difference-in-differences 法によって行うべきである。しかし介護保険制度は日本全体でいっせいに行われた政策であり，本件への適用は難しい。本章では，介護保険の影響を調べる

ために，家庭内における高齢者介護に直面している女性（子供夫婦の妻）の労働供給行動を，3つの期間——介護保険の導入前，導入直後，および導入から10年後——に分けて，要介護者を抱えることによる労働供給に対する阻害の程度の変化について検討した。

　本章での結論は次のように要約することができる。介護が労働供給行動に及ぼす負の効果は介護保険導入後も依然として残っているが，その大きさは時間の経過とともに継続的に低下していることが判明した。さらに，労働時間についても，介護保険の存在により少なくとも2010年に就業している女性の労働時間を増加させる効果を持つことを見出した。また，男性高齢者への介護による負の影響はほとんど存在しなくなっているが，女性高齢者への介護は依然として労働供給に負の効果を持つことが判明した。この結果は，女性高齢者が非自立状態になった際には，介護だけでなく家事の負担も家族に引き渡され，それによって息子夫婦の妻に対する負担が男性高齢者の場合より相対的に大きくなることと対応している。

　さらに，就業形態別に介護の影響を見ると，介護の必要性は女性が正規の雇用者になる確率を低下させるが，正規雇用者として就業を継続させる場合には，その労働時間を増加させる傾向があること，逆に，非正規での就労では労働時間を減少させる効果があることが確認された。この結果は，正規雇用者が介護サービス市場を利用する可能性が高いことを示唆している一方で，多くの非正規雇用者は，介護保険の恩恵を必ずしも享受できていないことを示唆している。

2　介護の必要性と就業行動

2.1　介護離職の実態

　「介護離職」という言葉が目立つようになって久しい。介護離職者についての実態は，厚生労働省の「雇用動向調査」と総務省による「就業構造基本調査」より把握することができる。「雇用動向調査」は毎年の時系列的変化を見ることはできるが，サンプルが少なくさまざまな要因をコントロールして見る

表 6 - 1　介護離職者（介護を理由と

男　　性 年	2000	2001	2002	2003	2004	2005
介護離職者数（千人）	5.9	5.3	4.6	5.4	10.8	6.1
個人的離職に占める比率(%)	0.296	0.257	0.238	0.274	0.508	0.240
前職就業形態						
一般労働者	5.4	5.1	3.0	4.7	4.7	3.3
パート労働者	0.5	0.3	1.6	0.7	6.2	2.8
年齢別　　30〜34歳	0.1	1.3	0.1	0.5	0.8	0.5
35〜39歳	0	0.7	0.3	0.3	1.9	0.2
40〜44歳	0.4	0.2	0.2	0.3	0.1	0.4
45〜49歳	0.4	0.7	0.4	0.1	0.2	0.3
50〜54歳	0.1	0.6	0.5	0.5	5.1	1.3
55〜59歳	0.4	1.2	0.1	2.1	0.9	0.6
60〜64歳	1.2	0.1	1.8	0.8	0.3	0.1
女　　性 年	2000	2001	2002	2003	2004	2005
介護離職者数（千人）	32.1	44.7	36.8	63.0	40.8	68.1
個人的離職に占める比率(%)	1.320	1.729	1.471	2.411	1.510	2.232
前職就業形態						
一般労働者	17.2	14.6	15.3	33.5	18.6	39.7
パート労働者	14.9	30.1	21.6	29.5	22.1	28.5
年齢別　　30〜34歳	4.7	4.1	5.6	1.4	1.6	1.1
35〜39歳	1.4	4.8	7.5	10.7	7.7	4.0
40〜44歳	5.1	6.6	6.1	3.8	6.2	27.3
45〜49歳	3.9	4.9	5.7	5.1	6.0	4.6
50〜54歳	6.5	6.0	4.6	15.6	9.3	10.1
55〜59歳	4.3	8.5	2.3	14.3	2.7	10.8
60〜64歳	1.9	2.7	0.8	2.2	2.2	2.1

（出所）　各年の「雇用動向調査」（厚生労働省）。

　ことは難しい。一方，「就業構造基本調査」は大規模な調査であるが 5 年おき
の調査であり，時系列的変化を見るのには適していない。以下，両者を用いて
「介護・看護などのため」を理由とした離職者の推移・実態を見てみよう。

　最初に「雇用動向調査」より介護離職者（介護を理由として離職した者）の推
移を見てみよう。表 6 - 1 は，2000 年から 2015 年までの介護離職者について
性別，年齢別に推移を示したものである。また，年齢別に見ることはできない
が，前職の就業形態（一般労働者とパート労働者）別の離職者についても整理し
てある。

　最初に男性について見てみよう。男性については介護離職者の数は趨勢とし

して離職した者）の推移

2006	2007	2008	2009	2010	2011	2012	2013	2014	2015
5.0	4.6	8.2	5.6	7.5	12	12.6	22.8	13.3	23.3
0.224	0.200	0.375	0.278	0.411	0.629	0.613	1.078	0.611	0.988
4.4	3.3	5.4	4.3	6.4	8.3	10.2	16.3	9.9	17.1
0.5	1.3	2.8	1.3	1.2	3.7	2.4	6.5	3.3	6.2
0.8	0.1	1.0	0.2	1.4	1.8	0.4	0.4	0.8	1.9
0.5	0.2	0.1	0.4	0.3	1.2	0.2	0.2	1.7	0.7
0.1	1.0	0.1	0.9	0.6	0.2	0.3	0.3	1.6	1.7
0.1	0.0	0.1	0.2	0.6	1.1	0.2	0.2	0.5	3.4
0.4	0.7	0.3	0.4	0.1	1.5	2.1	2.1	1.5	4.6
1.3	0.9	1.3	1.7	1.3	2.7	3.9	3.9	3.6	3.4
1.1	1.0	1.2	1.0	0.6	1.4	2.0	2.0	1.4	3.9

2006	2007	2008	2009	2010	2011	2012	2013	2014	2015
42.8	45.1	38.6	40.6	42.1	44.6	53.5	70.6	75.0	66.7
1.494	1.634	1.453	1.516	1.642	1.823	2.043	2.461	2.676	2.369
19.1	15.7	15.4	13.1	10.9	16.9	20.3	32	28.7	30.7
23.7	29.4	23.2	27.5	31.2	27.6	33.1	38.6	46.3	36.0
3.0	3.5	0.9	3.8	1.6	1.3	1.8	2.2	5.4	5.8
6.3	7.2	5.0	5.6	4.1	4.2	2.9	8.1	3.3	4.5
4.5	3.3	4.4	8.4	5.6	5.5	5.4	6.2	11.6	6.3
3.2	8.9	5.8	3.5	5.6	7.3	8.2	17.6	12.8	11.6
8.4	9.5	11.9	4.8	6.7	5.5	8.8	11.9	17.0	18.1
8.7	8.4	6.0	9.9	9.2	11.3	12.2	10.3	6.9	6.0
1.9	0.8	1.3	1.7	4.7	3.9	5.4	7.4	10.9	4.2

ては増加しているが，最も多くなっている 2015 年においても 2 万 3000 人程度
である。ただし，2000 年代に比べて 2010 年代にはその人数を急速に増加させ
ている。これを離職前の就業形態で見ると，一般労働者，パート労働者ともに
全体と同様に 2010 年代になってから急速に増加させている。男性のパート労
働者での就業はもともと少なく，要介護者の発生とともに，一般労働者からパー
ト労働者となり，その後離職するという可能性も高い。しかし，今のところ
その人数はまだ少なく，介護離職者は少数に抑えられているといえよう。

　女性はどうであろうか。通常，家族内の主要な介護の担い手は女性であると
いわれている。ここでも，介護離職者の人数は各年とも男性の数倍になってい

る。時系列的変化としては，男性と同様に明瞭なことはいえないが，2010年代以降には増加傾向が顕著になっている。男性との顕著な相違は前職の就業形態別の離職者数であろう。女性では，2000年代半ばまではどちらかというと一般労働者の離職者のほうが多くなっているが，その後の時期ではパート労働者のほうが多くなる。この点についてはいくつかの要因が考えられる。もともと女性では，非正規（パート）での就業者が多かったことに加え，要介護者が軽度のうちは正規労働から非正規へ，その後要介護度が悪化するにつれて非正規就業と離職を繰り返し，最終的に離職するというパターンも考えられる。しかし，介護保険制度やさまざまな就業支援制度の効果が，正規雇用者に対してより大きな便益をもたらしていることも考えられる。

　年齢別に見て顕著なことは，55歳以上において介護離職者がそれほど増加していないのに対し，働き盛りともいえる40〜54歳層（とくに45〜54歳）で最近になって急速に離職者が増加している点である。この点については，必ずしも明瞭な回答を与えることはできないが，「雇用動向調査」では明示されていない前職の就業形態と年齢の間になんらかの関係がある可能性がある。

　そこで直近の時期である2012年の実態について「就業構造基本調査」を用いて両者の関係を見ておこう。この時期までの調査では前職の就業形態が調査されるなど，それ以前の調査に比べて離職者に関する情報が増えている。「介護・看護などのため」に離職した者の人数は男9万7900人，女38万9000人で圧倒的に女性が多い。また，全離職者（男女別）のうちの比率で見ると，男が0.97％であるのに対し女は3.35％となり，比率で見ても女性が圧倒的に多いことがわかる。このことは，家庭内での看護や介護のおもな担い手が女性であることを反映したものであろう。

　以下では，女性について詳しく見てみよう。表6-2は女性離職経験者について年齢と前職の就業形態（正規雇用，非正規雇用）をクロスさせたものについて，就業形態別に年齢構成比を見たものである。就業形態全体で見ると，当該理由で離職した人数は50代前半まで徐々に増加し，50代後半になると急速に増加し，60代前半にピークを迎え，その後急速に減少する。このことから，親が高齢期に入る40代前半から60代前半までの年齢層が親の介護や看護のために多く離職していることが窺える。

表 6 - 2　前職就業形態別介護離職者の
　　　　　年齢構成

	正規雇用者	非正規雇用者
～29 歳	3.83	1.9
30～34 歳	5.34	2.02
35～39 歳	6.45	4.44
40～44 歳	4.03	7.81
45～49 歳	8.06	9.71
50～54 歳	13.49	16.92
55～59 歳	27.09	20.4
60～64 歳	22.66	21.99
65 歳以上	8.86	14.17
計	100	100

（出所）「平成 24 年版就業構造基本調査」
　　　（厚生労働省）。

　次に，離職前の就業形態の相違によって離職する年齢分布に差異があるか見
てみよう。女性では，離職者総数のうち前職が雇用者であって正規で就業して
いる人数の比率は29.3%，非正規での就業者は64.0% であり，非正規で就業
していた女性のほうが 2 倍以上高い。ただ，正規と非正規では若干分布の性質
が異なっている。30 代と定年年齢前後と思われる 55～64 歳層では，正規雇用
者の比率のほうが非正規より高くなっている。定年年齢直前の 55～59 歳層で
正規雇用者の離職者が増加するということはそれほど不思議ではない。ただ，
親が 65 歳前後になると思われる 35～39 歳層での正規雇用者と非正規との差は
何を意味するのであろうか。さらに，定年直前の年齢層で離職者が多いという
ことは，たんにこの年齢で親の介護等が必要になったのか，それまでにも必要
であったがなんらかの方法で就業を継続してきたのであろうか。この点は，介
護保険制度の効果を確かめるために 1 つの重要な視点となろう。

2.2　介護と労働供給──先行研究

　介護が労働市場行動に及ぼす影響については，これまでにもアメリカやヨー
ロッパで多くに研究がある。しかし，Lilly, Laporte and Coyte（2007）で示
されているように家庭内における要介護者の存在が家族の労働供給に及ぼす影

響の大きさについては必ずしも明確な合意は得られていない。たとえば，Boaz and Muller（1992）では要介護者の存在は家族の労働時間に対して大きな負の影響があることを見出した一方，Wolf and Soldo（1994）は有意な関係が見られないことを示した。

　その後，Pezzin and Schone（1999）は，世帯構造の変化の影響などに対処するために介護と居住地に関する同時決定モデルを用いた分析を行っている。この系統の研究は，Engers and Stern（2002），Bryne et al.（2009），Maruyama and Johar（2016）などのように，家庭内の誰が介護を行うかというゲーム理論モデルに対する実証分析として近年発展している。

　日本においてもいくつかの実証研究が存在する。介護保険導入前に関する研究としては岩本・小原・齊藤（2001）において，介護が家族内の女性の労働供給行動に負の影響があることを見出している。Ogawa and Ermisch（1996）は正規雇用者と非正規雇用者では要介護者の存在が与える影響が異なることを示している。介護保険導入後の分析に関しては，Shimizutani, Suzuki and Noguchi（2008）において，介護保険の導入は 2001 年には女性の労働供給に有意な影響は認められなかったが，2002 年にはプラスの効果が認められたとしている。さらに，Hanaoka and Norton（2008）は，要介護者の子供たちの機会費用の大きさが介護保険の利用に影響を及ぼしていることを示している。しかしながら，最近の山田・酒井（2016）においてサーベイされているように，介護保険制度の労働供給行動への影響については，日本でも明瞭な結論が提示されていないのが現状であろう。介護保険の影響を否定した論文に Kondo（2017）がある。この論文は，「労働力調査」個票を用いて，二次医療圏地域における介護事業所・施設の定員数が，その地域の労働者個人の労働供給に与える影響を分析したものである。分析の結果，こうした市場介護へのアクセスが労働供給に与える影響は有意には推定されなかった。

　皆保険制をとっているために Difference-in-differences 法が使いにくい介護保険における政策評価としては，このような観測可能な地域差を用いる方法は有効であり，今後とも検討が望まれる。一方，Kondo（2017）の論文においては，筆者自身が言及しているように，標本数が少なく推定結果が安定しないという問題がある。この点について，より多くの標本を含む「国民生活基礎調

査」を用いた研究が可能であれば，より明確な結果が出るものと思われる。とくに Shimizutani, Suzuki and Noguchi（2008）や本章の結果など，「国民生活基礎調査」を用いた研究のいくつかが介護保険の労働供給への正の効果を有意に出しているだけに，こうした研究には意義があると思われる。しかし現状では，「国民生活基礎調査」個票において提供される地域データは県・政令指定都市までである。「国民生活基礎調査」の調査票には国勢調査の調査区情報が含まれており，市町村などより詳細な地域区分も識別可能であるにもかかわらず，現状ではこうした情報は提供されていない。

3　計量モデル

3.1　標本の設計

　以下で，介護保険の導入が要介護の親を抱える家庭における息子夫婦の妻の労働供給に及ぼす影響を実証的に分析する。ここでは簡単化のために，高齢者である片親もしくは両親と同居する息子の配偶者に関する分析に限定している。このような特定の世帯構造を扱う理由は，以下のような内生性などの問題を回避するためである。

　家庭内介護において主要な役割を担うと考えられる高齢者と同居している女性としては，その配偶者，実の娘そして実の息子の妻が考えられる。要介護高齢者の配偶者の年齢は高く，労働市場への参入行動が定年年齢などの制度的側面による影響を受けやすい。実の娘の場合には，結婚の有無や兄弟・姉妹が存在するか否かによって介護と労働供給の選択において Pezzin and Schone（1999）などが指摘するようにさまざまな考慮すべき要因が存在する。たとえ実の娘が未婚であったとしても，要介護の親の存在は，結婚や同居などの意思決定に影響する可能性がある。そのほかにも，世帯構造をどのように考えるかで，同居・非同居の選択との同時性や，遺産動機の存在など意思決定を複雑にする要因があり，内生性をコントロールすることが困難な状況がもたらされる。そのような問題を回避するために，比較的，労働供給と介護の選択において要

因が明確な，息子夫婦の妻（義理の娘）の行動に焦点を当てて分析することにする[1]。

　そのような家庭において，介護保険導入の効果を検証するために，世帯内で高齢者である親の介護が必要かどうかについてのダミー変数を説明変数として扱う。介護保険導入による家族の労働供給行動への効果を厳密に検証するためには，同じ程度の要介護者の親を持つ子供夫婦について，介護保険を利用するケースと利用しないケースの労働供給行動の相違を検証する必要がある。しかしながら，そのような比較はデータの制約等により現状では不可能である。ここでは，介護保険導入前（1998 年），導入直後（2004 年），介護保険の普及後（2010 年）の各時点について，子供夫婦の労働供給行動について，なんらかの相違が生じているか，生じているとすればそれはどのようなものか，を考察する。さらに，その結果を補強するためにいくつかの追加的な検証を行うことにより，介護保険の効果を検証しようとするものである。

　むろん，要介護者を抱えた家族の就業に対する支援策は介護保険以外にも介護休業制度や「仕事と介護の両立支援策」などさまざまな枠組みが存在する。これらの枠組みによる労働供給に与える効果は無視することはできないが，利用できるデータの制約上，介護保険導入の効果とほかの枠組みの効果を識別することは難しく，以下では介護保険にのみ焦点を絞って分析を行う。

　市場経由での介護サービスは，家族介護と代替性が強いものとして捉えることができる。ただし，それは息子夫婦などの家族と同居している場合であり，別居しているケースや家族のいない単身高齢者のケースでは，そもそも家庭内での介護サービスの提供を担うものが存在しない。その場合には外部からの介護サービスの提供が不可欠である。当分析では，家庭内での介護の提供が可能な同居世帯のみを分析の対象とすることにより，介護保険によるサービスと家族介護の選択，および労働供給行動をも含めた枠組みをより明瞭に把握するこ

---

1)　しかし，子供夫婦の妻に関する結果がすべての女性の介護者に一般化できるかどうかは不明である。とくに近年の日本では，介護者として子供夫婦の妻の介護が減っていることに注意することが重要である。「国民生活基礎調査」に基づいて見ると，おもな同居介護者としての配偶者，実子，実子の配偶者の割合は，2001 年に 0.259, 0.199, 0.225 であったものが，2010 年に 0.257, 0.209, 0.152 と変化している。将来的には，配偶者や実子に関する結果を明らかにするための研究が必要である。

とが可能となる。

　また，日本の場合，介護保険制度において多様な介護サービスを利用することが可能である。したがって，Heitmueller and Inglis（2007）などが指摘したように，介護を担う家族の就業などの時間制約などの軽減だけでなく，Carmichael and Charles（1998）が指摘したような，介護コストを賄うための就業の可能性を高めることになる。

　ここでの分析の利点は，介護の必要性は外生的な健康状態であり，経済的な意思決定とは無関係に決定されることである。そのため，家庭内介護の有無を説明変数にした場合に生じるような内生性の問題を回避することができる。また，介護保険導入前（1998年），導入開始4年後のある程度制度が普及した時期（2004年），2006年に行われた大幅な制度改正が行われた4年後（2010年）のデータを用いた分析を行い，ほかのさまざまな要因の影響をコントロールしたうえで，制度の普及に伴って要介護者の存在が労働供給に与える効果の変化を検証することができる。

3.2　就業の Two-part model

　以下では，本章で用いる基本モデルについて説明する。これは，就業するかしないか，就業したとすれば労働時間をどのように決定するか，を目的変数に持つモデルである。おもに注目する説明変数は，介護の必要な高齢者の存在等が子供夫婦の妻の就業行動にどのように影響を与えるのかである。時点を変えた分析により，この影響が介護保険の導入・浸透によってどのように変化したかを確認することが本項の目的である。

　最初にほかの条件をコントロールしたうえで，介護の必要な高齢者の存在と息子夫婦の妻の就業状態の関係を，以下のプロビットモデルを用いて確認する。添え字jはサンプルの単位である家計を示している。従属変数（E）は雇用されていれば1，その他が0となる変数である。説明変数（C）は当該世帯に要介護者がいるかどうかを示すダミー変数である。wは就業決定に影響を及ぼす可能性のある世帯構造や地域特性を示す変数である。

$$E_j = I[C_j\alpha_E + w_{j'}\gamma + \eta_{E,j} \geq 0] \tag{6.1}$$

　次に，雇用されている女性について，介護の必要な高齢者の存在がその労働時間に対する影響について検討する。1998 年の「国民生活基礎調査」では，労働時間が調査されていないため，2004 年および 2010 年についてのみ分析が可能である。以下では Bolin, Lindgren and Lundborg（2008b）と同様にTwo-part model を採用する。このモデルは，（6.1）式の雇用状態プロビットモデルに加え，雇用されているケースのみについて労働時間の線形回帰モデルを追加するものである。以下では従属変数（H）は，雇用されている場合の労働時間を示している。説明変数については，介護（C）に加えて，観察可能な世帯および地域特性を示す変数（x）を採用する。Two-part model では，（6.1）・（6.2）式の誤差項は独立であると仮定する[2]。

$$(H_j \mid E_j = 1) = C_j\alpha_H + x_{j'}\beta + \eta_{H,j} \tag{6.2}$$

3.3　就業形態に関するスイッチング回帰モデル

　要介護者の効果をより詳細に分析するために，就業形態の相違を取り入れた計量モデルについて推定を行う。労働時間の決定は正規雇用者と非正規雇用者では大きく異なることが知られている。また，就業においても正規雇用では非正規雇用に比べて賃金などさまざまな違いが見られる。ここでは，就業決定をする際に正規雇用か非正規雇用かの決定を内生的に扱い，労働時間についても両者で異なるモデルを持つものと想定する。

　日本の女性労働を考えた場合，高齢者介護が労働供給に及ぼす影響は，女性が従事している就業状態（正規雇用か非正規か）に依存していると考えるのは自然であろう。

　まず労働時間に関して，正規雇用者と非正規雇用者では，調整に対する柔軟性に差がある。正規雇用者には，勤務時間が所定内労働時間として定められて

---

2)　この仮定を緩めたトービットモデルによる頑健性チェックが元論文の Sugawara and Naka-mura（2014）で行われ，概して似た結果が得られている。なお，詳しくは補論を参照のこと。

いることや，残業時間が発生するという特徴がある。それに対し，非正規雇用者は相対的に労働時間を裁量的に決められることが指摘されている。したがって，家庭内の時間配分を考えた場合，正規と非正規での就業では，異なった対応が行われる可能性が高い。

さらに，正規・非正規間での賃金差が介護に対する反応に異なる影響を生む可能性がある。就労意欲（もしくは賃金）の高い女性労働者は，公的介護制度により介護市場から介護サービスを購入し家庭内での介護負担を減少させることができる。さらに，労働時間を増やすことにより，介護サービスの購入による支出を賄うことも可能となる。

したがって，就業形態や労働時間をも同時決定するようなモデルが必要になる。ここでは労働時間が就業形態に依存して切り替わるスイッチング回帰モデルを採用する。正規雇用で就業の仕事に従事しているときに 1，非正規で就業している場合には 0 をとる就業形態ダミーとして R を定義する。介護関連以外での仕事の種類の選択のための観測可能な説明変数は z とし，労働時間のための説明変数は (6.2) 式と同じく x で表記する。労働力の参加のために，以下の 2 つの式から構成されるモデルを採用する。

$$(R_j \mid E_j = 1) = I[C_j \alpha_E + z_j' \lambda + \eta_{R,j} \geq 0] \tag{6.3}$$

$$\begin{aligned}(H_j \mid E_j = 1) &= C_j \alpha_{H0} + x_j' \beta_0 + \eta_{H0,j} \quad \text{if } R_j = 0 \\ &= C_j \alpha_{H1} + x_j' \beta_1 + \eta_{H1,j} \quad \text{if } R_j = 1\end{aligned} \tag{6.4}$$

なお，スイッチング回帰モデルの厳密な識別性に関しては，R には影響を与えるが R を所与とすると H には影響を与えない操作変数の存在が必要である（Puhani, 2000）。操作変数の選択は以下で議論する。

4 デ ー タ

以下で分析に用いるデータについて説明する。要介護者の有無を含んだ世帯人員の詳細な調査は，必ずしも多くはない。本章では，本書第 **3** 章と同様に，

家計や個人に関する詳細な情報を提供する「国民生活基礎調査」（厚生労働省）を用いて分析を行う。介護保険の導入とその後の普及過程における影響を検討するために，当該調査について3時点（1998年，2004年，および2010年）のデータを用いる。以下では，すべての回答世帯について実施されている世帯票をおもに用いることにする。この研究ではサンプル数が少ないこともあり所得票を使用せず，補足的な分析のためにのみ介護票を利用することにした。

　前節で述べたように，以下では65歳以上の高齢者と同居する息子（実子）とその配偶者を含む世帯に焦点を当てている。また，同居する息子と配偶者が65歳以上の世帯はサンプルより除外した。[3]

　このような属性を持つ世帯を対象とすることでいくつかの問題が生じる。それは，別居している家族の情報が不足しているために生じている。とくに問題となるのは，有料老人ホームや施設利用との関係である。そのような場所に要介護の親を入居させるかどうかの意思決定は，子供夫婦の労働供給の決定とは無関係とはいえない。しかしながら，「国民生活基礎調査」では，施設入所等の高齢者は調査の対象外となっており，施設などを利用している世帯を考察の対象外にして分析を進めるしかない。

　さらに，同居世帯を対象にすることによる内生性バイアスの問題も無視できない。仕事のために要介護の親の介護ができないような子供夫婦が，親と同居している子供夫婦のために介護費用を送金するようなケースである。このようなケースでは，同居するかしないかの意思決定と労働供給の意思決定が相互に関連する。

　従属変数である雇用ダミー（E），労働時間（H）についても，いくつかの注意が必要である。雇用者として就労している場合に，$E=1$ として定義されるが，介護等のために一時的に休業していても定義上「雇用者として仕事をしている」と見なされてしまう。勤務時間（H）は，調査対象月の最終週に働いた時間を用いている。サンプルの中には通常の雇用者の労働時間とは考えられないような長時間労働をしているケースも存在する。ここでは，そのような特異なケースを除外するために週労働時間が65時間を超えるようなケースをサン

---

3) また，65歳以上の高齢者夫婦がともに要介護者であるような世帯はサンプルから除外した。

プルから除くことにした。

　ここでわれわれが注目する説明変数は，同居する高齢者の介護の必要性を示す介護関連ダミー（C）である。介護の必要性を示すために，家庭内に介護に必要な高齢者がいる場合には1とし，いない場合には0として扱う。

　さらに，介護の効果をより詳細に検討するため，以下の4段階に分けた変数を導入する。ただし，これらの分類は，2004年と2010年において調査されているが，1998年には存在しない。

　レベル1：その人がなんらかの障害を有するが，家を1人で離れることができる。

　レベル2：家では自立した生活を送れるが，外出には援助を必要とする。

　レベル3：家の中でも助けを必要とするが，座ることができる。

　レベル4：座ることができず，終日寝ていなければならない。

　介護の必要度を分類する別の定義として，介護保険での認定による要介護度がある。しかし，要介護度は，高齢者が認定を希望した者にのみ割り当てられるため，認定を希望しないが介護が必要な者の情報は得ることができない。さらに，介護保険での要介護度は介護票でしか見ることができないため，分析で用いることのできるサンプルサイズの大幅な減少を引き起こす。世帯票の介護レベルと介護票の介護保険での要介護度を対応してみると，世帯票で示された上記レベル1〜4と介護票での要介護度の間には高い相関があるため，以下では，世帯票のレベル1〜4を介護必要度の指標として用いることにする。

　介護関連変数としては，さらに2つの変数を採用する。1つは，要介護者の性別である。もう1つは，要介護者の配偶者が健康であるかどうかを示すダミー変数である。健康な配偶者が存在すれば，介護や家事などを子供夫婦の妻と分担することが可能となり，彼女の労働供給に影響を与える可能性を持つ。

　介護関連以外の説明変数としては，以下を用いる。(6.1)，(6.2) 両式に共通して用いられる変数は世帯属性と年齢である。世帯属性としては，世帯員数と15歳未満の子供がいるかどうかのダミー変数を用いる。また，個人属性として女性の年齢の対数を変数として導入する。さらに，女性の定年を考慮するために60歳を超えている場合には1となるような定年到達ダミーを変数として導入する。これらの共通に含まれる変数に加えて，(6.1) 式には彼女たちが

直面する労働市場の需給状況を示す調査年の前年の都道府県別有効求人倍率を導入する。(6.2) 式には現職での勤務状況を示す指標として勤続年数を，現職の勤務先の特性を示すものとして企業規模ダミー（従業員数が499人を超える企業は1，それ以下は0）と非営利企業ダミーを導入した。本来なら子供夫婦の妻の労働供給に影響を与える可能性がある夫の所得や家計の資産額などを考慮する必要があるが，そのようなデータは所得票にしか含まれていないため，利用した場合にはサンプルサイズがかなり減少することになる。データの制約により，今回の分析ではそのような変数の影響を除外することにした。

　(6.3) 式と (6.4) 式で示されたスイッチング回帰モデルの説明変数については，まず上記モデルで使用されたものと同じ変数を採用する。(6.3) 式には (6.1) 式で用いた変数を，(6.4) 式には (6.2) 式で用いた変数を使用する。さらに操作変数として，(6.3) 式には高等教育ダミーを含めることにする。この変数は，大学および短期大学の卒業者は1，それ未満の学歴の場合は0とするダミー変数である。教育水準は雇用者の技能水準や就業形態の決定だけでなく企業の採用決定などにおいても重要な要素となる可能性が高い。一方で，正規・非正規という立場を所与とすると，学歴は労働時間にはとくに影響を与えないものと考えるのが自然である。したがって，この説明変数は (6.4) 式には含めない。また，学歴に関する質問は2010年にのみ調査されているので，(6.3)・(6.4) 式の推定は当該年のデータのみについて行う。

　ここで用いた世帯票の回答者数は，1998年，2004年，2010年の各時点で24万7662人，22万948人，22万9785人であった。本研究の対象に該当する世帯を抽出し，異常値を取り除くと，各年のサンプル数はそれぞれ1万5659，1万150，8515世帯となる。そのうちで要介護高齢者を抱える世帯数は，1998年に1175，2004年に1959，2010年に2037となる。表6-3で，推定に用いられる変数の記述統計を示す。

表 6 - 3　記述統計表

変数記号	内容	(1) 1998 年 平均	標準偏差	(2) 2004 年 平均	標準偏差	(3) 2010 年 平均	標準偏差
E	雇用ダミー（雇用=1)	0.609	0.488	0.676	0.468	0.695	0.461
H	労働時間（対数）			24.618	19.345	24.807	19.171
R	就業形態ダミー（正規=1)			0.342	0.474	0.303	0.46
Disabled elder	要介護者有無ダミー（有=1)	0.075	0.263	0.193	0.395	0.239	0.427
Male	性別ダミー（男=1)	0.028	0.165	0.06	0.238	0.064	0.244
Female	性別ダミー（女=1)	0.047	0.212	0.133	0.339	0.175	0.380
level 1	介護必要度ダミー（レベル1=1)			0.062	0.241	0.073	0.261
level 2	介護必要度ダミー（レベル2=1)			0.065	0.247	0.092	0.289
level 3	介護必要度ダミー（レベル3=1)			0.033	0.178	0.039	0.193
level 4	介護必要度ダミー（レベル4=1)			0.033	0.180	0.035	0.184
Spouse of disable elder	健康な配偶者有無ダミー（有=1)	0.027	0.162	0.057	0.232	0.06	0.237
Household	世帯員数	5.155	1.25	5.004	1.271	4.792	1.280
Having children	15歳未満子供有無ダミー（有=1)	0.484	0.500	0.405	0.491	0.347	0.476
Age	年齢（対数）	44.405	7.580	46.496	7.540	48.459	7.790
Age60	定年（60歳）到達ダミー	0.021	0.144	0.033	0.177	0.063	0.243
Ratio of active job offers	都道府県別有効求人倍率	0.908	0.252	0.669	0.16	0.464	0.093
Tenure	現職勤続年数			8.332	10.044	9.926	11.506
Large firm	現職企業規模ダミー（500人以上=1)			0.056	0.229	0.103	0.304
Public sector	現職非営利企業ダミー			0.067	0.249	0.071	0.257
Higher education	学歴ダミー（短大卒以上=1)					0.237	0.425
Sample size		15,659		10,150		8,515	

5　推定結果

5.1　Two-part model による労働供給分析

　以下で推定結果を検討しよう。[4]表 6 - 4 は（6.1）式の，就業状態を説明するためのプロビットモデルの推定結果を限界効果で示したものである。注目すべきは要介護者に関する変数の係数値である。（1）に見られるように，介護の必要な高齢者の存在を示すダミー変数の効果は負であり，これまでの多くの分析と同様，介護の必要性は子供夫婦の妻の就業確率を引き下げる。しかし，介護保険導入前の 1998 年の値と導入後の値では，その負の効果は大きく低下している。このことは，介護保険の導入が要介護者を抱えた女性の労働供給の阻害要因を緩和するような効果を持っていたことを示唆するものであろう。したがって，介護保険導入による「介護の社会化」により，介護サービスの提供において家庭内での調達と介護市場からの調達を選択することが可能となり，労働供給に対する抑制効果が緩和されていったことが考えられる。また，1998，2004，2010 年を比較すると，そのような効果は継続的に生じている。その理由として，介護保険制度の認知度の拡大が背後に存在したことが考えられよう。

　次に，高齢者の男女差による効果を示した（2）について見てみよう。男女ではその限界効果に大きな差があることがわかる。これは，女性が要介護になった場合，子供夫婦（とくに，その妻）の家事負担が増大し，時間制約が強まるためと考えられる。この場合も（1）の結果と同様に，男女ともに介護保険導入前の 1998 年と比べて，介護保険導入後は負の効果は大きく低下している。

　最後に，（3）にあげた，要介護者に健康な配偶者がいる場合の影響を見ておこう。健康な配偶者の存在は，予想されたように労働参画に正の効果を持つ。その値は，介護保険の導入前に比べて導入後は小さくなっている。これは，要介護者ダミーの負の効果が小さくなってきていることと整合的である。

---

4)　より詳細な推定結果について，Sugawara and Nakamura（2014）を参照のこと。

表6-4 Two-part model の推定結果

年	(1) (A) 1998	(1) (B) 2004	(1) (C) 2010	(2) (A) 1998	(2) (B) 2004	(2) (C) 2010	(3) (A) 1998	(3) (B) 2004	(3) (C) 2010
Disabled elder	−0.160*** (0.0155)	−0.104*** (0.0127)	−0.0697*** (0.0126)				−0.223*** (0.019)	−0.148*** (0.0151)	−0.102*** (0.01413)
Male				−0.0854*** (0.0245)	−0.0497** (0.0207)	−0.0149 (0.0213)			
Female				−0.206*** (0.0192)	−0.132*** (0.0153)	−0.0913*** (0.0145)			
Spouse of disable elder							0.152*** (0.0248)	0.124*** (0.0194)	0.112*** (0.0202)
Household	0.0306*** (0.00397)	0.0295*** (0.00456)	0.0338*** (0.00486)	0.0296*** (0.00398)	0.0274*** (0.00460)	0.0323*** (0.00488)	0.0278*** (0.00400)	0.0237*** (0.00467)	0.0285*** (0.00497)
Having children	−0.105*** (0.0115)	−0.0794*** (0.0139)	−0.0733*** (0.0156)	−0.104*** (0.0116)	−0.0759*** (0.0140)	−0.0715*** (0.0156)	−0.102*** (0.0116)	−0.0714*** (0.0140)	−0.0668*** (0.0156)
Age	−0.0290 (0.0285)	−0.0870** (0.0351)	−0.0649* (0.0387)	−0.0213 (0.0286)	−0.0784** (0.0352)	−0.0571 (0.0388)	−0.0206 (0.0286)	−0.0711** (0.0352)	−0.0528 (0.0388)
Age>60	−0.414*** (0.0241)	−0.422*** (0.0273)	−0.294*** (0.0242)	−0.414*** (0.0241)	−0.420*** (0.0274)	−0.291*** (0.0242)	−0.412*** (0.0242)	−0.418*** (0.0275)	−0.290*** (0.0242)
Ratio of job seekers	0.267*** (0.0158)	0.0870*** (0.0293)	0.0457 (0.0541)	0.266*** (0.0158)	0.0874*** (0.0293)	0.046 (0.0541)	0.265*** (0.0158)	0.0844*** (0.0293)	0.0469 (0.0541)
Sample size	15,659	10,150	8515	15,659	10,150	8515	15,659	10,150	8515

(注) *: $p<0.1$, **: $p<0.05$, ***: $p<0.01$。カッコ内の数値は標準誤差を示す。

表6-5　労働時間——(6.2) 式の推定結果

	(1)		(2)		(3)	
年	(A) 2004	(B) 2010	(A) 2004	(B) 2010	(A) 2004	(B) 2010
Disabled elder	-1.057^{***}	-0.810^{***}			-1.670^{***}	-1.289^{***}
	(0.349)	(0.361)			(0.439)	(0.441)
Male			-0.664	-0.252		
			(0.515)	(0.594)		
Female			-1.292^{***}	-1.073^{**}		
			(0.441)	(0.423)		
Spouse of disable elder					1.607^{**}	1.471^{**}
					(0.656)	(0.676)
Household	0.146	0.219	0.13	0.201	0.0828	0.155
	(0.123)	(0.134)	(0.124)	(0.134)	(0.125)	(0.137)
Having children	-1.210^{***}	-1.466^{***}	-1.188^{***}	-1.438^{***}	-1.137^{***}	-1.389^{***}
	(0.351)	(0.401)	(0.352)	(0.401)	(0.353)	(0.403)
Age	-8.460^{***}	-10.94^{***}	-8.386^{***}	-10.83	-8.302^{***}	-10.74^{***}
	(1.105)	(1.224)	(1.109)	(1.225)	(1.107)	(1.227)
Age>60	-2.849^{**}	-1.352	-2.822^{**}	-1.321	-2.759^{**}	-1.276
	(1.388)	(0.917)	(1.388)	(0.918)	(1.388)	(0.915)
Tenure	0.467^{***}	0.434^{***}	0.467^{***}	0.434^{***}	0.467^{***}	0.433
	(0.0129)	(0.0132)	(0.0129)	(0.0132)	(0.0129)	(0.0132)
Large firm	-1.521^{***}	-1.526^{***}	-1.523^{***}	-1.523^{***}	-1.516^{***}	-1.519
	(0.416)	(0.378)	(0.415)	(0.378)	(0.415)	(0.377)
Public Sector	-0.658^{*}	2.491^{***}	-0.657^{*}	2.488^{***}	-0.662^{*}	2.479^{***}
	(0.373)	(0.424)	(0.373)	(0.424)	(0.373)	(0.423)
Constant	63.07^{***}	71.35^{***}	62.86^{***}	70.99^{***}	62.77^{***}	70.88^{***}
	(4.268)	(4.766)	(4.279)	(4.766)	(4.271)	(4.772)
Sample size	6,865	5,916	6,865	5,916	6,865	5,916

(注)　$^{*}: p<0.1$, $^{**}: p<0.05$, $^{***}: p<0.01$。カッコ内の数値は標準誤差を示す。

　表6-5は労働時間に関する (6.2) 式の推定結果を示す。1998年は労働時間が調査されていないため，ここでは介護保険導入後の2004年と2010年についてのみ結果を示している。(6.1) 式と同様に，要介護者に関する変数に着目して見てみよう。すべての推定結果において，要介護者（男女別で見ても）の存在は労働時間に関して負の影響を持っている。つまり要介護者を抱える家計においては，子供夫婦の妻の労働時間が短くなる傾向があることを示している。ただし，(6.1) 式の推定結果と同様に，2004年と2010年では，その負の効果は減少している。(2) のように要介護者の男女別に見ても，その傾向は変わらないが，女性要介護者の場合には負の効果の減少幅は小さく，(6.1) 式で見た

ような要因が労働時間についても見られることがわかる。

　上記の（6.1）式，（6.2）式に関する推定結果においては，介護関連以外の説明変数の係数も，直観的にうなずけるものになっている。家計構成員の人数が就業確率に正の影響を与えることは，家庭内の介護資源が増加すれば，構成員がより就業しやすくなるという自然な結果である。また直感のとおり，子供の世話の必要性は女性の労働供給を有意に下げる。女性の年齢が高くなると，就業確率は下がり，労働時間は減少する。

　以上では，要介護者の有無についてのみ，その影響を検証してきた。しかし，要介護者がいる場合でも，要介護の程度によって影響が異なることが考えられる。とくに，介護保険の導入は要介護度が重いほど「介護の社会化」に伴って，子供夫婦の妻の労働供給に大きな影響を与えることが予想される。以下では，要介護の程度別にダミー変数を用いて，要介護度の大きさによって介護保険の影響が異なるかを見てみよう。ただし，データの制約により，導入前の時期についてはデータを利用することができないため，導入後の2時点（2004年と2010年）での比較しかできない。そのため，介護保険導入の効果というよりは，その普及の影響として見ていくことになる。

　表6-6は，要介護の程度を4つのレベルに分けた要介護別有無ダミーを導入した場合の推定結果を示している。最初にプロビットモデルの結果を見てみよう。多少の相違は見られるが，基本的に予想されるように要介護度が低いほど労働供給に与える負の効果は小さくなる。また，2時点の推定結果を比較すると，レベル3を除いて負の影響は小さくなっている。このことから，先の推定結果と同様に労働供給に対して介護保険が負の影響を緩和するような役割を担っている可能性がある。次に，労働時間について見てみよう。要介護度別に見ると，各レベルでの有意性が低く，必ずしも明瞭な傾向は見られない。また，2時点の比較についても2010年のほうが負の効果は若干低くなっているように見えるが，必ずしも明確ではない。

5.2　労働時間に対する量的評価

　以上では，介護保険について導入や制度変更あるいは普及などによる就業状

表 6-6　要介護別有無ダミーを導入した場合の推定結果

年	(1) プロビット		(2) 労働時間	
	(A) 2004	(B) 2010	(A) 2004	(B) 2010
Household	0.0297***	0.0341***	0.151	0.217
	(0.00456)	(0.00486)	(0.123)	(0.134)
Having children	−0.0795***	−0.0746***	−1.220***	−1.488***
	(0.0139)	(0.0156)	(0.351)	(0.402)
Age	−0.0829**	−0.0625	−8.409***	−10.96***
	(0.0351)	(0.0387)	(1.105)	(1.223)
Age>60	−0.419***	−0.293***	−2.827**	−1.358
	(0.0275)	(0.0242)	(1.393)	(0.917)
Ratio of job seekers	0.0893***	0.0469		
	(0.0293)	(0.0542)		
Tenure			0.468***	0.434***
			(0.0129)	(0.0132)
Large firm			−1.524***	−1.527***
			(0.416)	(0.378)
Public Sector			−0.650*	2.491***
			(0.373)	(0.424)
level1	−0.0507**	−0.0113	−0.342	0.176
	(0.0203)	(0.0198)	(0.546)	(0.563)
level 2	−0.118***	−0.0720***	−1.638***	−1.575***
	(0.0206)	(0.0188)	(0.585)	(0.534)
level 3	−0.115***	−0.151***	−1.503**	−1.362
	(0.0286)	(0.0288)	(0.761)	(0.876)
level 4	−0.177***	−0.109***	−1.037	−0.579
	(0.0283)	(0.0297)	(0.815)	(0.897)
Constant			62.85***	71.42***
			(4.269)	(4.764)
Sample size	10,150	8,515	6,865	5,916

(注)　*：$p<0.1$，**：$p<0.05$，***：$p<0.01$。カッコ内の数値は標準誤差を示す。

態や労働時間に及ぼす効果について個別に検討してきた。ここでは，両者への総合的効果として，介護保険導入によって，どの程度要介護者の存在による負の影響が緩和されたか見てみよう。

　介護保険が要介護者を抱えた女性の労働供給に与える総合的な影響を見るために，就業に与える影響と就業した場合の労働時間に与える影響を合計したものが 2 時点（2004 年と 2010 年）でどのように変化したかで評価してみよう。

　要介護者を抱えた女性 1 人当たりの労働時間の平均的な減少は，以下のよう

表 6-7　要介護者の存在による労働時間への影響

	就業状態を変えない場合の効果	就業状態を変えることによる効果	総合効果
2004 年	−0.618	−10.230	−10.849
	(0.192)	(1.174)	(1.274)
2010 年	−0.514	−6.940	−7.455
	(0.116)	(0.889)	(0.941)

（注）　カッコ内の数値は標準偏差を示す。

に計算される。その導出については，Sugawara and Nakamura（2014）を参照のこと。

$$\hat{\alpha}_H \Phi(\hat{\alpha}_E + w_j{}'\hat{\gamma}) + x_j{}'\hat{\beta}[\Phi(\hat{\alpha}_E + w_j{}'\hat{\gamma}) - \Phi(w_j{}'\hat{\gamma})] \qquad (6.5)$$

この値は，要介護者が存在するときに決定される労働時間から要介護者がいない場合に決定されるであろう労働時間を引いたものであり，要介護者の存在が総合的に労働時間に与える影響を表している。第 1 項は，就業状態を変えない場合に要介護者の存在が労働時間に与えるであろうと期待される影響を表している。第 2 項は，就業状態を変えたことにより期待される効果を表す。

表 6-7 は，この式を用いて算出した結果を整理したものである。数値は，介護が必要な高齢者が存在することによって減少する 1 人当たりの週労働時間の期待値を示している。第 1 項の効果は−0.618〜−0.514 であり，第 2 項の効果−10.230〜−6.940 に比べてかなり小さい。また，2004 年と 2010 年では両効果ともに 2010 年のほうが負の効果は減少している。とくに，労働供給の行動の変化による負の効果は大きく減少している。総合的効果で見ると，2004 年が週 10.849 時間の減少であるのに対し，2010 年は週 7.455 時間の減少にとどまっている。この効果が介護保険の普及に伴う影響だと断定することは難しいが，週に約 3 時間の労働時間の増加のかなりの部分が介護保険導入によるものと評価することは可能であろう。

5.3　スイッチング回帰モデルによる正規・非正規労働の比較

日本では，就業形態（とくに，正規雇用と非正規雇用）の相違によって時間管

理が大きく異なっており，どちらの形態で就業しているかによって要介護の程度が及ぼす影響が大きく異なってくることが考えられる。また，**2.1** 項表 6 − 2 で示したように就業形態によって介護による離職行動が異なっていることが示唆されている。そこで，以下では就業形態の選択が異なる場合，要介護者の存在によって労働時間に与える影響がどの程度違うのか，就業形態を加味したスイッチング回帰モデルを用いて検討してみよう。

　スイッチング回帰モデルの推定結果は表 6 − 8 に整理している。（1）は（6.3）式のプロビットモデルの推定結果を，（2）は正規雇用者と非正規雇用者の労働時間に関する推定結果を示している。データの制約により，この分析は 2010 年度に対してのみ行った。したがって，このモデルからは介護保険導入の労働供給への効果を検証することはできないが，（6.1）式と（6.2）式を用いて検証した介護保険の効果に関する結果を補足する形で結果を評価することになる。

　正規・非正規就業に関する（6.3）式の分析からは，要介護者の有無ダミーの係数値は負で有意であり，要介護者がいる子供夫婦の妻の就業は正規雇用者より非正規雇用者が多くなることが示されている。

　次に労働時間に与える効果について見てみよう。ここで注目すべき点は，介護の必要な高齢者の存在が与える影響が正規雇用者と非正規雇用者では異なるということである。係数値は，非正規雇用者の労働時間には負，正規雇用者の労働時間には正である。（6.1）式の推定結果とこれらの結果は，われわれにいくつかの示唆を与えてくれる。要介護者の存在は，就業自体には負の影響を及ぼすが，介護保険の導入はその影響を緩和させる効果を持つ。さらに，（6.2）式の推定結果で示したように，就業形態を考慮しない場合には労働時間にも同様の影響をもたらしている。しかし，労働時間の決定は就業形態間で異なっていることは周知である。表 6 − 8 の結果は，まさしくその反映といえる。なぜ，このような結果になったのか，その 1 つの解釈は以下のようになる。

　正規雇用者は比較的賃金が高く，また一度離職すると再び正規職に戻ることは困難である。したがって，正規職従事者にとっては要介護者の存在による離職のコストが高く，介護市場から多くの介護サービスを購入しても就業を継続することのほうが合理的である。一方，多くの非正規での就業によって得ることができる賃金水準は相対的に低く，相対的に長い労働時間（短い家庭内介護）

表 6 - 8　スイッチング回帰モデルの推定結果

| | (1)　プロビット | (2)　スイッチング回帰 | |
		(A)　非正規雇用	(B)　正規雇用
Disabled elder	−0.0383**	−1.418***	0.857**
	(0.0161)	(0.512)	(0.386)
Household	0.00161	0.107	0.115
	(0.00623)	(0.184)	(0.136)
Having children	−0.0391**	−1.289**	−0.303
	(0.0187)	(0.589)	(0.430)
Age	0.0211	−6.119***	−1.886
	(0.0531)	(1.638)	(1.246)
Age＞60	−0.238***	−0.152	−0.399
	(0.0307)	(1.557)	(1.630)
Ratio of active job seekers	−0.0396		
	(0.0701)		
Higher education	0.0899***		
	(0.0151)		
Tenure		0.331***	0.0650***
		(0.0208)	(0.0153)
Large firm		−0.743	−0.486
		(0.521)	(0.432)
Public sector		1.704**	1.367***
		(0.852)	(0.426)
Inverse mills ratio		−3.039	5.196**
		(3.380)	(2.224)
Constant		52.61***	52.99***
		(6.738)	(5.190)
Sample size	5,916	3,332	2,584

（注）　*：$p<0.1$, **：$p<0.05$, ***：$p<0.01$。カッコ内の数値は標準誤差を示
す。

と多くの介護サービスを購入という組み合わせよりも，短い労働時間（長い家
庭内介護）と少ない介護サービスの購入という組み合わせを選択するほうが合
理的となる。言い換えれば，介護保険が高齢者介護をアウトソーシングするた
めの多くの選択肢を提供することになり，正規雇用を継続するための選択肢を
提供した，ということである。

　むろん，異なる説明も可能である。たとえば，雇い主は相対的に長時間労働
を厭わない雇用者を好むため，彼女らが要介護者を抱えたとしても労働時間以
外の便宜を図ることにより，そのような雇用者の離職を回避しようとするよう
なケースである。このようなケースでは，介護保険の利用とは関係なく，要介

表6-9　就業形態別の介護サービス利用量

		(1) 2004年			(2) 2010年		
		平均日数	標準偏差	標本数	平均日数	標準偏差	標本数
非正規雇用者	訪問介護	2,152	4.958	322	1,497	4.31	290
	通所介護	3,339	5.343	322	4,776	6.31	290
正規雇用者	訪問介護	1,828	4.421	145	1,959	5.211	121
	通所介護	2,372	4.561	145	5,000	6.177	121

護者を抱えたとしても相対的な長い労働時間で雇用を維持することが考えられる。

　厳密な検証を行うことはできないが，われわれが提示した仮説を確認するために正規雇用者と非正規雇用者で介護保険のサービス利用にどのような違いがあるか見てみよう。表6-9は「国民生活基礎調査」の介護票から要介護者を親に持つ子供夫婦の妻の就業形態別に介護保険で提供される2つのサービス（訪問介護，通所介護）について利用量を整理したものである。それぞれの値は各介護サービスでの月間の平均利用日数を示している。サンプルサイズが小さいため注意が必要であるが，大体の傾向を知ることができる。

　正規雇用と非正規雇用では，両者の利用量や2時点間の変化方向にかなりの違いがあることがわかる。正規雇用では，両者ともにその利用量を増加させている。とくに，通所介護については，2倍以上に増やしている。非正規雇用でも増加させているが，それほど大きな増加ではない。また，訪問介護に関しては逆に減少させている。ここから見えてくるのは，非正規雇用者に比べて，正規雇用者は介護保険の普及とともにその利用を大きく増加させているということである。この表からは，先に示した仮説がもっともらしいことを示唆しているが，より厳密な分析は今後を待つしかない。

6　おわりに

　本章では，介護保険の導入が，要介護者の親を抱える子供夫婦の妻の労働供給行動に与える影響を「国民生活基礎調査」の個票を用いて分析した。実証分

析の結果，介護が労働供給に及ぼす負の影響は依然として存在するが，介護保険の導入はその効果を緩和するように作用していることが確認された。また，その影響は労働時間よりも，就業確率の低下を抑制するという効果のほうが大きいことも確認された。労働時間への影響が相対的に小さい理由として，就業形態による介護保険の労働時間への影響が異なることが示されたが，このことは，たんに非正規雇用者の労働時間の調整が柔軟に行われるということだけでなく，正規雇用者と非正規雇用者の賃金などの処遇格差が影響をもたらしていることも考えられる。また，介護休業制度などは正規労働者の就業継続に影響を与えるものとして捉えることができるが，それ自体の効果というよりは，介護保険の利用をより円滑に達成するための準備期間として考えられる。

　一方で，要介護者の属性（性差，要介護度，健康な配偶者の有無）なども妻の労働供給に大きな影響を与えていることが確認された。就業形態や要介護者の属性などによって労働供給に与える効果が異なるだけでなく，介護保険の効果も異なることが考えられる。ドイツの分析例で示されるように，介護保険で提供される介護サービスの質や量によって労働供給に与える影響は異なることが考えられ，日本でも，よりきめ細かい枠組みを設定することが「介護の社会化」に伴う女性労働力の活用につながるものと考えられよう。

　詳細な情報が不足しているため，この研究では背後にある経済的メカニズムを厳密に考慮することなく，介護保険の一般的な影響を実証的に検証している。より広範な情報を加味したデータセットを用いれば，研究をさらに深めることは可能である。たとえば，この研究では，介護保険などの市場からの介護サービスについて，その購入量を明示したものとはなっていない。介護保険におけるレセプトデータに関する詳細な情報を組み合わせることが可能となれば，より明瞭な結果を引き出すことができる。家計の支出行動なども明示的にモデルに導入することが可能となれば，各年（2004年と2010年）における効果の差異について，より厳密な分析が可能である。より包括的な分析のためには，さまざまなケアサービスのための詳細な消費行動に関する情報が必要である。

　1つの対応策は，日本の高齢化や引退行動を調べたJSTARのような家計パネルデータを使用することである。このようなデータを利用することによって，本章の主要な問題点の1つである家計の収入や資産が説明変数に含まれていな

いことに対応することが可能となる。しかし，現状では JSTAR などはサンプルサイズが小さく，われわれが目標とする分析に使うのにはまだ不十分であり，今後の拡充が期待される。

　ここでは，高齢者と同居する息子夫婦の妻の労働供給に焦点を当てたが，当該世帯の世帯数が減少しており，ここでの分析を今後とも一般化することは難しい。少子化の中で今後さらに要介護者が増加していくことを考えれば，世帯構造の変化を内生的に取り込んだモデルの構築や，パネルデータの開発が急務であろう。

補　論　追加的な分析

　本論では Two-part model による分析を行ったが，ここでは内生性を考慮し
たいくつかの追加分析を行う。まず第 1 に，女性の労働参画に関する（6.1）
式と，労働時間に関する（6.2）式の誤差項について相関構造を入れたモデル
を考える。このモデルは第 2 トービットモデル（Tobit type II）と呼ばれるも
のになる。このモデルの推定には，標準的なヘキット（Heckit）法を用いる。

　第 2 に，女性の正規・非正規雇用を考慮した（6.3）式，（6.4）式からなる
スイッチング回帰モデルに関しても同様の追加分析を行う。ここでは第 1 段階
として，労働参画しない，非正規雇用で就労する，正規雇用で就労する，とい
う 3 つの選択問題を考える。この離散選択問題の推定モデルとしては，労働参
画しないという行動をリファレンスとして，多項ロジットモデルを構築する。
さらに第 2 段階として，非正規・正規就労に対応した労働時間に関する線形回
帰モデルを構築する。こうしたモデルの推定に関しては，Maddala（1983, pp.
275-277）に解説された形でヘキット法を応用することが可能である。

　表 6 - 10 は上記 2 つの追加分析の結果をまとめたものである。第 1 の追加分
析に関して，（1）は第 2 トービットモデルのうち，労働時間に関する推定結果
を示したものである。第 1 段階の労働参画に関するプロビットモデルは（6.1）
式とまったく同じであるため，結果は省略している。第 2 の追加分析に関して，
表 6 - 10 の（2）は雇用形態に関する多項ロジットモデルの推定結果，（3）は
労働時間に関するスイッチング回帰モデルの推定結果を示している。

　介護の必要な高齢者の存在を示すダミー変数の係数について，推定された符
号はすべて Two-part model によるものと等しい。この結果は，既述の結果の
頑健性を裏付けるものとなっている。

　一方で，これらのモデルの識別性には問題がある。まず，第 1 の追加分析に
は，表 6 - 4 の（1C）で示した推定結果にあるように，操作変数である有効求
人倍率が第 1 段階のプロビットで有意な係数を持たないことがある。また，第
2 の追加分析には，雇用形態・労働時間の内生性をコントロールするのに有効

表6-10　就業形態別の介護サービス利用量

| | (1) 第2トービット | | (2) 多項ロジット | | (3) スイッチング回帰 | |
	(A)2004	(B)2010	(A)非正規	(B)正　規	(A)非正規	(B)正　規
Disabled elder	−5.572***	−4.443**	−0.259***	−0.410***	−1.123**	1.014**
	(0.982)	(1.777)	(0.063)	(0.069)	(0.496)	(0.423)
Household	1.394***	1.923**	0.157***	0.169***	−0.0234	−0.0127
members	(0.282)	(0.828)	(0.026)	(0.028)	(0.248)	(0.150)
Having children	−4.522***	−5.105***	−0.282***	−0.444***	−1.025*	−0.129
	(0.762)	(1.792)	(0.080)	(0.0852)	(0.575)	(0.466)
Age	−12.05***	−14.17***	−0.352*	−0.274	−5.847***	−1.586
	(1.290)	(1.957)	(0.209)	(0.222)	(1.699)	(1.250)
Age≥60	−24.85***	−18.30**	−0.863***	−1.990***	1.537	0.0223
	(4.655)	(8.169)	(0.110)	(0.176)	(1.230)	(1.841)
Ratio of job			0.179	0.00517		
active job offers			(0.287)	(0.309)		
Higher education			0.0373	0.408***		
			(0.0653)	(0.0667)		
Tenure	0.468***	0.434***			0.331***	0.0651***
	(0.0136)	(0.0134)			(0.0208)	(0.0153)
Large firm	−1.478***	−1.520***			−0.746	−0.485
	(0.454)	(0.398)			(0.521)	(0.433)
Public sector	−0.612	2.507***			1.689**	1.387***
	(0.431)	(0.476)			(0.853)	(0.427)
Inverse Mills	−29.40***	−35.92**			4.238	4.237**
ratio	(5.998)	(17.22)			(5.558)	(1.957)
Constant	57.72***	60.67***	1.011	0.506	54.00***	52.48***
	(4.26)	(6.915)	(0.827)	(0.883)	(7.726)	(5.163)
Sample size	6,865	5,916	8,515	8,515	3,332	2,584

(注)　(1) 第2トービットモデルの労働時間に関する部分，(2) 就労状況に関する多項ロジット
モデル，(3) 労働時間に関するスイッチング回帰。カッコ内は標準偏差。***，**，*は $p<$
0.01, $p<0.05$, $p<0.1$ にそれぞれ対応。

な操作変数がそもそも見つけられていない。

　これらのモデルをヘキット法で推定する際の識別性に際しては，操作変数に
よるもののほかに，逆ミルズ比が第1段階の説明変数に関する非線形関数になっ
ていることによる正当化もできるため，操作変数の問題が即識別不能性を意
味するわけではない。しかし，Puhani（2000）によってまとめられているとお
り，逆ミルズ比が非線形関数になるのは第1段階の説明変数が極端な値を取る
場合だけであり，一般的な識別性を保証するにはこれだけでは弱いことが知ら
れている。

第 7 章

併設ケアマネージャーによる
需要誘発の検証

1 は じ め に

　本章は，介護保険制度内での居宅系サービスの提供において重要な役割を果たす「ケアマネージャー」のインセンティブに関するものである。日本の介護保険制度下では，他国に類を見ないほどの多彩な居宅系サービスが提供されている。居宅系サービスの利用においては，こうした多くの選択肢の中から，適切なサービスの組み合わせを選択することが必要になる。利用者側が適切なサービス選択を行うことは難しいため，これを代行し，利用者とサービス提供事業者の間をコーディネートする役割を持つものがケアマネージャーである。具体的には，ケアマネージャーは，どのサービスを，どれくらいの量，どの事業者から購入するかを記載した「ケアプラン」を作成する。なお，施設系サービスにおいてもケアマネージャーの役割が存在するが，本章では扱わない。

　医療経済学で似たような役割を果たすものに，「ゲートキーパー」がある。必要があれば専門医に照会（referral）を行う役割を持つ医師のことであり，日本では「かかりつけ医」と訳されることが多い。例としては，アメリカのマネージドケアやイギリスの保険制度にはゲートキーパーが置かれている。ゲートキーパーは専門医に照会する必要のないような軽度の治療を自ら行う。日本のケアマネージャーは照会機能に特化しているという点では異なるが，照会機能に注目することで，既存研究の知見を応用することが可能である。

　介護分野でケアマネージメントの役割を広範に定めているのは，日本独自の

制度である。諸外国では，OECD（2013）にまとめられているように，病院を退院して介護に移行する個人に対してのケアマネージメントは広く普及している。また，介護保険制度を持つドイツにおいては，2008年の制度改正において，直訳すると情報センターと呼ばれる機関が設けられ，ケアマネージャーの役割を担っている（Rothgang（2010），Cambell, Ikegami and Gibson（2010））。

　居宅介護の特性を考えると，こうしたゲートキーパー機能には，いくつか有益な側面があると考えられる。まず，1つの病院が広範な治療を行える医療と異なり，居宅介護は複数の介護サービスを組み合わせて使う必要がある。したがって，利用者が直接サービス提供事業者と交渉しなければいけないケースと比較すると，両者の間に中立なコーディネーターが入ることで，マッチングを効率化しうるものと考えられる。さらに，治癒を目的とする医療と比較すると，高齢化による治療不能な対象を扱う介護では，利用者個人ごとに最適なサービスが異なるという点がある。たとえば，家族介護者がいるケースにおいては，介護者の介護負担による燃え尽き（バーンアウト）を防ぐため，適度な息抜きを与えるようなレスパイトケアと呼ばれる介護サービスが必要になる。このような個人の多様性に対応して最適なサービスの組み合わせを選ぶには，個人の状況を精査できるケアマネージャーの役割が重要になるものと思われる。

　また，ゲートキーパーの存在は，利用者にとってサービス内容およびその提供事業者に関する情報を集める費用を削減させる機能を持つ。この費用削減効果はとくに介護において大きいと考えられる。介護が必要になるきっかけの多くは第1章表1-4で示したように認知症，脳血管疾患（脳卒中）や骨折・転倒などの突発的な原因であり，介護の新規利用者にとって，必要なサービスに関する情報を集めるのに使える期間は短い。その後も介護においては短期間で健康状態が変わり，必要なサービスが変化するため，利用者は必要なサービスについて学習する期間を十分にとることが難しい。そのうえ，日本においては3年ごとに介護保険制度が更新され，さまざまな制度変化が起こる。こうした状況で，ケアマネージャーが情報収集を代理してくれることは，さまざまな意味で費用削減効果を持つものと思われる。

　上記のような利点がある一方で，医療経済分野に一般的に見られる情報の非対称性による問題が，ケアマネージャー制度にもいくつかの困難をもたらす。

以下では 2 種類の問題を取り上げる。まず 1 つは，患者の健康状態を完全に知りうるのは医師のみであるというエクスパート・エージェンシー問題である。もう 1 つは，代理人である医師に対し患者と保険者という 2 種類のプリンシパルがいるというダブル・エージェンシー問題（Blomqvist, 1991）である。ダブル・エージェンシー問題では，医師が完全に患者側についた場合には治療費が社会的な最適レベルと比べて過大なものになる一方で，医師が保険者側についた場合には治療費が過小なものになる。とくに保険者が政府である場合には，過大な医療支出という問題をもたらす。

　こうしたプリンシパル・エージェンシー問題に対する 1 つの解決策は，適切なインセンティブ設計を行うというものである。医療経済学においては，3 種類のインセンティブとして，固定給（Salary）制，定額払い（Capitation）制，従量払い（Fee-for-service）制がよく用いられる。McGuire（2000）にまとめられているように，これらの組み合わせがエージェンシー問題に与える影響は広く議論されている。とくに，従量払い制に関しては，エクスパート・エージェンシー問題のもとで医師が過大な治療を行うという供給者誘発需要（Supplier-induced demand）の問題を起こすものとして知られている。

　日本の介護保険制度において，ケアマネージャーへの支払いは原則的には定額払い，一方でサービス提供事業者への支払いは従量払いとなっている。具体的には，ケアマネージャーはケアプラン 1 件につき，多少の個別加算はあるが，概して内容にかかわらず定額の支払いを受けることになっている。定額払い制度は供給者誘発需要を起こさず，介護支出の過大化を防ぐものである。しかし，現状の介護保険制度では，ケアマネージャーの得られる報酬が，最大でも 1 ヵ月につき 40 万円前後となっている。この報酬額では，ケアマネージメント事業単独で収支を黒字化することは困難である。一方で，ケアマネージメントとサービス提供を同一法人が行うことが制度的に許可されている。したがって，多くのケアマネージャーは，採算性を考慮してサービス提供を同一法人が行うという「併設ケアマネージャー」を選択していると考えられる。

　併設ケアマネージャーの行動としては，法人全体の利潤を最大化するために，自社のサービス提供事業を優先的に照会すると考えるのが自然である。したがって，利用者が併設ケアマネージャーを利用した場合，これは直接サービス提

供事業者と交渉しているのと同様となり，ゲートキーパーのマッチング能力が失われることになる。そして，サービス提供事業者は従量払いで支払いを受けるため，供給者誘発需要が発生する可能性が生じる。

　本章では，こうした併設ケアマネージャーと，サービス提供部門と併設していない独立ケアマネージャーによる介護費用の比較を行う。独立ケアマネージャーは定額払いで支払いを受けるため，供給者誘発需要を発生させることはないものと考えられる。実証研究には，保険者単位に集計した地域パネルデータを用いた分析を行う。具体的には，ケアプラン1件当たり介護費用を目的変数にした回帰分析を行い，地域におけるケアマネージャー密度の係数についての考察を行う。この係数が正であれば，ケアマネージャー間の競争が激しい地域では，ケアマネージャーが利潤を確保するために需要誘発を行っているということの論拠となる。

　この手法は，Fuchs（1978），Cromwell and Mitchell（1986）以降から利用されている古典的なものである。しかし，Dranove and Wehner（1994）以降，こうした地域集計データを使った方法が適切に供給者誘発需要の論拠となりうるかという点は批判を集めている。近年では個票データを用いた研究がGruber and Owings（1996），Sørensen and Grytten（1999），Iversen and Lurås（2000）などで積極的になされているが，本章執筆時点では個票データの利用が難しかった。このため，本章では地域データを扱うが，既存研究で批判されている2点については考慮した。まず1点は，価格の地域差である。本章では，介護保険制度における点数を利用することで，地域差をコントロールした。もう1点として，より高い介護費用を受け入れるような地域にケアマネージャーが集まるという逆因果がもたらす同時性をコントロールするため，操作変数法を用いた。

　実証分析の結果として，ケアマネージャーによる誘発需要の存在が示唆された。とくに，より需要のコントロールが可能であると思われる分野でこの傾向が強く，本章の結果がより直観的に解釈された。また，併設ケアマネージャー，独立ケアマネージャーを比較すると，併設ケアマネージャーによる需要誘発が強く見られることが示唆された。さらに，実証研究の結果を用いた簡便な評価によると，人口千人に対してケアマネージャー数が1人増えると，ケアプラン

1件当たり介護費用が年7368円（自己負担額は約1割）増加することが示された。

2 先行研究

　以下では，介護における先行研究が少ないため，おもに医療経済において取り扱われた文献を紹介する。医療経済学における照会とインセンティブの関係に関する研究は，Scott（2000）のサーベイでは不足しているといわれていたが，近年急激に増加した。契約理論を基礎とした理論研究にはMarinoso and Jelovac（2003），Malcomson（2004），Blomqvist and Léger（2005），Brekke, Nuscheler and Straume（2007）などがある。実証研究として，Croxson, Propper and Perkins（2001）はイギリスの事例で，照会機能を持つかかりつけ医のインセンティブが変更されたことで，彼らの行動が変化したという結果を示した。また，Ho and Pakes（2014）は，アメリカの事例から，インセンティブの違いによって異なる照会先が選ばれることを示した。一方でGrytten and Sørensen（2001）は，固定賃金と従量払いが併存しているというノルウェーの事例を分析し，とくに医師の行動に差がないことを示した。

　併設ケアマネージャーによる需要誘発という話題に関しては，医療経済学で広範に議論されている複数医療サービス部門の垂直的統合（Vertical integration）によるエージェンシー問題の一例として解釈できる。この議論は，たとえばAfendulis and Kessler（2007），Iizuka（2007, 2012）などでなされている。さらに細かくいえば，医療経済における照会元・先の垂直的統合と照会（referral）との関係については，近年多くの研究がなされている。先駆的なものはMitchell and Sass（1995）であり，垂直的統合によって治療量が増加するという供給者誘発需要の存在を示した。また，Nakamura, Capps and Dranove（2007）は，垂直的統合によって，より利益を出しやすい患者が併設先に送られるようになるという選択的照会が発生することを示した。一方で，David, Rawley and Polsky（2013）は，病院と看護施設（Skilled nursing facility）との垂直的統合によって効率化が達成され，健康状態を悪化させることなくコスト

を減少させているという実証分析を提示している。

　また，いくつかの研究は患者の病院選択を分析している。Carlin, Feldman and Dowd（2016）は，パネルデータを用いて照会パターンの分析を行い，垂直的統合が起こると併設先への照会が明確に増加することを示した。Baker, Bundorf and Kessler（2016）は，垂直的統合によって照会数の増える併設先が，より高コスト・低クオリティとなる傾向が高いことを示した。

3　ケアマネージャー制度の概観

3.1　ケアマネージャーの役割

　第 2 章で見たように日本の介護保険制度は市場志向の政策である。そこではドイツの介護保険制度で見られる現金給付はなく，市場で購入された介護サービスのみが保険給付の対象となる。この制度特性から，日本の介護保険制度の施行は，数多くの介護サービスに関する市場創設を促した。

　こうした新しく，複雑な市場において消費者を先導する役割として，介護保険制度は利用者・サービス提供者間のコーディネーターであるケアマネージャーを設置した。ケアマネージャーのおもな役割はケアプランの作成と，そのモニタリングである。ケアプランの作成にあたっては，事前の詳細なアセスメントと，提供者を集めたケアカンファレンスと呼ばれるミーティングを実施する必要がある。またモニタリングには，最低でも月 1 回の利用者訪問を行う必要があり，必要があればケアプランの更新を行うことが業務である。なお，ケアプラン作成にケアマネージャーを通す必要は必ずしもなく，利用者が自ら作成する「セルフケアプラン」も認められている。しかし，形式の煩雑さなどもあってセルフケアプランはまれであり，レセプトデータによって点検したかぎりほとんど見られない。

　本章の調査期間において，ケアマネージャーの勤務先は 3 種類に分かれる。第 1 は，地域包括支援センターに勤務し，介護予防に関するケアプランを作成する場合である。第 2 は，施設における勤務である。そして第 3 が，本章の対

象である「居宅介護支援事業所」に勤務し，居宅系介護サービスのケアプランを作成するものである。施設・居宅介護支援事業所に勤務しているケアマネージャーの数は，厚生労働省「介護サービス施設・事業所調査」によれば，2000年においてそれぞれ1万7176人と2万7542人から，2009年において2万7961人と6万5178人に増加しており，居宅介護支援事業所におけるケアマネージャー数の増加が顕著である。

　居宅系サービスにおいて大きな位置を占めるのが，訪問介護と通所介護であり，本章でもこれらに注目をする。訪問介護は利用者の自宅において介護を行うサービスである。通所介護は利用者を日中施設で預かり，日常生活の支援や機能訓練を行う送迎付きのサービスである。訪問介護は，同時に複数の利用者にサービスを提供することができず，報酬を増加させることの難しい分野である。一方，通所介護は夜間のサービス提供を伴わないため，施設系のサービスと異なってベッドを設置する必要がなく，数多くの利用者に同時にサービスを提供できる分野である。この特性から，通所介護はとくに利潤を出しやすい分野となっている。経営指標に関する情報を集めている厚生労働省「介護事業経営実態調査」によれば，2005年，2008年において訪問介護が収入・費用がほぼ同額なのに対し，通所介護では収入が7%ほど費用より大きい。

3.2　ケアマネージャーのインセンティブ

　本書のほかの章でも示しているように，介護サービス提供事業者への報酬は，要介護度によって単価・上限が異なるものの基本的には従量払いである。一方でケアマネージャーへの支払いは定額払いであり，報酬額はケアプランの内容には基本的によらない（いくつかの加算などもあり，詳細は Sugawara and Nakamura（2016）の Appendix を参照のこと）。報酬額は大まかに，利用者1人につき1万円である，2006年の制度改正以降は，ケアマネージャー1人当たりの利用者数に制約が置かれた。利用者数39人まではこの報酬額が与えられるが，40人を超えると利用者1人当たりの報酬額が減額されるという形である。結果として，ケアマネージャーの報酬は，月40万円に満たないものとなっている。この額は，日本においてケアマネージメントに特化したビジネス運営を行うこ

とを難しいものとしている。一方で，現状の制度では，サービス提供とケアマネージメントを同一法人が行うことが可能である。結果として，多くのケアマネージャーがこうした併設ケアマネージャーとなっている。

2006年の介護保険制度改正では，併設ケアマネージャーを危惧して「集中減算」制度が導入された。これは，ある居宅介護事業所が，あるサービス分野において90%以上を特定の事業所に照会していた場合に，罰則を与えるものである。ここでの90%という基準は，全ケアプランにおける単位数ではなく，事業所を照会した件数に関する指標である，したがって，ごく少ない単位数を併設先以外の事業所に照会するなどして，この罰則を逃れることが可能である。

なお，介護保険制度下での支払いは，医療と同じく点数制となっている。基本的には単位1点が10円であるが，経済状況を加味してこの換算レートには地域差がある。本章では，単位数を額面と扱うことで，こうした地域差を捨象した分析を行う。

4　実証分析の枠組み

4.1　計量経済モデル

計量経済分析は，2002年から2009年の地域レベルでの集計データを用いる。パネルデータを得ているが，分析は時系列方向にプールしたデータによって行う。地域の単位は，介護保険の運営を行う保険者である。保険者は市町村または市町村の連合であり，市町村の連合には広域連合と一部事務組合があるが[1]，介護保険運営上はとくに機能上の差異がないので，その差を考慮しない。より詳細はJacobs（2004）に記述されている。

日本の市町村は，2000年代前半に「平成の大合併」の名のもとに多くの合併を経験した。これにより，市町村の数は2000年11月1日の3229から，

---

1)　広域連合は本来将来的に自治体間の合併等を考慮したものであり，一部事務組合は合併等とは関係なく小規模自治体が共同して運営を行う組織形態である。しかし，実際の運用面においては大きな差異は見られない。

図7-1 ケアマネージャーによる供給者誘発需要

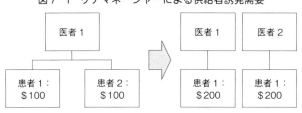

2010年4月1日の1727に減少した。この間の経緯はJacobs（2011）に詳しい。こうした政治的変化によって，われわれの地域パネルデータはクロスセクションごとに時系列方向の長さが異なるアンバランストパネルとなっている。

　分析には線形回帰を用いる。目的変数は，居宅ケアプラン1件当たりの単位数とする。介護保険制度下では介護サービスの価格が固定されているため，この単位数を用いて消費者の需要を計測する。説明変数としては，地域レベルで観測可能な要素を用いる。主たる関心がある説明変数はケアマネージャー密度である。この変数の係数が正である場合，ケアマネージャーによる供給者誘発需要の存在が示唆される。この分析手法は，Fuchs（1978），Cromwell and Mitchell（1986）以降から利用されている古典的なものである。

　この背景にあるストーリーは，売り手間の競争が激化して顧客が減少したとき，売り手は利潤を確保するために各顧客の需要を誘発しようとするものである（図7-1参照）。図7-1では，まず1人の医師が2人の患者からそれぞれ$100ずつを得ているケースを考える。ここで，医者の数が増えて患者数が1人に減少したと仮定する。元と同じ需要（治療費）のもとでは，医師の報酬は$100に減少してしまう。したがって，医師は元の収入を確保するため需要を誘発しようとする。この図では，患者1人当たりの治療費を2倍にすることにより，収入の低下を防ごうとするケースを例示として描いている。

　本章の回帰分析においては，同時性バイアスが発生する可能性がある。これは，より利潤の高い地域はケアマネージャーにとって魅力的であり，ケアマネージャー密度が高くなりやすいという逆因果によって起こるものである。このようなバイアスを除去するため，本章では操作変数法を用いる。操作変数の選択は後述する。

　本章では，パネルデータがあるにもかかわらずプールしたデータを用いる。今回のデータは 8 年間のものであるが，上記市町村合併の影響により，多くの保険者に関して時系列観測数はこれより少なくなる。こうした状況で固定効果を導入するとオーバーフィットしてしまう可能性があり，本章では固定効果を用いない。その代わり，保険者レベルでのクラスター標準誤差を用いることにする。

4.2　デ　ー　タ

(1)　標本の定義

　データ作成には複数の統計資料を用いる。地域パネルデータを作成するにあたり，市町村合併に関しては慎重に扱う必要がある。利用した情報源の 1 つである「国勢調査」は 5 年おきに行われるため，「国勢調査」実施年の間に合併が起こった場合には，合併前の市町村に関する指標を合計したものを合併後の値とした。このため，市町村名が変わらない場合でも構成地域が変われば新しい保険者として，市町村名が変わっても構成地域が変わらなければ同じ保険者として扱った。広域連合・一部事務組合に関しては，構成する市町村に地域的な変化があれば，新しい保険者として扱った。

　なお，2000 年の「国勢調査」では，三宅村は火山噴火に伴う住民避難のため情報が得られていない。したがって，三宅村に関しては次の「国勢調査」が行われた 2005 年まで標本から除外している。また，上九一色村については2006 年に 2 地域に分割のうえで異なる市町村へと合併されたため，「国勢調査」結果の按分を行うことが難しく，合併後の甲府市・富士河口湖町を標本から除外した。

　本章では，保険者を需要誘発が起こる単位として扱った。この仮定の潜在的な弱点として，保険者をまたぐ購買が起こった場合のボーダー・クロッシング問題（Dranove and Wehner, 1994）があげられる。この点に関して，居宅系サービス提供事業者や居宅介護支援事業所は，サービス提供地域を公表することが義務付けられているが，この地域は立地する保険者に限定されるわけではなく，それよりも広域にサービス提供を行うケースも多い。今回はこのサービス提供

地域に関する情報を入手できなかったため，この問題は解決されていない。なお，サービス提供地域に関しては，かつては厚生労働省が管轄し，現在は独立行政法人福祉医療機構が運営している情報サイトである WAM NET に，個別事業所ごとの情報がある。このデータの活用は今後の課題である。

(2) 被説明変数の定義

被説明変数としては，居宅系ケアプラン 1 件当たりの介護サービス単位数を用いる。この変数を定義する際の分子は居宅系サービスの利用単位数，分母は保険者における居宅系ケアプランの数である。分子，分母とも，厚生労働省「介護保険事業状況報告」から入手可能である。一方，「介護保険事業状況報告」は 2000 年に関しては県レベルの情報しかないので，2001 年からのデータを利用する。

分子の単位数は，全居宅系サービス利用単位数から，ケアプラン作成費用にあたる居宅介護支援事業所部門の単位数を差し引いたものとする。本章では，要介護度 3 以上の重度要介護者に限定して分析を行った。理由は，2006 年制度改正によって起こった軽度要介護度の定義変更の影響を避けるためである。また，65 歳以上の高齢者による介護保険利用に限定している。

一方で，居宅系サービスの定義にはさまざまなものが含まれ，3 年ごとの制度改正によって内容も変わる。より一貫した分析を行うため，さらに訪問介護・通所介護部門に特化した分析を行う。これらは，ともに居宅系サービスのうち 30％ 以上のシェアをどの都市でも占める大きな分野である。一方で，第 4 章で示したように，これらのサービスの利用量は，家計構成に大きな影響を受けることが示されている。よって，分析に際しては，人口学的な変数を注意深くコントロールする必要がある。

(3) ケアマネージャー密度の定義と操作変数の選択

主たる関心がある説明変数はケアマネージャー密度である。本章では，この変数を人口千人当たりのケアマネージャー数として定義する。保険者ごとのケアマネージャー数は，「介護サービス施設・事業所調査」個票から集計する形で作成した。ケアマネージャー数は常勤換算によって定義し，パートや兼業の

ケアマネージャーに関しても換算率を用いて集計している。居宅介護支援事業所によっては地域包括支援センターを併設しているケースもあるが，この場合もケアマネージャーに関して居宅介護支援事業所における常勤換算数が定義されており，集計上の問題は発生しない。今回は2009年度分までの調査（個票）を用いた。

　こうした個票データが利用可能であるため，本章ではさらに進んだ分析として，独立ケアマネージャーを分離し，それぞれの密度を説明変数に含める分析を行った。ここで，併設かどうかは，同一住所においてサービス提供とケアマネージメントを行っている場合に，「介護サービス施設・事業所調査」が単一の調査票によってなされることから識別される。したがって，併設があっても異なる住所で行われている場合には，これを識別することはできない。

　なお，併設，独立を考慮する際には，調査票の設計上，居宅系サービスのうち訪問看護と有料老人ホームを考慮から外した。内生性バイアスをコントロールするための操作変数としては，以下の2つを考慮した。1つは1年前のケアマネージャー密度である。今期のケアマネージャー密度をコントロールした場合，1期前の値が介護需要に影響することを正当化する自然な論理はとくにない。一方で，居宅介護支援事業所の立地を変更するには費用がかかるため，1期前と今期のケアマネージャー密度は相関を持つと考えるのが自然である。また，上述した併設，独立などの詳細なケアマネージャー密度の分析に関しては，対応するケアマネージャー密度についてそれぞれ1期前の値を操作変数とした。この操作変数を作成するため，データとしては2001年以降の情報があるが，分析に用いる標本は2002年から始まるものとした。

　2つ目の操作変数は，介護保険を利用していない高齢者の割合である。利用していない高齢者には，健康な高齢者と，自立していないが居宅系介護サービスを利用していない高齢者が含まれる。一方で，後述するように，要介護度別の比率は説明変数として含めることにする。現在の利用者に関する情報を要介護度別比率でコントロールした状態では，現在介護保険を利用していない高齢者の情報が現在の介護保険利用量に影響を与えるという自然な説明はとくにない。一方で，現在利用していない高齢者の割合は，将来の介護保険サービスに関する需要予測上重要な変数であり，ケアマネージャーの立地がこの予測を考

慮して定まると考えるのは自然である。

（4）　その他の説明変数

　ケアマネージャー密度以外の説明変数として，以下のものを導入する。まず
3つの変数を，保険者の市場規模を表すものとして考慮する。第1は地域の人
口密度であり，地域人口は厚生労働省「人口動態調査」，地域面積は国土地理
院「全国都道府県市区町村別面積調」から用いた。ほかの2点は「国勢調査」
から作成した変数であり，高齢者のいる世帯における特定の家族構造の割合を
示すものである。具体的には，単身高齢者世帯比率と高齢者夫婦のみ世帯比率
である。これらの変数は，市場規模を計るとともに，家族構成に関しても情報
を提供する。家族構成は，家族介護の利用への影響を通じ，介護保険サービス
購買に影響を与えるものと予想される。

　さらに，保険者の経済状態を示す変数として，2種類のものを導入する。ま
ずは総務省「市町村税課税状況等の調」から取られた市町村民税に関する情報
である。この税は，固定資産税や住民税，法人税などの情報を含んでいる。
2007年以前に関してはこれらに関する細分化された情報が入手できないため，
合計値を用いる。説明変数としては，この値を保険者人口で割り，1人当たり
額として用いる。この変数に関しては，2乗項も説明変数に含める。

　次に，「国勢調査」から得られる地域の第1次産業従事者比率を説明変数と
して用いる。定年制度の影響で，日本において雇用者であった高齢者のほとん
どは年金以外の収入を持っていない。一方で，自営業者は定年制度の影響を受
けないため，これら2種類の高齢者カテゴリーは異なる経済的な状況に置かれ
ている。日本の自営業者一般に関する市町村レベルの統計は存在しないため，
日本の自営業中最大の分野である第1次産業比率を考慮することでこの問題に
対処する。

　一方で，必要な介護サービスの質・量的な違いをコントロールするため，要
介護度別割合を説明変数に入れる。これらを足すと1になるため，要介護度3
以下の割合を除外し，多重共線性を回避する。

　前項で述べたとおり，地域固定効果を入れることは難しい。一方で，年次に
ついてはダミー変数を入れる。また，保険者が広域連合・一部事務組合である

表 7 - 1 　記

変数名		内　容
Points per care plan	Heavier care	ケアプラン 1 件当たり介護費用（全居宅系介護サービス）
	Home care, heavier	ケアプラン 1 件当たり介護費用（訪問介護サービス）
	Day care, heavier	ケアプラン 1 件当たり介護費用（通所介護サービス）
Heavy care plans		要介護度 3 以上のケアプラン数
Home-based care management offices		保険者における居宅介護支援事業所数平均
Care manager density	All	ケアマネージャー密度
	Independent	ケアマネージャー密度（独立）
	Dependent	ケアマネージャー密度（併設）
	Dependent（home care）	ケアマネージャー密度（併設・訪問介護）
	Dependent（day care）	ケアマネージャー密度（併設・通所介護）
	For-profit	ケアマネージャー密度（営利系）
	Nonprofit	ケアマネージャー密度（非営利系）
Independent variables	Population density	地域の人口密度
	Single elder household ratio	単身高齢者世帯比率
	Elder couple household ratio	高齢者夫婦のみ世帯比率
	Rate of workers in primary industry	地域の第一次産業従事者比率
	Local tax per capita（1000 yen）	市町村民税に関する情報
	CR4 elder ratio	要介護度別割合（要介護度 4 ＝ 1）
	CR5 elder ratio	要介護度別割合（要介護度 5 ＝ 1）
	LTCI non-user ratio	（認定されてない＋認定されているが不使用）／全高齢者（％）
	N	標本数

場合に 1 を取るダミー変数も説明変数に入れる。これらの変数に関してはとくに直観的な解釈を持たないため，以下の実証研究では，説明変数には含めるが結果の考察は省略する。

述統計表

	(1) 全期間（2002～2009年）		(2) 前半（2002～2005年）		(3) 後半（2006～2009年）	
	平　均	標準偏差	平　均	標準偏差	平　均	標準偏差
	16,392.8	(3,812.7)	14,873.6	(3,147.4)	18,171.2	(3,754.1)
	2,560	(1,665.2)	2,877.1	(1,671.4)	2,188.9	(1,579.1)
	3,965.2	(1,820.2)	3,511.1	(1,735.1)	4,496.9	(1,773.2)
	3,672.5	(6,743.8)	2,652.7	(5,326.2)	4,866.3	(7,929.2)
	11.160	(19.33)	8.527	(16.58)	14.250	(21.72)
	0.543	(0.364)	0.482	(0.406)	0.613	(0.292)
	0.163	(0.254)	0.145	(0.297)	0.184	(0.19)
	0.380	(0.294)	0.337	(0.297)	0.429	(0.284)
	0.280	(0.281)	0.257	(0.287)	0.306	(0.271)
	0.240	(0.239)	0.216	(0.224)	0.269	(0.252)
	0.067	(0.122)	0.043	(0.103)	0.094	(0.135)
	0.476	(0.358)	0.439	(0.400)	0.519	(0.297)
	1,004.3	(2,317.6)	953.4	(2,216.5)	1,063.8	(2,429.6)
	18.22	(7.360)	17.27	(7.397)	19.34	(7.156)
	23.80	(6.997)	22.94	(7.208)	24.8	(6.604)
	13.02	(10.88)	13.56	(11.1)	12.39	(10.59)
	118.9	(70.61)	111.0	(60.50)	128.2	(79.87)
	31.05	(6.044)	31.54	(6.484)	30.48	(5.429)
	21.85	(7.678)	24.24	(8.231)	19.04	(5.835)
	91.84	(2.263)	91.18	(2.322)	92.63	(1.918)
	13,056		7,041		6,015	

（5）　記 述 統 計

　表7-1は記述統計を表している。(1)，(2)，(3) 欄はそれぞれ，全期間
(2002～2009年)，前半 (2002～2005年)，後半 (2006～2009年) における標本平均
と標本標準偏差を表している。被説明変数である重度要介護者の居宅系ケアプ

ラン 1 件当たり介護費用に関しては，2006 年以降に大きな増加が見られる。これは，介護保険制度の浸透によるものと解釈できる。また，利用単位数でいえば，訪問介護，通所介護は居宅系サービスの大部分を占めることが見て取れる。

ケアマネージャー密度は，2006 年前後で 0.482 から 0.613 へと増加した。同時に保険者における居宅介護支援事業所数平均も 8.527 から 14.250 へと増加している。これも介護保険制度の浸透によるものとして解釈が可能である。ケアマネージャーのうち，約 3 分の 1 が本章における独立ケアマネージャーと見なされる。なお，医療系も含む居宅介護部門以外の部門との併設をも考慮すれば，当然この割合はさらに減少することに注意が必要である。

説明変数のうち，人口密度は大きなばらつきを持つため，本章では対数変換したものを用いた。

5　推 定 結 果

5.1　基 本 結 果

まず基本的な問いとして，どの介護サービス部門で供給者誘発需要が起こりうるのかを考察することから実証研究を始める。表 7-2 はこの問いに関する結果をまとめたものである。(1)，(2)，(3) 欄はそれぞれ全居宅系介護サービス，訪問介護，通所介護のケアプラン 1 件当たり介護費用を被説明変数とした，操作変数法による推定結果をまとめたものである。(1) 欄においてケアマネージャー密度が正で有意な係数を持つことから，ケアマネージャーによる誘発需要の存在が示唆されている。さらに (2)，(3) 欄を比較すると，訪問介護ではこの係数が有意でなく，通所介護では正で有意かつ (1) 欄よりも値が大きい。したがって，より利潤の大きい通所介護部門において，大きなケアマネージャー誘発需要が発生しているという，直感にも合致する結果が現れている。一方で訪問介護部門は利潤が少なく，かつ同居家族の目にさらされた状況でサービスを提供するという特性から，需要誘発が起こりにくい分野であるといえよう。

表7-2 操作変数法による推定結果

	(1) 全居宅系介護 サービス	(2) 訪問介護	(3) 通所介護
Care manager density	1,357*** (335.1)	−5.396 (152.2)	1,873*** (210.2)
Population density（対数）	562.1*** (53.04)	246.3*** (24.63)	103.3*** (26.29)
Single elder household ratio（%）	26.20** (12.42)	76.63*** (6.277)	−59.68*** (6.322)
Elder couple household ratio（%）	26.50** (13.06)	−10.45* (5.671)	−17.12** (7.062)
Rate of workers in primary industry（%）	26.30*** (8.229)	1.671 (4.029)	4.634 (4.393)
Per-capita local tax（対数）	2,878* (1,502)	1,321 (821.1)	−2,586*** (965.9)
Per-capita local tax（2乗対数）	−268.9* (147.6)	−125.4 (80.19)	311.8*** (95.81)
CR4 elder ratio（%）	−10.69 (12.22)	9.433*** (3.421)	−6.403 (4.771)
CR5 elder ratio（%）	5.738 (8.358)	36.90*** (3.870)	−16.91*** (4.399)
N	13,056	13,056	13,056
First stage coefficients　　Lagged densities	0.429*** (0.0665)	0.469*** (0.067)	
LTCI non-user ratio	−0.0262*** (0.00459)		
F statistics for Joint test	103.76***		
Second stage　　　Hansen's J statistics 　exogeneity test statistics　Dranove-Wehner 　　　　　　　　　　　statistics	0.001	−0.001	1.161

（注）　*：$p<0.1$,　**：$p<0.05$,　***：$p<0.01$。

　その他の説明変数に関しても，概して整合的な推定結果が得られている。人口密度は正で有意な係数を持つ。これは，都市部では人々はよりよい職を持ちうるため，家庭内で要介護者が現れた場合，職を辞めて家族介護を提供するよりも介護保険サービスを利用することで働き続けようとするという行動の帰結と解釈できる。この解釈は，第6章において得られた，非正規職の女性は家族介護を提供する一方で，正規職の女性は介護保険サービスを利用するという結果と整合的である。

　要介護度別比率は，通所介護とその他で異なる結果を示している。通所介護以外では，重度要介護者が多いほど介護費用が増大する。重度要介護者ほど必要な介護量は多いため，この結果は直感的に理解しやすい。一方で，通所介護では逆に，重度要介護者が多いほどケアプラン1件当たり介護費用が減少している。これは，通所介護のおもな機能が家族介護者のレスパイト（休息）であるため，あまり要介護度と通所介護需要には関係がなく，むしろ要介護度が増加するとほかの居宅系介護サービスの需要が増大して通所介護に割かれる費用が減少するものと解釈できる。

　単身高齢者比率は訪問介護に正で，通所介護に負で有意の影響を与えるのは，家族介護者の有無という視点から解釈できる。つまり，家族介護者のいない単身高齢者では訪問介護が主たる居宅系介護サービスとなって需要が増大する一方で，通所介護におけるレスパイト機能は単身高齢者には必要なく，通所介護需要は少ない。

　高齢者夫婦世帯比率は訪問・通所介護ともに負で有意な係数を持つ。こうした世帯では高齢の配偶者1人のみが同居家族であるため，要介護者が本章の分析対象である要介護度3以上になった場合には，家族介護能力の限界を超え，施設介護が主たる介護手段となり，訪問・通所への需要は相対的に減少すると解釈できる。

　第1次産業比率は，(1) 欄で居宅系サービス全体に対しては正で有意な係数を持つことが示されるが，(2)，(3) 欄では有意にならない。この変数が地方の経済状況を示唆すると同時に，家族の同居が多く見られる農業部門の特性を通じて，家族介護者の有無という観点からも複雑な影響を与えていることが原因であると考えられる。

　1人当たり地方税とその2乗項は，通所介護において有意な係数を持つ。得られた2次関数の形状を考えると，この変数は総体として通所介護需要に正の影響を与えている。人口密度の場合と同様，地方の経済状況の影響として解釈が可能である。

5.2　操作変数の有効性

　表7-2では，操作変数の有効性を検証するため，ケアマネージャー密度を従属変数とした第1段階の回帰分析の結果と，操作変数法推定における操作変数の外生性に関する検定の結果を示している。

　操作変数の候補である1期前のケアマネージャー密度と介護保険を利用していない高齢者の割合についての外生性に関しては，ハンセンのJ統計量による過剰識別性検定によって，居宅系サービス全体と通所介護においては10%レベルで有意でないという結果を導き，操作変数の外生性を担保している。

　一方で訪問介護部門においては，この検定によって操作変数の外生性を示すことができなかった。代わりに，ここでは1期前のケアマネージャー密度のみを操作変数として分析を行った。操作変数が1つしかない場合には過剰識別性検定を行うことができないため，代わりに Dranove and Wehner（1994）で示唆され，Grytten and Sørensen（2008）で供給者誘発需要の分析に用いられた検定手法を用いる。この手法による検定統計量は，第2段階の回帰分析の操作変数法と最小2乗法による推定残差の相関である。帰無仮説はこの相関が0であるかというもので，この仮説が棄却されなければ操作変数の外生性が示唆されるというものである。列（2）に記載したとおり，われわれのケースでは10%水準でこの仮説が棄却されないため，操作変数の外生性に対する証拠を与えていることになる。

　表7-2に示した第1段階の回帰分析の結果，操作変数の候補はそれぞれ有意な係数を持ち，また2つの操作変数の候補すべてに関するF検定の結果も有意である。このことから，操作変数がケアマネージャー密度に影響を与えていることが示唆される。なお，第1段階の回帰分析については，ケアマネージャー密度は全居宅系サービス，訪問介護，通所介護で共通の説明変数であるため，各列で共通の結果であることに留意してほしい。

5.3　より詳細な分析による推定結果

　以下では通所介護部門に特化して，より詳細な分析を行う。表7‒3の各列は，通所介護に関して，分析結果を示している。ケアマネージャー密度以外の説明変数に関しては表7‒2と似た結果であるため，ここでは解釈を省力する。操作変数に関しては，すべてのケースで第1段階の回帰係数は有意であり，過剰識別性検定は有意でないため，有効性が保証されている。

　表7‒3の（1）列は，ケママネージャーを以下の3区分にして用いている。

・居宅介護部門から独立

・通所介護部門以外の居宅介護部門と併設

・通所介護部門と併設

以上の区分について，それぞれの密度を説明変数に含めた。ここで，通所介護と併設するケアマネージャーの密度の係数が，独立ケアマネージャー，通所介護部門以外の居宅介護部門との併設ケアマネージャーの密度の係数と比べて大きく，併設ケアマネージャーによる通所介護部門での需要誘発が起こっていることが示唆されている。

　一方で，独立ケアマネージャーと通所介護部門以外の居宅介護部門との併設ケアマネージャーの密度の係数も，値は小さいが正で有意である。この点の解釈としては，ケアマネージャーの不足を原因と見なすことが可能である。つまり，ケアマネージャーが適切なレベルより少ない場合，ケアプラン1件ずつに十分な時間を割くことができず，需要に対して十分に応えられないケアプランが作成されてしまう。一方で，ケアマネージャーが十分に存在する地域では，時間制約から自由なケアマネージャーにより，充実したケアプランが作成される。こうした状況では，ケアマネージャーの数とケアプラン1件ごとの介護費用に正の相関が現れうるが，これは社会的に不適切なものではない。こうした状況は，Sørensen and Grytten（1999）が，ノルウェーの医療分析から供給者誘発需要がないことを示した際に行った解釈と合致する。

　表7‒3の（3）・（4）列は，それぞれ2006年より前，以後にデータを分けた分析結果である。推定されたケアマネージャー密度の係数には，これらの期間

表 7 - 3 より詳細な分析による推定結果

		(1)	(2)	(3) 2005 年以前	(4) 2006 年以降
Care manager density	Independent office	479.3** (242.3)			
	Dependent(not day care)	437.7* (255.7)			
	Dependent (day care)	2,925*** (242.6)			
	For-profit firm		1,276*** (440.2)		
	Nonprofit firm		1,928*** (218.2)		
	General care managers			1,765*** (211.7)	2,025*** (289.1)
Other variables	Population density（対数）	96.67*** (24.44)	113.4*** (27.44)	86.09*** (28.03)	122.0*** (34.97)
	Single elder household ratio (%)	−54.56*** (6.056)	−58.18*** (6.382)	−60.11*** (7.508)	−57.74*** (7.727)
	Elder couple household ratio (%)	−14.53** (6.665)	−17.93** (7.066)	−10.58 (8.221)	−27.60*** (8.827)
	Rate of workers in primary industry (%)	2.362 (4.462)	3.912 (4.420)	5.272 (4.635)	3.669 (5.646)
	Per-capita local tax（対数）	−2,038** (927.6)	−2,492** (968.8)	−3,498*** (1,270)	−1,362 (1,233)
	Per-capita local tax（2 乗対数）	253.9*** (92.41)	301.9*** (96.18)	407.9*** (131.1)	191.2 (118.4)
	CR4 elder ratio (%)	−5.584 (4.149)	−6.230 (4.736)	−0.379 (5.217)	−14.22** (7.237)
	CR5 elder ratio (%)	−17.70*** (4.079)	−16.88*** (4.393)	−10.72** (4.420)	−27.66*** (7.393)
N		13,056	13,056	7,041	6,015
First stage joint F statistics	Independent office	37.12***			
	Dependent(not day care)	63.54***			
	Dependent (day care)	297.28***			
	For-profit firm		109.45***		
	Nonprofit firm		107.05***		
	General care manager density			130.21***	132.09***
Hansen's J statistics		0.035	1.281	0.194	0.977

（注）　*：$p<0.1$，　**：$p<0.05$，　***：$p<0.01$。

で大きな差がない。これは，2006 年の介護保険法改正以前・以後で，ケアマネージャーの行動に大きな違いがないことを示唆している。上述のとおり 2006 年改正は集中減算制度を導入し，併設ケアマネージャーの行動に制約を加えようとしたわけであるが，この制度が効果をあまり持っていないことが示されている。

なお，本来ならこうした政策評価は Difference-in-differences 法によって行われるべきだが，2006 年改正は全保険者を対象にしたため，処置群，対照群にサンプルを分離することができず，本章ではこの方法を断念した。より詳細な分析な将来の課題である。

5.4　ケアマネージャー誘発需要の量的評価

ここでは，表 7-2（1）の結果を用いて，ケアマネージャー誘発需要が介護財政に与えた影響に関して量的な評価を行う。得られた係数から，人口千人当たりケアマネージャー数が 1 増えることの効果は，ケアプラン 1 件ごとに 1357 点である。年平均の誘発需要の量は 3 つの要素の積で表される。つまり地域平均のケアマネージャー数，ケアマネージャー 1 人当たりの誘発需要量，そして，介護保険単位から現金への換算レートである。ここでは，地域レベルの換算レートの差を考えず，最小のレートである 1 点＝10 円を用いて下限を計算する。求める額は 7368（＝0.543×1357×10）となり，推計されたケアプラン 1 件当たりの誘発需要量は年 7368 円，うち自己負担額は，その 1 割である 736 円となる。

得られた誘発需要量は，自己負担額の小ささから，この程度の額ならば利用者からは見逃される可能性が高い。しかし，これを全ケアプラン数と掛け合わせると無視できない額が誘発需要によって発生していることがわかる。2009 年では，居宅系ケアプランの総数は 933 万 3675 件（介護保険状況報告）であった。したがって，1 件当たり誘発需要額と掛けると，約 68 億円が年間の誘発需要量となる。

表 7-3（1）で示したように，この誘発需要の大部分は併設ケアマネージャーが引き起こしていることを考えると，ケアマネージャーの中立性を保証する

ことの重要性が理解される。社会問題としては，現状のケアマネージャー報酬があまりにも少なく，独立ケアマネージャーでいることが実際上難しいということがあり，制度の改正が望まれる。

6 おわりに

　本章は，ケアマネージャーの役割に関する実証研究を行ったものである。元来ケアマネージャーは，介護費用に対して中立的であるはずの定額払いで報酬を受けるはずであった。しかし，現状では，供給者誘発需要を通じて介護費用を増加させる可能性のある従量払いによって報酬を受けているサービス提供事業者との併設を行っているケアマネージャーが多い。地域レベルに集計されたデータを用いた分析によって，われわれはケアマネージャー密度と利用者1人当たり介護需要との間に正の相関があり，ケアマネージャーが供給者誘発需要を起こしている可能性があることを示した。

　本章では，集計データを用いるというデータに関する制約から，実証研究は誘導系推定にとどまった。しかし，全国レベルのデータを用いて発見された課題は社会的な影響も大きく，さらなる研究の進展が望まれるものであった。この点に関して，本章の元論文以後に現れた，個票データを用いてケアマネージャーの誘発需要の存在を示唆した論文として，岸田（2016）がある。また，Iizuka, Noguchi and Sugawara（2017）は，本章執筆時点では利用できなかった全国レセプトデータの個票を用い，ケアマネージャーによる照会についてより詳細な分析を行い，併設ケアマネージャーの問題をさらに追究している。

今後の介護政策に向けて

1　はじめに

　第1章で示したように2000年に介護保険制度が導入されて以来，要介護者と認定された高齢者の人数は，急速に拡大している。これは，たんに介護保険制度が認知・普及していく過程としての現象としてだけでなく，65歳以上（とくに75歳以上の後期高齢者）の高齢者の増加によるところが大きい。[1]

　第1章表1-2で示したように，今後しばらくは高齢者の増加が続き，その後安定状態になると考えられるが，その場合でも後期高齢者の増加はしばらく続くことになり，介護問題は今後も続くことになる。直近の問題としては，団塊の世代が後期高齢者となる2025年以降であろう。少なくともこの時期までには，これら後期高齢者から大量に発生することが予想される要介護者に対して，どのような枠組みを提示することができるかを検討することは喫緊の課題といえる。先に見たように，現在と同じ程度の認定率で要介護者が発生するとすれば，2025年前後には800万人程度の要介護者に直面することが予想される。また，後期高齢者の比率が高くなるため現状と比べて要介護度の高い高齢者の比率が高まることが予想される。

　介護保険制度を導入した現在においても介護に関する財政問題は厳しい状況にある。介護保険の保険料の負担は高齢者にとってすでにかなりの額となって

1）　厚生労働省が発表している生命表では，2000年から2010年までの10年間で65歳での平均余命は男で1.2年，女で1.42年伸びている。

おり，これ以上増やすことには大きな抵抗がある。また，保険制度といっても加入者が賄う部分は全体の半分であり，残りは国や自治体が負担している。政府の試算によると今後とも介護費用は増加していくことが予想されている。日本の介護保険制度のもとでは，支出金額の 50% を国・自治体が支出することになっており，そもそも収支バランスを満たすことを前提としていない。ドイツなどでは，介護保険単体での収支バランスが制度的に維持されており，実際にもほぼ収支が均衡している。²⁾ただし，保険給付の対象者は日本より範囲が狭く，日本の基準で要介護度 3 程度以上を対象にしている。

　以下では，日本の今後の介護政策を考えるうえで，どのような論点があるのか整理するとともに，今後の方向性について整理・検討してみよう。

2　介護政策での論点とは

　介護保険の導入は，急速な高齢化に伴って増加する介護費用に対し，一定の財源的基盤を確保することにつながった。しかし，当初 300 万人程度であった要介護者は現在 600 万人程度までに増加してきており，保険料負担や国・自治体の財政的負担も急増しているなかで，今後さらなる増加が予想されている。このようななかで，保険制度の枠組みをめぐってさまざまな議論が登場している。財政的視点からは，被保険者（保険料支払い者）枠の拡大，利用者の自己負担割合の増加などの収入増に関する議論とともに，保険利用者の範囲を縮小する，在宅介護の拡充，施設介護のウェイト低下などの支出抑制策が議論されている。また，介護の市場化を加速し，より効率的な介護市場を確立するための方策として，介護従事者の不足解消策などが議論されている。

　一方で 2025 年以降の要介護者数についてもさまざまな見解が登場している。最近発表された第 6 期介護事業計画等の集計値（厚生労働省，2017 年 3 月発表，以下では 6 期計画と略す）では 2025 年には要介護者数は 826 万人（65 歳以上人口の 23.1%）と計画されている。³⁾現在，要介護者数は 600 万人程度であるから

---

2)　ドイツの介護保険制度については，齋藤（2013）などで詳述されている。
3)　そのうち，在宅介護は 491 万人である。

200 万人以上の増加が生じることになる。第 1 号被保険者保険料（月額）も，全国平均で見て現在の 4972 円から 8165 円まで上昇することが予想されている。この数字は各保険者（市町村）が行った 6 期計画の数値をもとに算出されたものであり，各自治体の情報を基礎として導かれたものである。この集計値からも，今後 10 年程度で要介護者が急速に増加すること，現状の枠組みでは保険料の大幅な上昇が見込まれていることがわかる。また，在宅介護の比率が相対的に高くなるように計画されているが，これは，今後の在宅介護に重きを置いた介護政策と連動した計画となっており，第 3 章などで示したチャイルドレス高齢者の増加や今後の高齢者の意識変化を考えると，6 期計画に反して施設系の需要は想定以上に伸びることが考えられる。[4)]

　以上の数値は，これまで政府が描いてきたシナリオとはかなりの違いを示している。第 46 回社会保障審議会介護保険部会の資料によれば，2025 年について現状投影シナリオ（A）と改革シナリオ（B）の 2 つのシナリオが提示されている。要介護者数についてはシナリオ（A）では 663 万人，シナリオ（B）では 657 万人と 6 期計画の集計値に比べてかなり少ない。介護サービス別に 2 つのシナリオを見ると，（A）では，在宅介護が 447 万人，（B）では 463 万人となっており，6 期計画とそれほど差がない。2 つのシナリオと 6 期計画の差は基本的に施設系サービスの利用者数の差と見ることができる。2 つのシナリオでは介護施設の利用者は 130 万～160 万人程度であり，6 期計画よりかなり低く想定されている。2 つのシナリオでは，要介護者数の人数が抑えられているだけでなく，抑えられた人数の多くが施設系の入居利用者ということになる。このような相違がありながら，両シナリオともに介護費用は 18 兆～21 兆円と大幅な増加になることが示されている。

　この数値が正しければ，6 期計画で想定されるような要介護者数が実際に出現した場合には，想定より 200 万人程度要介護者が増加することになり，介護費用がさらに 2～3 割増加する可能性があることを示唆しよう。残念なことに 2 つのシナリオについては，詳細な前提が不明なため，どの部分が費用を引き上げているのか詳しく検討することができない。

---

4)　ここでいう施設系とは，厳密な施設だけでなく介護付き有料老人ホームなども含まれる。

　今後の介護問題を考えるうえで，団塊の世代が後期高齢者になる 2025 年以降が直近の越えなければならない山ということになる。その時点でどのような状況になっているかについては多くの予測があるが，必ずしも見解が一致しているわけではない。

　とくに，財政問題では，一定の財源を確保することには成功したが，急速な要介護者数の増加や保険料の上昇は今後保険制度を維持していくうえで多くの課題をもたらしている。これまでの章でも財政問題については触れてきたが，今後の財政問題を考えるうえで必要な事柄を簡単に補論としてまとめておく。補論でも述べているが，今後の要介護者数や介護費用などについては，数は少ないがいくつかの予測例が示されている。しかし，要介護者数 1 つとっても，予測値はかなり分散しており，要介護者数や介護費用の予測については多くの不確実性が存在することが示唆される。今後，より詳細な検討が必要となろう。いずれにしろ，今後の課題を議論する場合には，ある程度の不確実性を見込んだうえでさまざまな状況に対応できるような方策を検討する必要があろう。

3　今後の介護政策を考える際の留意点

　今後の介護問題を考える場合の前提を簡単に整理しておこう。大きく分ければ，以下の 4 点であろう。
　①高齢者のさらなる増加
　②高齢者の中で後期高齢者の増加
　③地域間における高齢者の人口構造変化の相違
　④介護従事者の需要増加
　①と②は今後 10〜30 年間程度で見れば避けられない現実といえる。③については，今後の高齢者の地域間の移動状況によっては必ずしも現実になるかどうかはわからない。しかし，第 1 章表 1 - 7 で示したように国立社会保障・人口問題研究所の地域別人口予測によれば，2025 年時点で都市部と地方では高齢者の年齢構成が現状と大きく異なってくることが予想されている。今後の要介護者の増加は，たんに人数が増えるだけでなく後期高齢者の増加や地域間の

位置付けがこれまでと大きく異なっていく可能性がある。すでに，高齢者比率が高いような地域に比べて高齢者比率の低い都市部では，今後，後期高齢者を中心として増加していくことが見込まれる。

①〜③で示した高齢者の増加が，要介護者の発生率を急速に引き下げられるようなことが起きないかぎり，あるいは，介護現場において生産性の飛躍的な拡大が起きないかぎり，現状と比べて多くの介護従事者を必要としよう。介護従事者については，後述するように現状でも需要超過の状態であり，多くの課題を抱えている。

以上の4点を前提として，今後の介護政策の方向性について以下で簡単に整理してみよう。ただし，介護政策に関する論点は多様でありすべてについて論じることはできないため，以下では，4つの点に絞って今後の方向性について議論することにしよう。

ⅰ）　介護保険制度と財政問題

前節までで述べたように，今後の要介護者の増加を考慮すると拡大する介護費用に，どのように対応するかは財政上きわめて重要な問題となる。ここでは，現状の介護保険制度を前提として，今後，どのような方向性が存在するか検討を行う。

ⅱ）　高齢者の生活の場と介護

第3章では，最初から家族による介護を受けることが期待できないチャイルドレス高齢者などが増加していることを指摘した。また，後期高齢者の増加は家族が存在しても家庭内での介護が難しいような重度の要介護者がさらに増加することが考えられる。このような状況では，彼・彼女らの介護（生活）の場をいかに効率的に確保していくかが課題となる。在宅介護の重点化により施設系サービスの需要は相対的に低下するかもしれないが，予想される重度要介護者数の増加は施設系サービスの需要をますます拡大させるであろう。このような中で施設系サービスの枠組みについて見直す必要性は高い。

ⅲ）　介護従事者の確保・人材育成

要介護者数の増加は必然的に介護従事者の需要を拡大させる。現状だけでなく今後もさらに人手不足が予想される中で，その対策は急務であるといえよう。現状では，たんに介護従事者の人数を増やすという議論が多い。しかし，今後

も現役世代の人数が減っていく中で介護従事者を増加させるということは，かなり難しい課題である。重要なことは需要と供給をできるだけ近づけるということであり，以下では，今まであまり議論されてこなかった必要数（需要）を減少させる方策についても論じることにする。

iv）　ケアマネージャーの役割見直しについて

ケアマネージャーは第7章でも述べたように，多様な介護サービスを提供している日本の介護保険制度の中では重要な役割を担っている。しかし，第7章で示した分析結果は必ずしも現状のケアマネージャー制度が効率的に機能していないことを示唆している。今後の介護保険制度の見直し・拡充のなかで，ケアマネージャーの役割について再考する。

以上4点は必ずしも独立して議論できるものではないが，次節においては，各論点の対応を踏まえながら今後の方向性について簡単な検討を行う。

4　今後の政策の方向性に関する議論

4.1　介護保険制度と財政問題

第2章3.1項において，強制加入の社会保険によって介護保険を運営することに関して，民間介護保険市場の失敗という観点からの正当化を行った。しかし，公的介護保険の運営方法については議論の余地がある。

（1）　現金給付の是非

第2章3.3項で議論したように，現在の介護保険制度は，市場を通して提供されたサービスの費用を給付するという形での，現物給付によって成り立っている。一方でドイツなどいくつかの国においては現金給付も用いられ，現物・現金給付を併用することも可能となっている。

現金給付の利点は，規制によって縛られた現物給付サービス間からの選択とは異なり，より利用者の選好に即した柔軟な選択がなしうるという点にある。介護保険リービスと介護保険外サービスを組み合わせる「混合介護」などは，

現物・現金の混合給付のもとではよりスムーズに提供されるものであろう。た
とえば，在宅1人死を可能にするような「おひとりさま介護」に関しては，上
野（2015）の言葉を借りれば「（現状の現物上限額は）フルに使っても終末期の濃
厚な介護には足りない」ものである。現物給付のみによる介護保険制度下では
供給体制が硬直化している点は否めず，現金給付の導入がより先進的な介護サー
ビスを生む起爆剤となる可能性がある。

　女性による家庭内介護が中心であった介護保険以前の状況を考えれば，介護
保険制度が現物給付のみに制限されてきたことが市場創設や社会的規範の変化
につながり，「介護の社会化」を促進させたという議論は可能であろう。しか
し，介護保険が発足して15年以上がたち，介護の社会化という当初目標がある
程度達成された現在の視点から，改めて現金給付の是非を議論することには
価値があると思われる。

　現金給付の是非を問う際に，社会保障費の増大が財政を圧迫している現状を
考えれば，現金給付を認めた場合に起こる財政的な変化については事前の考察
が必要である。ドイツを参考にし，現金給付額は，現物給付の上限額よりも低
い値に設定されるとしよう。この場合，現金給付額よりも少額の利用にとどま
っている受給者が，現物給付から現金給付に変更することが予想される。した
がって，現金給付額の設定を誤れば，財政に深刻な悪影響を与えかねない。

　本書第5章の個票を用いた検証から明らかになったように，現状での平均
利用料は現物給付上限額の60%ほどであるが，この値は要介護度に比例して
上昇する。第5章図5-2に示したように，要介護度2以下の軽度要介護者に
関しては，上限近くまで利用しているケースはそれほどない。この状況では，
現金給付額を慎重に設定しなければ，財政悪化がもたらされる。

　一方で要介護度3以上の重度要介護者になると，多くが上限近くまで利用し
ている。こうした上限近い利用者の多くは高コストな施設利用者であり，上限
から遠い利用者の多くは居宅系サービスの利用者である。この現状で，現金給
付額を現物給付上限の60%と設定すると，ほとんどの受給者にとっては現物
給付のほうが好ましく，現金給付へと変更する受給者はそれほどいないことが
予想される。ここで現金給付に変更する受給者は，重度要介護者であるにもか
かわらず自宅での介護を受けている者が多いと推測される。本書第6章で示

したように，こうしたケースでは女性非正規雇用者が家族介護者である場合も
多いだろう。この場合の現金給付は，福祉政策的な側面を持った家族介護者へ
の支援策となりうる。

(2) 保険者や財政負担のあり方

　介護保険の保険者や財政負担のあり方も再検討の必要がある。現行の制度で
は，基本的には市町村が保険者となっており，在宅介護の場合は全体の50%
が保険料，12.5% を保険者が拠出するなど，自治体レベルでの保険という側
面が強くなっている。この結果，自治体間で第1号被保険者保険料が2倍前後
となるような大きな格差が生まれ，高齢化・低所得地域の負担が大きくなって
いる。

　とくに介護・医療の関係を見た場合，こうした保険者のあり方に関する問題
が顕在化する。高齢者政策全体としては地域包括ケアシステムとして介護・医
療サービスが一体として提供されることが目指されているが，現実には介護は
市区町村，医療は都道府県と所管者がはっきりと分けられる傾向にある。日本
の公的介護保険は市区町村が保険者の社会保険とされているが，国・都道府県
の税金も投入されており，それぞれの政府の役割が非常に複雑になっている。

　また，介護保険制度の拠出方法を賦課方式にするか積立方式にするか，また
その運用において国・自治体の裁量をどこまで認めるかという点は，保険機能
を考える際に重要である。財政状況などによって給付水準が下げられるといっ
た恐れがあれば，将来のリスクに備えるための保険という機能が損なわれてし
まう。たとえば，介護保険と同様に賦課方式で運用されている公的年金では，
給付水準の低下や給付開始年齢の遅延などの問題が発生し，制度の将来性に対
する不信感が広く広がっている。介護保険制度も，3年ごとの制度改正によっ
てさまざまな変更がなされるため，将来に関する不透明性が否めない。

(3) 介護と医療の関係

　上記保険者に関する文脈で触れた介護・医療の関係は，より広い観点から議
論すべき課題を含んでいる。まず，この2つを完全に切り離すことができない
一方で，現状の制度では管轄が分かれていることに起因する問題が後を絶たな

い。たとえば，病院に介護機能をもたせてしまう「社会的入院」や，介護職に
よる医療行為の提供が認められないことからもたらされる非効率性などがあげ
られる。

　したがって，これら2つの分野に共通するサービスをどのように提供するか
という点は，注目を集めるべき課題である。現状でもいくつかの試みがなされ
ている。たとえば，介護保険の中には，医療系サービスである訪問看護・居宅
療養管理指導があり，医療保険でのサービスである往診と区別されている。こ
うしたサービスを通じて医療従事者が介護従事者と接点を持っていることが，
介護の質についてどのような影響を与えるかは検証されるべき課題である。

　研究レベルでの困難は，データ結合の難しさである。第5章で扱ったよう
に介護レセプトの提供は「統計法」に基づいて行われ，通常の官庁統計と同様
のある程度透明な方法でなされている一方で，医療レセプトに関しては厚生労
働省の管轄のもと，独自の提供体制が取られている。この結果，介護・医療レ
セプトの個票を同時に利用した研究は，地方自治体による特別なデータ提供を
受けた Hashimoto, Horiguchi and Matsuda（2010）のような研究に限られて
いる。国レベルでの介護・医療レセプトの結合と分析，その結果を政策に反映
させるという科学的介護の枠組みを確立させることは，今後急がれる課題であ
る。

4.2　高齢者の生活の場と介護

　要介護高齢者の介護を考える場合，生活と介護の場を切り離して考えること
はできない。今後の要介護者の増加による財政問題の解消策の1つとして在宅
介護の重要性が唱えられているが，本書のこれまでの分析からもわかるように
いくつかの問題が生じる可能性がある。

　1つは高齢者を取り巻く世帯構造の変化である。第3章で示したように，チ
ャイルドレス高齢者の増加によって，家族介護を利用しえない高齢者世帯が増
加している。上野千鶴子らの主張する「おひとりさま」世帯向け在宅介護の充
実がなされれば，このような高齢者の要介護度が重度化した場合の選択肢が増
加する。とくに施設建設コストが高く，一方で居宅系サービスが充実している

都市部では，このような路線の拡充が重要になるだろう。しかし，居宅系サービスへの民間参入がほとんど起こらなかった地域では，こうしたサービスの経営を成り立たせるだけの需要がないものと考えられるため，むしろ施設介護の重要性が今後現れてくるものと思われる。また，都市部においても，第1章表1-7で示したように，今後急速に後期高齢者が増えることを考えると，重度の要介護者向け施設の重要性が増すことが考えられる。実際に，各保険者が作成した6期計画から導いた2025年の姿では，在宅介護以外の要介護者も，かなり大きな数値となることが予想されている。

　施設介護に関して，とくに最期まで居住できる老人ホーム形態のサービスとしては，特別養護老人ホーム（特養）などの介護老人福祉施設と介護付き有料老人ホームが存在する。第4章で述べたように，特養は低料金だが待機期間が長く，有料老人ホームは高料金だが入りやすいという，医療においては国際的によく見られるペイメント・ミックス（Payment mix）の状況が発生している。どちらに入るかは消費者の選択に委ねられており，この状況自体はかならずしも悪いものとはいえないが，第4章で示した有料老人ホームの価格設計については今後改善すべき課題が残されている。つまり，入居金制度下でのリスク・マネージメントの必要性によって，料金が高く設定されている可能性である。このとき，特養待機に関わる本人・家族の負担から有料老人ホームに入居したいと考えている利用者にとって，手の届く料金の有料老人ホームが存在していないとすれば，達成されないトレードによる消費者余剰の減少が起こってしまう。したがって，入居金制度の是正によって，よりアクセスしやすい有料老人ホーム市場を達成することは，ある程度有料老人ホーム市場への参入が起こりうる地域においては，施設介護を拡充する政策となるだろう。

　以上の2つのホームは上述したように入居料金なども異なるが，制度上も別のものとして扱われている。介護付き有料老人ホームと特養では，利用者にとっては，料金以外は実質的にはほとんど差がないものとして扱われている。しかし，第4章3.1項（1）で示したように，両者は高齢者の増加とともに政策的にコインの裏表のような存在として扱われてきた。あるときには両者の区別はあいまいになり，ある時期には制度的に厳密に区分されたものとして扱われてきた。現在のように，入居してしまえば両者に実質的な差異が再びなくなっ

てきたのは介護保険の導入によるものと考えられる。入居施設には運営コストだけでなく初期時点に大きな建設コストが発生する。また，入居者が存在するために簡単に閉鎖することなども難しい。また，ほかの介護事業所などと比べて運営のためのノウハウも必要である。

　さまざまな支援政策が適用される特養に対して，それと競争できるような料金を民間のホームが提示することは現状では難しい。一方で，補助金や免税措置を受けている特養でも，すでに2014年度には27.3％の施設が赤字になっている[5]。これは，特養の持つ「地域性」が大きく影響していると考えられる。地域の福祉という視点を併せ持つ社会福祉法人が運営する特養においては，その地域の要介護者が主要な対象となるが，第1章表1-7で示すように地域間の高齢者人口が比較的短い期間で変動するような事態に対応することは難しいことでもある。地域密着型の小規模特養などの導入は現状ではそれなりに意味のあることであるが，今後の地域での高齢者の変動を考慮した場合にある種のリスクが伴う。実際に，関（2015）によると，2014年度では29人以下の小規模特養で赤字施設が多く，その割合は約4割となっている。

　また，特養における個室の増加策などは民間のホームとの差を縮小する機能を持っている。多床室の場合には「部屋代」は介護保険で支払われるが，個室は入居者が支払うことになっている。特養の個室に入居する場合は，部屋代を支払うという意味では民間のホームと変わらない。このような複雑な枠組みを導入するならば，介護保険で現金給付を認め，特養の個室や民間のホームに入居した場合にも，部屋代の一部を保険の対象として支払えるようにしたほうが合理的であろう。

　一方で，特養が地域の福祉を目指すという趣旨を今後も維持することを希望するならば，都会以外の地域でも特養が存在でき，かつ，現状の支援策を拡充しなくともすむような枠組みを構築すべきである。高齢化のピークが過ぎ人口減少地区などにある特養では，すでに入居率の低下が目立っている。一方で，第1章表1-7にあるように都市部では後期高齢者が急速に増加するが，特養などでの収容人員が限られている地域が存在する。高齢者の生活の場としては

5）　関（2015）による。対象は，福祉医療機構の貸付先特別養護老人ホーム（3130施設）であり，赤字の定義は経常増減差額が0円未満である。

家族のそばが望ましいことは確かではあるが，一方で，第 3 章で示したように チャイルドレス高齢者が増加し，身寄りのない要介護者の生活の場を確保することも急務になっている。後述するように，保険者間で施設介護の地域問題調整（たとえば，保険者間で一定数の入居権の売買などの可能性を検討するなど）を行う必要があるのではないだろうか。

　いずれにしろ，今後の高齢者（とくに後期高齢者）の増加による要介護者の増加だけでなく，家族以外の介護を必要とするチャイルドレス高齢者などの増加は，生活や介護の場を家庭以外に求めざるをえない者の増加を意味している。在宅介護を基本とする方針は今後とも続くと思われるが，介護施設を考える場合，たんに特養だけでなく民間の有料老人ホームやほかの入居施設をどのように組み合わせるかを考えることが喫緊の課題であろう。その場合，組み合わせはたんに地域内だけでなく地域間の連携をも考慮に入れることが重要である。

4.3　介護従事者の人材育成・確保

　介護現場における人材不足がいわれるようになってから久しい。介護職の処遇は 3K 職場と同様に扱われるだけでなく，その処遇条件（とくに賃金）もかなり低い水準におかれている。このような中で，現状の人手不足解消策として賃金をはじめとする処遇改善策が唱えられている。当然のこととして，短期的な人材確保策と長期的なそれとは異なる可能性がある。短期的な視点については，これまでにも JILPT（2009, 2014）などで広範な解決策について論じられている。

　以下では，中・長期的な視野のもとに考えてみよう。とくに，今後問題となる団塊の世代が後期高齢者に突入する 2025 年を 1 つの目安として考えよう。政府や厚生労働省の見通しでは，2025 年には必要な介護従事者数は 240 万人程度としており，現状より 100 万人以上増加させる必要がある。また，とくに問題となるのは，現状での人口構造が今後も続くとすれば，2025 年には各地域の高齢者の状況は現状と大きく異なってくるということである。現在高齢比率の高い地域では人口全体の伸びが低く，今後は高齢者の人口も減少もしくは横ばいで推移する。それとは反対に，現在相対的に高齢者比率の低い都市部に

おいては，2025 年までに大量の後期高齢者を生み出すことになる。

　第 1 章表 1–7 で示したように，今後の要介護者の増加は，たんに人数が増えるだけでなく後期高齢者の増加や地域間の位置付けがこれまでと大きく異なっていく可能性がある。すでに高齢者比率が高いような地域では，高齢者の数は相対的に安定的に推移するが，高齢者比率の低い都市部では，今後，後期高齢者を中心として増加していくことが見込まれる。介護サービスは典型的な対人サービスであり，介護従事者に対する需要は高齢者が多く住む地域において相対的に多くなろう。ただし，このような傾向自体も団塊の世代が過ぎ去った後の時期には安定した推移に戻ることが想定される。今後の人口構造の波動的な変化に対応した介護従事者の人員配置や人材育成はどのようにあるべきなのだろうか。

(1)　これまでの議論

　介護従事者は 2000 年の 55 万人から 2013 年には 177 万人と 3 倍以上に増加している。しかしながら，「介護労働実態調査」（介護労働安定センター）などの調査では，介護従業員の過不足感は最近になるほど拡大している。要介護者の人手不足については，これまでにも多くの分析がなされているが，そこでは賃金等の処遇が低いことが指摘されている。[6] このような状況に対して，現在でもさまざまな人材確保策が考慮されている。たとえば，社会保障審議会福祉部会においては，すでに福祉人材確保専門委員会が置かれ，次のようなことを議論している。主な視点は，以下の 4 点である。

・介護職への参入の促進
・介護福祉士の資格取得制度の見直しや資格取得後のキャリアパスの拡充
・職場環境の整備・改善
・処遇改善

このような視点のもとで，国，都道府県，基礎自治体（保険者）の 3 者が連携しながらもそれぞれの役割を果たすとしている。具体的には，都道府県は介護保険事業支援計画などにおける介護従業員の確保策の策定だけでなく，都道

---

6)　JILPT（2009）が指摘するように，規模の小さい事業所ほど勤務条件は悪くなっている。

府県が地域の実情に即した「介護従事者の確保に関する事業」を作成すること
や，当該事業に関して国が財政支援（国は３分の２を負担）を行うことなどがあ
げられる。

　しかしながら，現在でも，都市部においては介護人材の有効求人倍率はきわ
めて高く，当該分野での人手不足が顕著である。また，現在までに策定されて
いるさまざまな政策は，それなりの効果があるとは思われるが，近い将来急速
に増加すると見られる後期高齢者を中心とした重度要介護者の増加に対応して
いけるかは疑問であり，さらなる政策を考えることが急務であるといえよう。

　先にふれた，審議会などで議論されている事柄以外で進行している対応策と
しておもなものは，以下の２つであろう。

　①事業運営組織の拡大

　②外国人労働者の導入

　①については，特養を運営している社会福祉法人や介護事業を運営する一部
の民間事業者において事業規模の拡大・多角化が見られる。事業運営組織の拡
大は，従業者の採用，介護人員の最適配置，組織内人材育成のコスト低下，昇
進・昇格などのしやすさなどにおいてメリットがあることが事業者側の意見と
してすでにあげられている。小規模の組織では，事業所も少なく従業員も少数
であるため，事業所内や事業所間での異動が難しく，人材育成や昇進・昇格に
おいてさまざまな問題が生じる。また，介護従事者間や要介護者との人間関係
の悪化などに伴う異動措置もとりにくい。規模拡大に伴う事業所の多様な立地
は，従業員の都合による居住地の選択などにも事業所間の異動などによって対
応することが可能となる。このような規模による処遇格差はすでに指摘さてお
り，規模拡大が従業員確保の大きな要因となることが示唆される。

　②については，すでにEPA（経済連携協定）などによりフィリピン，インド
ネシア，ベトナムからの受け入れが行われており，一部の介護事業者では広範
な受け入れが行われている。介護従事者の受け入れは，看護師の受け入れに比
べて条件が緩やかであるが，技能研修・実習制度などの受け入れに比べると相
当に厳しいものになっている。また，後述するように受け入れ後４年以内に介
護士資格を獲得すれば在留資格が取れる点など，受け入れ期間後に帰国するこ
とを前提とした技能研修実習制度とは大きく異なっている。一部の受け入れ例

などを見るかぎり，介護士としての EPA での受け入れはいまだ試行錯誤が続くとは思われるが，比較的円滑に機能していると判断できるであろう。

　一方で，最近，技能研修・実習制度での介護部門の受け入れが決定されたが，EPA の受け入れとは基本的に性格が異なるため，両者を同列に議論することは危険である。介護という職場を考えた場合，原則として数年で送り出し国に戻らなければならないという制約のもとで，彼・彼女らがある程度介護現場で機能するためには，解決が難しい事柄が多々あると考えられる[7]。

(2)　今後の対応策

　以上見てきたように，現状においても介護従事者の確保や人材育成についてはさまざまな政策や仕組みが考えられ，実行されている。しかし，そのような対策だけで今後 100 万人以上の人材を確保できる保証はなく，多様な対策を考慮する必要があろう。以下で，現状の枠組みのもとで，追加的に導入が可能と思われる対策について考えてみよう。

①　現金給付の導入

　現在の介護保険のもとでは現物給付が原則であり，介護事業者だけが介護サービスの提供となっている。したがって，介護事業者に属する雇用者が介護サービスの提供者となっている。しかし，狭義の介護サービスに含まれない日常的サービスを必要としている要介護者も多く，現金給付をすることにより，介護事業者以外からも介護サービスの提供を受けることが可能になる。このことは，よくいわれている「混合介護」の話にも通じている。現金給付に関してはさまざまな議論があるが，少なくとも介護事業者以外の民間事業者に代替可能なサービスが存在する。また，家族での介護に関してもドイツのように手当等を支給できるようにすれば，介護従事者との代替となる。以上のように，現状でのいくつかの部分について家族や民間事業者に代替させることにより介護従事者の必要数を減らすことは可能であろう。

②　介護施設の地域間利用

　今後，後期高齢者の数が増加するとともに，相対的に高い要介護度を持つ高

---

7)　介護現場における外国人労働者については，塚田編著（2010）などによって詳細な調査・分析が行われている。

齢者が増加していくことが想定されている。一方で，団塊の世代が後期高齢者
となった数年後には高齢者の数は地域によって減少していくことが予想される。
要介護度3以上の高齢者の中には，施設介護を望む者も多く存在する。しかし
ながら，地域間によってこのような要介護度の高い高齢者の数は10〜20年単
位で変動することが予想されており，どの段階で収容人員を設定するかは深刻
な問題であろう。実際に，現在高齢化比率の高い地域では，すでに場所によっ
ては特養であっても定員割れしており，入居者をいかに確保するかが経営上の
課題となっている。施設に関しては，計画，建築，運営等に多額の資金が必要
であり，10〜20年程度で償却できるものではない。

　地域間で要介護の高齢者の人数が異なった変化を示すような局面においては，
保険者や都道府県の枠を超えた入居者の確保（調整）を行うことには，さまざ
まな問題もあるが1つの解決策ではなかろうか。家族と離れた遠隔地に要介護
高齢者を入居させることには，家族などの抵抗がある。一番の問題は，時間が
取れない，交通費が高いなどであろう。これらの問題は，介護休暇制度の拡充，
遠隔施設に面会に行く場合の交通費の割引制度などを導入することによって改
善できよう。以上のような提案に対しては多くの批判があるかもしれないが，
今後の家族構造や高齢者の中での人口構成の変化などを考慮すれば，できるだ
け多くの選択肢を効率的に準備するという視点が必要なのではないだろうか。

③　介護従事者の処遇改善

　賃金については，介護従業者全体での改善を考えることは重要であるが，一
方で，小規模事業所における人材確保策を講じることも重要である。人材確保
や育成などにおいて大規模介護事業者のほうが有利なことは，これまでの調査
からも明らかである。しかしながら，今後の介護現場においては小規模事業所
の役割も地域密着型ケアなどを考えた場合に無視することはできない。このよ
うな小規模事業所においても介護従事者を確保するためには，処遇改善策や人
材育成策について，より地域性等を考慮した綿密な枠組みの構築が必要であろ
う。

　すでに，京都府などでは，「きょうと福祉人材育成認証制度」や「きょうと
介護・福祉ジョブネット」などの特定地域での人材確保・育成のための枠組み
を構築・実施している。このような枠組みはいくつかの都道府県で実施されて

いる。これらの有効性を検証し，今後，整備・拡充していくことは有効な策の
1つであろう。

④ 新たな労働力の活用

　介護市場における介護従事者の人手不足解消の対策として，新たな労働力の
活用が考えられる。1つはすでに受け入れを行っているEPAや，技能研修・
実習制度などでの外国人労働力の利用である。いま1つは，家族介護の見直し
である。介護保険制度導入による介護の社会化は家庭内での介護サービス提供
者の負担を減らすことに一定の役割を果たしているが，一方で家庭内介護への
強い希望が介護される側にもする側にもあることは否定できない。現状では，
家族等による介護は無償の労働であり，就業等を犠牲にすることによってしか
成り立たない。

　現金給付は，ドイツのように家庭内介護者に対してさまざまな枠組みを提供
することにより就業者と同様の保障や収入を提供することが可能となり，介護
従事者との代替効果が期待できる。

　以下で，以上の労働力の活用について考察してみよう。

　A　外国人労働者の受け入れ見直し

　介護現場における外国人労働者の導入はすでにEPAによって行われている。
フィリピン，インドネシア，ベトナムの3カ国からすでに累計で2000名前後
が受け入れられている。通常の技能研修・実習制度と異なり，3年間の実務研
修後に介護福祉士の国家試験に合格すれば，在留資格が与えられることになる
（3年間で合格できない場合は1年間の延長措置がある）。技能実習と比べて受け入れ
るための基準が高く，優秀な労働者を集められる可能性が高い。また，将来的
に日本での就業機会が確保されていることにより，短期的な景気の山・谷に影
響されることなく受け入れることができる，などのメリットも存在する。就業
場所が介護現場であるということを考えれば，日本語能力や介護に関する知識
が必要であり，この制度で多くの人材を受け入れることには限界があろう。し
かしながら，すでに100名以上のEPAでの介護従事者を擁した介護事業者も
存在しており，そこでの評価も高く今後導入枠拡大等の検討が必要となろう。

　一方で，技能・実習制度による受け入れが実施されようとしているが，その
導入に関しては多くの問題が考えられる。たとえば日本語能力であり介護現場

での要介護者や日本人従事者とのコミュニケーションに関するものである。

EPA による受け入れに対しては，日本語教育や介護士資格獲得のための教育など，受け入れ事業所において多額のコストがかかることなどで躊躇する事業所が多い。また，本国では看護師資格を保有しており，数年で帰国してしまう者も多い，という受け入れ側の不満も散見される。そのような事業所にとっては，技能・実習制度による受け入れは，歓迎すべきことかもしれない。さまざまな形で外国人労働者を受け入れていくという試みは重要なことではあるが，介護現場では，24 時間体制を必要とするものもあり，どのような形で介護現場に参加するかによっては多くの問題が生じる恐れがある。導入には，さまざまな試行錯誤が必要であろう。

B　家庭内介護者の見直し

第 6 章で，介護保険制度の導入は従来主たる介護者であった子供夫婦の妻の就業行動に影響を与えていることを示した。しかし，介護の社会化の恩恵を受けているのは正規雇用者であり，非正規雇用者については明確な影響を確認することはできなかった。これは，たんに正規雇用者の賃金が高いということだけでなく，ほかの介護支援制度等と組み合わせて利用することにより，介護保険の効率的な利用ができることなども影響していると考えられる。相対的に賃金が低く，企業等からの支援策等をあまり利用できない非正規雇用者にとっては，やむなく家庭内介護を選択している可能性も残される。そうだとすれば，家庭内介護でも，雇用者としての一定の保障や収入が得られるならば，彼女らの選択肢を増加させることになるとともに，必要な介護従事者数の抑制にもつながるであろう。

(3)　今後の対応策の整理

以上で示した対策は大きく 2 つに分かれる。①，②および④の一部は，できるだけ効率的な人材配分を行うことによって介護従事者の必要数を減少させることを目的としているのに対し，③と④の一部は介護人材のさらなる確保策を示したものである。例示としてはこれ以外にも考えられるが，今後 100 万人程度の介護従事者を確保するためには，現在採用されている対策を拡充整備するとともに，ある程度根本的な対応策を考えることも必要である。

　要介護者は今後の人口構成の変化とともに，第1章表1‐2で示したように2030年前後までは後期高齢者の急速な増加に比例して増加するが，その後の20年間ほどは安定して推移する可能性が高い。その場しのぎに介護従事者の数を確保することだけに目を向けると，昔のプログラマー養成策のように，労働生涯の後半でそのスキルが需要の減少に伴って陳腐化してしまうような労働者を生み出すことも十分に考えられる。高度なスキルを持った専門的な介護従事者を育てることは必要なことであるが，20年30年後に必要な介護従事者を想定しながら対策を立てることが必要であり，そのためにはたんに介護従事者の確保策だけでなく，どのような形で介護サービスを提供することが望ましいのか，中・長期的な視点で対策を考えることが重要であろう。

4.4　ケアマネージャー機能の見直し

　ケアマネージャー（介護支援専門員）については，以下のように法律で定められている。

　　定　義
　　　……要介護者又は要支援者……からの相談に応じ，及び要介護者等がその
　　　心身の状況等に応じ適切な居宅サービス，地域密着型サービス，施設サー
　　　ビス，介護予防サービス若しくは地域密着型介護予防サービス又は特定介
　　　護予防・日常生活支援総合事業……を利用できるよう市町村，居宅サービ
　　　ス事業を行う者，地域密着型サービス事業を行う者，介護保険施設，介護
　　　予防サービス事業を行う者，地域密着型介護予防サービス事業を行う者，
　　　特定介護予防・日常生活支援総合事業を行う者等との連絡調整等を行う者
　　　であって，要介護者等が自立した日常生活を営むのに必要な援助に関する
　　　専門的知識及び技術を有するものとして……介護支援専門員証の交付を受
　　　けたものをいう。（介護保険法第7条第5項・抄録）
　この定義から示唆されるようにケアマネージャーの業務は非常に多岐にわたるとともに，介護事業者と利用者の間を調整する中立的な役割を担うことを期待されている。
　ケアマネージャーの存在は日本の介護制度独特のものといわれている。[8]現状

では，要介護度に応じて，原則として要介護度 1 以上には 1 人当たり 1 万円，
要支援には 5000 円が介護保険からケアマネージャーに支払われており，総額
で 5000 億円ほどのコストがかかっている。ただし，第 7 章でも示したように
担当できる要介護者数については上限が定められている。独立して経営するよ
うないわゆる「独立ケアマネージャー」は限られているのが現状であり，多く
のケアマネージャーは介護事業所に所属して勤務している。ケアマネージャー
については，その受験資格は最近になって緩められてきているが，かなりの高
度なノウハウが要請される割には収入が少ない[9]。ケアプランを作成し，その効
果をチェックするという役割を持ちながら介護事業所に所属している，という
二面性は，第 7 章で示したように本来の趣旨とは異なった状況を生み出しや
すい。第 7 章では併設ケアマネージャーの誘発需要による過剰なサービス提
供の存在を示したが，Iizuka, Noguchi and Sugawara（2017）では，さらに併
設ケアマネージャーによって利用者の選別がなされていることが示唆されてい
る。一方で，要介護者に対する質の高いサービスを提供するという意味では，
ケアマネージャーの存在は有意なものといえよう。

　多種類の居宅系サービスを提供する介護保険制度において，ケアマネージャ
ーの存在自体は重要なものである。それだけに，日本が世界に先んじて導入し
たこの制度を，より透明なものにしていく必要があると思われる。第 6 章の
結果からも示唆されるように，ドイツなどと異なりさまざまな介護サービスを
提供していることが，介護の社会化にプラスの効果を持っている可能性がある。
この点からも，多様な介護サービスの中から効率的なケアプランを作成するこ
とや，その後のケアプランの確実な実行，その効果の検証などの役割は重要で
あり，ケアマネージャー機能に期待する部分は大きい。さらに，今後の要介護
者の大幅な増加を考えれば，ケアマネージャーの持つ機能をさらに拡充し，よ
り効率的な介護体制を構築することが重要である。

　また，これまで議論した現金給付の問題点を考える際にもケアマネージャー
の持つ機能を活用する余地がある。ケアマネージャーはそもそもの機能として

---

8)　ドイツにも類似した役割を持つ枠組みは存在する。

9)　介護事業所所属の場合にはほかの介護士の給与に数万円程度の手当が加算されるだけで，ケア
　　マネージャー以外の仕事もこなすことが要求されることが多い。

介護保険制度が効率的に運用できるように，保険者，介護事業者，要介護者の3者間の調整役を期待されている。上述したように，介護保険の給付が現金給付やバウチャーなどでの利用が可能となった場合には，3者間の調整だけでなく利用者が効率的に給付を利用しているか，今よりも厳密なモニター制度を構築することが必要となろう。本来期待される「中立的な役割」を果たすことができるならば，ケアマネージャーの制度をより意味のあるように再構築することが重要である。1つの具体例として，ケアマネージャーの仕事を，各要介護者が使うサービスの種類・量を選択するところまでに限定することも考えられる。事業者選択に関してはケアマネージャーの仕事から外し，空いている事業所にある程度自動的に振り分けるようなシステムを構築すれば，併設ケアマネージャー問題の多くは解決できる可能性がある。ただし，そもそも併設ケアマネージャーが存在する理由はケアプラン報酬の少なさであり，この点をどう補うかなどの議論も必要である。

5 おわりに

　日本においては伝統的に高齢者に対して子供を中心とした家族だけでなく，自治体，町内会，老人会などの地域住民全体で見守っていくというスタイルが望ましい姿であると考えられてきた。しかし，第3章で示したように高齢者を取り巻く家族構造は大きく変容している。また，地域における高齢者を取り巻く環境も大きく異なっており，非都市部においても地域による高齢者を見守るというシステムが機能しにくくなっている。さらに，高度成長期以来の都市部への人口集中は，地域間のさまざまな偏在をもたらした。人口構成なども例外ではない。働き手として都市部に移動した人々の多くが高齢期を迎え，今後都市部での高齢者人口が急速に増加することが予想されている。高齢社会に伴い，若い労働力を確保するために外国人労働者の積極的導入なども議論されているが，中村ほか（2009）でも指摘したように，その受け入れには慎重な配慮が必要である。そもそも，高齢化率が30％を超すであろうと予想される2025年以降においては，日本が外国人労働者にとって魅力的な国として存続

している保証はない。

　急速な要介護者の出現は，これまでと異なり高齢者を取り巻く環境変化を視野に入れたうえで，慎重な対応が必要となろう。そのような状況の中で 2000 年に導入された介護保険制度の果たした役割は大きかった。今後も重要な役割を担うことは間違いないであろう。介護保険の導入により，介護サービスの市場化が進み，要介護者はさまざまな介護サービスを選択的に利用できるようになった。また，介護の社会化に伴って，従来の主たる介護者であった要介護者の家族（とくに子供夫婦の妻）の負担は減少し，就業を促進させるなど高齢社会における労働力の確保にもつながっていく可能性を示唆している。

　また，本来の趣旨からは外れるが，介護保険の導入は，副産物として要介護者の実態をより明瞭に描き出すための情報を提供してくれた。要介護度別の人数などだけでなく，要介護者が望む介護サービスや要介護者が介護の程度によってどの程度費用がかかるのか，などの個別の情報や国全体としての介護費用や財政問題まで，多くの情報を介護保険の運用を通じて入手することが可能になった。これらの情報は，現状における介護問題を抽出するだけでなく，今後の介護政策を考えるうえで重要な役割を果たす。

　本書では，介護保険のデータを用いるだけでなく今後の介護政策に必要な情報をさまざまなデータを用いて多面的に分析・検討を行った。本章では，これらの分析結果を前提として，今後の介護政策を考えるうえでの方向性に関するいくつかの点について整理・検討を行った。これまでにも，介護保険の対象者を限定し費用を抑制する，第 2 号被保険者の対象を拡大し収入を増加させるなど収支に関する議論が多く出されている。しかし，それは介護保険制度の効率的運用を行うことが大前提であることを忘れてはならない。

　今後の介護保険制度を考える場合に，いかに効率的な運用を行えるようにするかは喫緊の課題といえる。一方，上述したように介護問題も含めた高齢者問題は地域問題であるともよくいわれるように，地域の問題を前提として考えることは避けられない。実際に，地域によって高齢者の年齢構成や家族構造が異なっているだけでなく，高齢者を支える行政の能力や地域経済の構造も異なっている。このような相違があるからこそ，介護保険制度を実際に運用する保険者として基礎自治体が考えられている，ともいえよう。しかし，高齢者の増加

に伴い，その運用能力が限界を超している，もしくは近い将来限界を超すような自治体が少なからず存在する。

在宅介護を重視すれば，家庭内で介護を担う女性の負担増加や介護従事者の不足が大きな問題となる。また，認知症などによる要介護者や，より重度な要介護者の増加は，施設介護の重要性を増加させるが，施設の建設コストや維持費用は地域自治体の財政状況を悪化させる。さらに，高齢者内での年齢構成の変化は，その時々で必要とする介護サービスの内容をこれまで以上に急速に変化させる可能性があり，施設系における中・長期的な稼働率の変動を予測することを難しくさせている。

このような状況のもとで1つの有効な策は，できるだけ柔軟な枠組みを構築することであろう。保険者間の連携や保険者の範囲の拡大などは1つの対応策であろう。[10] また，現金給付などの導入は，介護サービスの供給をたんに介護サービス事業者だけに限定するのではなく，介護サービスの購入を幅広い枠組みで調達することを可能にする。さらに，自治体によっては，さまざまな高齢者福祉策が実施されており，介護保険と組み合わせることにより，効率的な介護対策を行うことも可能となろう。現在も混合介護などについては，さまざまな議論がされているが，より広範な形で議論が行われることが望まれる。

現金給付の導入に関しては，不正受給や介護以外に使用されてしまうなどの批判がある。現金給付での支給額次第では必要利用額を超えて受給される可能性がある。たしかに，介護保険導入時には，情報不足などによりそのような批判が当てはまる余地も高かったと考えられる。しかしながら，現在では，介護保険の利用に関して多くの情報が蓄積されているだけでなく，厚生労働省などの主導で「科学的介護」が提唱され，保険データからの情報を解析するツールの開発や，その利用方法などに関する啓蒙活動が行われている。実際に，第5章で見たように介護保険利用者について，その費用構造を厳密に把握することは可能であり，現物給付，現金給付，バウチャーでの給付などを組み合わせた制度設計を効率的に行うことは，従来に比べて容易になっているといえよう。

さらに，介護保険では前節で示したように日本独自のケアマネージャー制度

---

10) 一部の自治体においては，現在すでに一部事務組合や広域連合などの形で行われている。

表 終 - 1　65 歳以上の高齢者で要介護者になる比率

(単位：%)

	65〜69歳	70〜74歳	75〜79歳	80〜84歳	85〜89歳	90〜94歳	95歳〜
男　性	3.02	5.89	11.39	21.39	36.37	56.15	73.60
女　性	2.62	6.36	15.35	31.74	53.14	71.02	87.08
差	−0.40	0.47	3.96	10.35	16.77	14.87	13.48

に対して，自治体，介護事業者，利用者の 3 者の間に立って中立的な業務を行うという機能を持たせている。この機能を拡充・整備することにより，部分的に現金給付を導入した場合でも，起こりうるリスクを事前に回避させるような役割を持たせることが可能ではないだろうか。

　最後に，各章で触れてはきたがとくに強調してこなかったことについて簡単にまとめておこう。それは，介護における女性問題である。介護という視点から見ると，男女で大きな差異がある。家庭内での主たる介護者が女性であるということは，これまでにもいわれてきた。しかし，第 6 章で示した家庭内で母親が要介護者になったときに家族に与える影響や，第 5 章で示した要介護費用の大きな男女差などについては，これまであまり指摘されてこなかった。

　第 1 章で示したように，65 歳以上の高齢者で 5 歳別に要介護者になる比率を男女で比べると，表 終 - 1 のようになる。

　80 歳代以降では，男女で 10 ポイント以上の差がついている。このような差がどのような理由でもたらされるのかは今のところわからない。しかし，第 5 章で示した福岡市のデータを用いた多相生命表からも，要介護度別の平均余命においても男女で大きな差があることが示されている。この結果，要介護になってから最期を迎えるまでの総介護費用は，男性と比べ女性のほうが 2 倍以上大きくなっている。

　以上ことから，ある意味で介護問題は女性問題であるということもできる。女性は介護の主要な担い手である一方，要介護者になる可能性が高く，なった場合には男性と比べて高い費用が発生する。家庭内での介護者としての負担などは介護保険導入により，今後男女差が解消されていく方向に向かうであろう。しかしながら，男女での要介護者発生率などについては，現在のところなぜそのような差異が生じているのか明瞭な回答を得ることは難しい。たんに，生物学的な性差によるというものであれば，政策的対応で解消することは難しい。

しかし，第1章で示したように，要介護者になる主要な理由は疾病であることが確認されている。さかのぼって男女の差が，要介護をもたらす疾病の発症率の差異なのか，それとも，それに伴う死亡率の差異なのか，それとも別の要因なのか，確認することはそれほど難しい作業ではないだろう。

　男女差の理由が確認できれば，それに対応した対策を立てることも可能となろう。現在の要介護者は600万人程度であるが，そのうち女性が480万人である。このような男女差がなぜ発生するのか究明することは，今後の介護費用を減少させることに寄与する可能性が高い。

　以上の例のように，介護保険データ等を利用することにより，要介護者の実態をより正確に把握することができる。正確な実態把握は，介護保険の効率的な運用のために重要な情報を提供することになる。序章で述べたように，介護保険の導入はわれわれに多くの情報を提供してくれる。現在試行的に始まったばかりである科学的介護が十分に機能すれば，このような男女差の原因を突き止めることだけでなく，さまざまな有効な予防策や効率的な介護保険運用のための解決策を提示することが可能となろう。

補　論　介護保険制度と財政

介護保険財政の特徴

　森川・筒井（2011）では，日本の介護保険制度の財政的特徴を国際比較することによって描き出している。結論として，「日本は，……介護費用を一定程度まで確保することに成功したが，施設と在宅の支出やサービス実態を分析した結果からは，必ずしも効率的な運営がなされておらず」さまざまな改善点が残されていることを示している。とくに，全体的にシステムとしての高コスト構造や施設介護と在宅介護のバランスの悪さなどが指摘されている。具体的には，利用範囲の広い在宅介護に対する支出に比べて，相対的に低い利用者割合である施設介護に多くの費用が投入されていることである[11]。

　森川・筒井（2011）の分析は日本の財政面から見た介護政策の特徴を国際比較することにより描き出したものであるが，おもに 2006 年一時点での比較であり，介護保険制度導入後まもない時期のものである。介護保険制度は 2000 年の導入後にも多くの修正を行っている。とくに 2006 年度の法改正はかなり大幅なものであり，介護市場に大きな影響を与えていることが考えられる。以下では，森川・筒井（2011）の国際比較の結果を念頭に置いたうえで日本の介護保険制度導入以降の推移を見ていくことにしよう。

　先にも示したように日本の高齢社会の特徴は，たんに高齢者比率が高いだけでなく高齢化速度も速く，いまだに高齢者比率が急速に増加していることである。2006 年には高齢者比率が 20.8% であったのに対し，2014 年には 26% となっている。このような急速な変化に対して介護費用はどうなっているのだろうか。仮に，要介護者 1 人当たりの介護費用を維持するとすれば，要介護者発生率が低下しないかぎり社会保障費用に占める介護費用の割合は急速に増加し

---

11)　要介護度 3 以上に対象を絞って計算すると，在宅と施設との関係はほぼドイツと同じになる。森川・筒井（2011）の結果は，日本では要介護度の低い層まで対象にしているためと考えられる。

ていくことが考えられる。とくに平均余命の上昇は後期高齢者のウェイトを拡大し重度の要介護者の比率を増加させることが考えられ，さらに介護費用を押し上げることが予想される。

　第1章表1-8で，介護保険支出額とそれがGDPに占める割合を2000年から示している。割合で見ると，介護保険導入時には0.7%であったものが2013年には1.8%まで拡大している。ただし，支出額の増加は2006年までは減少傾向を示すが，その後また上昇することになる。2006年の落ち込みは同年に施行された介護保険制度の変更による影響であろう。しかし，2006年の改定による効果は一時的であり，2007年以降は改定前よりは伸び率は低く安定しているものの着実に増加している。改定前の期間は介護保険導入直後の時期であり，要介護者数の伸びが大きいこと，また，コストにおける施設介護サービスの比率が高いため，介護費用総額の毎年の伸びが大きかったことが考えられる。改定後は，第4章表4-3で示したように要介護者数の伸びが落ち着いてきたこと，施設介護サービスの伸びが抑えられ比率が下がったことなどが，伸び率を安定させた要因となっていることが考えられる。

　森川・筒井（2011）では，2006年現在における日本の特徴として，介護施設利用者が相対的に少ない割に，そのコストは大きいことを示したが，2007年以降急速に介護施設利用サービスの費用が低下していることは興味深い。しかし，第4章で示したように介護施設利用者の割合も急速に低下しており，国際的に見て介護施設利用者の割合が少ないという特徴は，むしろ顕著になってきているともいえよう。この間の要介護者の人数や要介護度別の比率は，すでに第1章表1-5や第4章表4-3で示した。介護保険導入時の2001年には65歳以上の要介護認定者の比率は男性で8.3%，女性で14.3%であったものが，2014年には13%と22%に増加している。とくに女性は約8ポイントと大きく上昇している。結果的に直近の2015年には女性の要介護者が男性の2倍を超えるまでになっている。また，2007年以降の要介護度3以上の全要介護者に対する比率は42〜43%と安定している。要介護度3以上とは特別養護施設への入所基準でもあり，これら要介護者を在宅介護することには家族等の大きな負担が伴うことが考えられる。

　2006年の介護保険改定以後の動向を見ると，森川・筒井（2011）で指摘さ

れた施設介護と在宅介護のバランスについて財政面からの改善は見られるものの，利用面から見れば，むしろバランスが悪くなっている可能性が示唆される。

　現行の介護保険制度のもとでは，財源の構成はすでに説明したとおり保険料で50%（第1号被保険者保険料21%，第2号被保険者保険料29%），公費で50%（調整交付金5%，国家負担20%，都道府県12.5%，市町村12.5%）となっている。カッコ内の数字については人口比率や調整交付金の交付状況などによって微調整が行われるが，保険料と公費で折半することには変わりがない。厚生労働省老健局「公的介護保険制度の現状と今後の役割」（平成25年）では，介護保険財政について2013年度予算ベースでの金額を示している。収入は8.7兆円であり，先の配分基準に基づいて額が決められている。ここで，最も高額な部分は第2号被保険者保険料で2.5兆円であり，次に高齢者自身の保険料である第1号被保険者保険料の1.8兆円となっている。支出は，在宅サービス，地域密着型サービス，施設サービスの合計として収入と同額の8.7兆円である。これに利用者負担の0.7兆円を足し合わせた9.4兆円が総費用となる。

　保険料については，第2号被保険者については，介護保険給付費の29%に相当する金額を人数で割って1人当たり保険料を算出しており，全国で同額である。[12] 一方，第1号被保険者保険料については，保険者（市町村）ごとに介護保険給付費の21%に相当する額を決定するため，地域内の65歳以上人口や介護保険下でのサービス基盤の整備状況や利用見込みに応じて保険者が設定するため，自治体によって金額が異なり，3年ごとに保険料の見直しが行われる。

　実際には第1号被保険者と第2号被保険者の負担率は65歳以上の高齢者と40〜64歳層の人口比で案分することになっており，表 終-2のように3年ごとに調整されている。

　65歳以上の高齢者が増えたことに対応して，高齢者の負担割合が増えてきている。また，第1号被保険者保険料が保険者単位で決められるため，地域による差が大きい。ちなみに，各保険者の第1号被保険者介護保険料基準額の高額と低額のそれぞれの地域と額（2012〜2014年度月額）は表 終-3のようになっている。

---

12) 実際には，そこで決められた1人当たり負担料に各保険組合の第2号被保険者人数を掛けたものを各組合の概算介護給付金として徴収している。

表 終 - 2　第 1 号被保険者と第 2 号被保険者の負担率

	第 1 号被保険者負担率	第 2 号被保険者負担率
2000 年 4 月〜	17%	33%
2003 年 4 月〜	18%	32%
2006 年 4 月〜	19%	31%
2009 年 4 月〜	20%	30%
2012 年 4 月〜	21%	29%

表 終 - 3　第 1 号被保険者介護保険料基準額の高額と低額
　　　　　の地域

	高　　額		低　　額	
	市町村名	基準額	市町村名	基準額
1 位	福岡県田川市	6589 円	千葉県四街道市	3200 円
2 位	新潟市上越市	6525 円	埼玉県志木市	3299 円
3 位	福岡県嘉麻市	6500 円	北海道登別市	3500 円

　以上の地域別保険料からわかることは，最も高額な地域と低額な地域では倍以上の差が生じているということである。第 1 号被保険者保険料は高齢者の人口比率や介護サービスの提供量などに依存して決められるため，高齢者の相対的に多い地域が高くなる傾向がある。一方，北海道のような人口密度が小さい地域は介護サービスの提供や利用が難しいため，逆に低額となるような現象も見られる。いずれにしろ，高齢化の進む地域においては第 1 号被保険者と第 2 号被保険者の比率の見直しなどもあり，保険料のさらなる増加が懸念され，利用者の支払能力が今後大きな制約となっていくことが考えられる。全国平均で見ても，3 年ごとの改定額は 2911 円（1 期），3293 円（2 期），4090 円（3 期），4160 円（4 期），4972 円（5 期）と大幅な上昇を示している。

　先に示したように，第 2 号被保険者負担率は徐々に低下しているが，この年齢層自体人口が低下しており，第 1 号被保険者と第 2 号被保険者で介護費用の50% を負担するという枠組みがいつまで維持できるかはきわめて疑問である。

　厚生労働省の試算（「公的介護保険制度の現状と今後の役割」老健局総務課，平成25 年）によると，2025 年には介護費用総額は 18 兆〜21 兆円になり，介護保険料（第 1 号被保険者基準額）は現在の 4972 円が 8165〜8200 円になると予想している。今後，地域による 65 歳人口の偏在化がますます加速するとすれば，基

準値からの乖離が拡大し，最も高額な保険料は1万円を超すことが想定される。はたしてこのような保険料を払い続けることが可能なのだろうか。確かに政府が想定するようなシナリオが現実に起こるとすれば，介護費用は18兆〜21兆円程度かかることになるかもしれない。また，6期計画で示されたように政府のシナリオを大幅に超えた要介護者が出現すれば，介護費用はさらに増加することになる。しかしながら，政府のシナリオについては前提となる数値について正確な情報が得られないため，シナリオの現実妥当性について評価することは難しい。そこで，以下では利用可能な資料より2025年の介護費用について簡単な試算をしてみよう。

介護費用の簡単な計算例

　以下では，現行の介護保険制度の大枠が維持され，かつ，2025年の人口構造をもとに，男女別，年齢別における65歳以上において，現行の要介護者発生率が生じ，かつ，要介護度別に各種介護サービスの利用割合が現行と同じ，という簡単な仮定のもとで2025年の介護総費用を算出してみよう。

　用いたデータ，およびデータの作成は以下のとおりである。

　　人口構成：社会保障人口問題研究所2025年中位推計値（男女別・年齢別）

　　要介護者数：各要介護度別の2013年の発生率を用いる。

　　各介護サービスの1人当たり費用額：居宅，地域密着，施設別および性別，
　　　　　　　　年齢別，要介護度別の1人当たり給付費を，2011年度の「認定
　　　　　　　　者・受給者の状況」（国民健康保険中央会）より作成し，その値を
　　　　　　　　用いる。

　以上で示した2011〜2015年の実績を前提として2025年の人口推計による介護費用（給付費）の試算値を見ると，男性で4.2兆円，女性で9.5兆円となり，総額13.7兆円となる。これに，利用者負担の10%を加えて15兆円程度となる。この数字は，厚労省老健局「公的介護保険制度の現状と今後の課題」（2013年）や「社会保障に係る費用の将来推計について」（2014年）の推計値（約18兆円と21兆円）に比べてかなり低い数値となっている。

　ここで用いた要介護者数は，2025年時点で900万人を超えており，先に示

したように政府の試算で用いられた要介護者数より 300 万人程度，6 期計画の予想に比べても 150 万人ほど多くなっている。それにもかかわらず政府試算よりかなり低い額になっているが，この理由については政府試算の前提が不明なため詳しくはわからない[13]。ただ，政府試算では要介護者数が 600 万人台前半と現在（2015 年度）の人数とそれほど変わらないのに費用は倍以上になっていることには疑問が残る。

　同様な分析を行っている酒井・佐藤・中澤（2016）では，介護総費用の主要な構成要素を，介護保険の被保険者人数，認定率，利用率，利用者 1 人当たりの介護費用の 4 つに分解して，将来推計を行う場合の留意点を指摘している。被保険者人数以外の構成要素については，今後の介護保険の普及・浸透などによって上昇する可能性を指摘している。また，介護費用の予測値については，対 GDP 比でしか示されていないので詳細なことはわからないが，2025 年には対 GDP 比で 3% を超えている。

　今後の要介護者数や介護費用などについては，数は少ないがいくつかの予測例が示されている。しかし，要介護者数 1 つとっても，予測値はかなり分散しており，要介護者数や介護費用の予測については多くの不確実性が存在することが示唆される。今後，より詳細な分析が必要となろう。いずれにしろ，今後の課題を議論する場合には，ある程度の不確実性を見込んだうえでさまざまな状況に対応できるような方策を検討する必要があろう。

---

13)　本節では，求められた要介護度別，提供される介護サービス別に 1 人当たり平均費用額を算出し，全体の介護費用を算出している。また，施設介護等の利用比率についても現状（2017 年時点）の実績値を用いている。

おわりに

　介護問題が取り上げられてから久しい。しかし，介護問題といっても，介護の何が問題なのか的確に答えられる人は多くはないであろう。マスコミ等で取り上げられてきた介護にまつわる悲惨な事件・事故も本質的な原因について触れられていない。

　内閣府による『平成 28 年版高齢社会白書』では，2014 年には全世帯のうち 47% で 65 歳以上の高齢者がいることを示している。半数近い世帯に高齢者が住んでおり，第 1 章で示したようにその人たちが要介護者になる確率は低くない。そうであるにもかかわらず家庭内での要介護者の実態は必ずしも明確に把握されていたわけではない。筆者たちの自治体等の介護担当者に対するヒアリングからは，介護保険が導入された直後には家庭内で要介護状態になっている高齢者に要介護認定を受けさせるように説得することが主要な仕事の 1 つであった，という話がかなり高い頻度でなされていた。

　本書では，要介護者の実態をできるだけ正確に把握するために，介護保険データだけでなく，関連するさまざまなデータを用いて分析を行った。現在，介護保険での要介護者は約 600 万人であるが，そのうち 480 万人は女性である。また，家庭内でおもに介護を担うのは女性である。このように，介護問題の多くは女性が関連している。介護の社会化という掛け声のもとで，家庭内介護の負担軽減化は保険制度の導入とともに徐々に効果をあげてきているが，多くの女性が含まれる要介護者についてはいまだにその実態が不明瞭であった。

　本書では，たんに高齢女性の要介護認定率が男性に比べて高いだけでなく，多相生命表からいったん要介護になった後の平均余命においても大きな男女差があることを確認している。その結果，1 人当たりの介護費用だけでなく生涯介護費用においても大きな男女差が発生する可能性を示した。

　また，現在の介護保険では現物給付で介護サービスの提供が行われている。現金給付に対しては，これまでにも多くの批判がなされているが，その 1 つに給付の不正受給が取り上げられることが多い。しかしながら，第 5 章で示し

たように現物給付においても要介護度をコントロールしても所得階層によって給付額（量）が異なり，減免措置などを受けることが可能な低所得層ほど多くの給付を受けていることが示された。さらに，第7章の結果はケアプランを作成・管理するケアマネージャー制度においても問題があることを示唆している。現物給付のもとでは，提供するサービスをあらかじめ介護保険制度の枠組みの中に規定する必要がある。このような状況のもとで多様なサービスを提供しようとすれば，当然のこととして必要とする介護従事者の人数も増えることになる。政策当局は，いかに介護人材を確保するか懸命になっている。しかし，終章で示したように，現金給付などの導入により，必要とする介護人材を減らすことも可能であろう。より，多面的な方策を検討することが今後の課題である。

　多様な介護サービスの提供は，本書の中でも触れたように，ドイツなどと比べて多くのメリットをもたらす。しかし，今後の要介護者の増加を考慮すれば，要介護者やその家族が多様なサービスの提供を受けながらも，財政的負担を減少させる工夫が必要である。また，今後は要介護者が増加するだけでなく，その地域ごとの認定者数や要介護度の構成比なども大きく変化していくことが予想される。一方で，今後10年以上先のことを考えると，医療・介護技術の進歩や産業技術等の発展による住宅・交通事情の変化などは，急速に介護を取り巻く環境を変化させる可能性もある。東京にある自治体（保険者）が，コストを抑えるためなどの理由で他地域に介護施設を建設することが批判されているというニュースを耳にする。家族から離れた過疎地に介護施設を建てることに，姥捨て山を連想しての批判であろう。確かに，家族や知人などが頻繁に見舞うことを難しくするだけでなく，入所者にも隔離されたような意識が出てくるかもしれない。

　では，今後どのように対処したらよいのだろうか。施設建設のための費用は高額であるだけでなく，作った施設を運営するためには現在でも介護人材が不足しており，そのために受け入れ人員を制限しているところもある。個別の自治体だけで，多額の建設費や運営費を賄うには多くの困難がすでに生じている。

　一方で，多くの介護施設を見学すると，施設ごとにかなりの差があることがわかる。すぐにわかることは，入居フロアごとに鍵がかけられている施設とそ

うでない施設があることである。認知症などの要介護者は、徘徊などにより無断で施設外に出ていってしまう危険があり、鍵をかけるという予防措置が取られることが多い。一方で、施錠することなく施設内外での見守りや工夫によって、かなりオープンになっている施設があることは驚きでもある。また、具体的な差異だけでなく、雰囲気の違いも多く見られた。それは、要介護者の方々の笑顔の差ともいえる。

「望ましい介護」とは何であろうか。要介護者に長生きしてもらうことであろうか。それとも、要介護になっても、できるだけ自分のしたいことができるような環境を準備することであろうか。以下は、ある施設の責任者の方が語った言葉である。

「良い介護とは、長生きしてもらうことではなく、要介護者が楽しく過ごせる時間を多く提供することである」

われわれ経済学者は、この言葉にコメントすることはできない。しかし、考えさせられる言葉である。

介護は医療・看護と異なり、治癒という結果を期待することが難しい。しかし、医療と同様に、どのような介護サービスの組み合わせが、個々の要介護者にとって望ましいものか、（何をもって「望ましい」とするかは要介護者個人や家族の希望によって異なるであろうが）工夫することはできる。そのためには、医療と同様に、要介護者の実態や提供される介護サービスと要介護状態との関係などを、できるだけ客観的（科学的）に把握することが必要である。そうすることにより、上述した批判などにも合理的な回答を提示することができるのではないだろうか。

本書を執筆するに際してわれわれが最も留意したことは、日本の要介護者の実態がきわめて不透明な状況であり、正確な実態把握が今後の介護制度を議論するための前提条件である、ということである。要介護度別・年齢別・性別の多相生命表は、これまで作成することが難しかった。本書で示した生命表は、要介護者の実態を把握するうえで貴重な情報を提示している。また、介護レセプトデータによる費用構造の把握も、多くの情報をもたらしている。このような情報の提示は、今後の介護政策を検討するうえで貴重なものとなろう。

また、介護を取り巻く環境変化の中でも大きな変化の1つは高齢者が属する

家族構造の変化である。過去の構造的な変化は，結婚の有無にかかわらずチャイルドレス高齢者の増加をもたらしており，家庭内での介護を難しくしている。それは，構造的な変化に基づくものであり，今後とも続く可能性が高い。居宅介護などの重要性が唱えられているが，筆者たちもこれを否定するつもりはない。しかしながら，日本の家族構造に関するこれまでの認識は必ずしも厳密な分析に基づいたものはなく，誤った認識が不効率な政策を導き出すことも考えられる。また，現状の介護保険制度の効果に関する分析は，今後の政策的方向性に関する議論において重要な意味を持つであろう。介護の方法や介護を取り巻く環境について，できるだけ科学的・客観的に把握し分析することが，今後の効率的な介護政策を進めるためには無視することができない作業であると考える。

　本書では，以上のような考え方のもとに，現状の介護のあり方について，分析・整理したものである。終章で示した議論は，われわれが知りえた情報の範囲内で，今後の方向性について議論したものであり，十分なものでないことは承知している。確認できること，確認しなければならないことは多く残されている。しかし，判断は読者等に委ねられるが，本書によって今後の介護問題の研究や政策的議論に対して，なにがしかの貢献ができることを期待している。

　本書は，実質的には現在の介護保険制度に対する政策評価を行ったものともいえる。財政赤字の拡大に伴い，政策評価の重要性が唱えられてきた。実際にも，多くの政策に関してさまざまな議論・検討が行われている。しかし，その中で厳密な実証分析に依拠した議論がどのくらいあったであろうか。実証的な評価が難しい分野は当然のこととして存在する。介護政策などもその1つであろう。しかし，努力と工夫により一定の実証分析を行うことはどの分野においても不可能ではない。そのような努力と工夫があってこそ学問的進歩だけでなく，意味のある政策評価につながると筆者たちは考えている。

　本書においても，これまでほとんど使われてこなかったデータを用いた試行錯誤的分析や，国だけでなく自治体等によるデータをも利用した分析を試みた。それでも，本書において十分な分析が行われたとは考えていない。必ずしも明確な結論が得られなかったため本書に記載しなかった分析もある。しかし，介護政策の見直しが強く求められている現在，厳密な実証分析に基づいた政策評

価や議論が必要であり，その一助となることを期待し本書を出版することを考えた次第である。

　本書の出版によって，介護政策を評価・議論する際になんらかの貢献を果たすことができるとすれば，筆者たちにとっては望外の幸せである。

参 考 文 献

池上直己（2017）『日本の医療と介護——歴史と構造，そして改革の方向性』日本経済新聞出版社。

稲垣誠一（2013）「高齢者の同居家族の変容と貧困率の将来見通し——結婚・離婚行動変化の影響評価」『季刊・社会保障研究』48（4），396-409。

岩本康志・小原美紀・齊藤誠（2001）「世帯構成員の長期療養に起因する経済厚生の損失について——要介護者とねたきりの経済的コスト」岩本康志編著『社会福祉と家族の経済学』東洋経済新報社，所収。

岩本康志・鈴木亘・両角良子・湯田道生（2016）『健康政策の経済分析——レセプトデータによる評価と提言』東京大学出版会。

岩本康志・福井唯嗣（2001）「同居選択における所得の影響」『日本経済研究』（42），21-43。

上野千鶴子（2007）『おひとりさまの老後』法研。

上野千鶴子（2015）『おひとりさまの最期』朝日新聞出版。

岡崎陽一（1999）『人口統計学（増補改訂版）』古今書院。

介護保険制度史研究会編（2016）『介護保険制度史——基本構想から法施行まで』社会保険研究所。

加藤久和（2001）『人口経済学入門』日本評論社。

菅万里・梶谷真也（2014）「公的介護保険は家族介護者の介護時間を減少させたのか？——社会生活基本調査匿名データを用いた検証」『経済研究』65（41），345-361。

岸田研作（2016）「在宅介護サービスにおける誘発需要仮説の検証」『医療経済研究』27（2），117-133。

岸田研作・谷垣靜子（2007）「在宅サービス 何が足りないのか？——家族介護者の介護負担感の分析」『医療経済研究』19（1），21-34。

栗盛須雅子・福田吉治・星旦二・大田仁史（2010）「介護保険制度改正に伴う要介護度別の効用値の測定，および都道府県の加重障害保有割合（WDP）と障害調整健康余命（DALE）の算出」『保健医療科学』59（2），152-158。

齋藤香里（2013）「ドイツの介護者支援」『海外社会保障研究』184，16-29。

酒井才介・佐藤潤一・中澤正彦（2016）「介護総費用の長期推計」加藤久和・財務省財務総合政策研究所編『超高齢社会の介護制度——持続可能な制度構築と地域づくり』中央経済社，所収。

清水谷諭・稲倉典子（2006）「公的介護保険制度の運用と保険者財政――市町村レベル
　　データによる検証」『会計検査研究』34，83–95。

清水谷諭・野口晴子（2004）『介護・保育サービス市場の経済分析――ミクロデータに
　　よる実態解明と政策提言』東洋経済新報社。

週刊朝日 MOOK（2011）『高齢者ホーム 2011――入居金と認知症ケアがわかる！』朝
　　日新聞出版。

白波瀬佐和子（2009）『日本の不平等を考える――少子高齢社会の国際比較』東京大学
　　出版会。

神野直彦（2002）『地域再生の経済学――豊かさを問い直す』中央公論新社。

鈴木亘（2016）「介護保険施行 15 年の経験と展望――福祉回帰か，市場原理の徹底か」
　　RIETI, Policy Discussion Paper Series 16-P-014。

須田俊孝（2006）「ドイツの家族政策の動向――第二次シュレーダー政権と大連立政権
　　の家族政策」『海外社会保障研究』1551，31–44。

須藤康夫（2006a）「有料老人ホームビジネスの歴史と今後の展望　前編」『あいおい基
　　礎研 REVIEW』11，82–94。

須藤康夫（2006b）「有料老人ホームビジネスの歴史と今後の展望　中編」『あいおい基
　　礎研 REVIEW』21，52–71。

関悠希（2015）『平成 26 年度特別養護老人ホームの経営状況について』独立行政法人福
　　祉医療機構。

全国有料老人ホーム協会（2014）『平成 25 年度有料老人ホーム・サービス付き高齢者向
　　け住宅に関する実態調査研究事業報告書』公益社団法人全国有料老人ホーム協会。

全国老人福祉施設協議会（2013）『特別養護老人ホームに入所する軽度要介護者に関す
　　る状況調査報告書』公益社団法人全国老人福祉施設協議会。

田近栄治・菊池潤（2011）「死亡前 12 か月の高齢者の医療と介護――利用の実態と医療
　　から介護への代替の可能性」『季刊社会保障研究』47（3），304–319。

橘木俊詔・浦川邦夫（2007）「日本の貧困と労働に関する実証分析」『日本労働研究雑
　　誌』563，4–19。

田中周二・松山直樹（2004）「統計学とアクチュアリーの現代的課題（〈ミニ特集〉統計
　　学と保険：現代の課題）」『日本統計学会誌』シリーズ J，34（1），41–55。

塚田典子編著（2010）『介護現場の外国人労働者――日本のケア現場はどう変わるのか』
　　明石書店。

筒井孝子（2004）『高齢社会のケアサイエンス――老いと介護のセイフティネット』中
　　央法規出版。

土居丈朗（2016）「介護保険の利用者負担のあり方」加藤久和・財務省財務総合政策研

究所編著『超高齢社会の介護制度』中央経済社，所収。

中村二朗・菅原慎矢（2016）「同居率減少という誤解——チャイルドレス高齢者の増加と介護問題」『季刊社会保障研究』51（3・4），355-368。

中村二朗・内藤久裕・神林龍・川口大司・町北朋洋（2009）『日本の外国人労働力——経済学からの検証』日本経済新聞出版社。

西村周三（2013）「医療・介護サービスへの影響」西村周三監修，国立社会保障・人口問題研究所編『地域包括ケアシステム——「住み慣れた地域で老いる」社会をめざして』慶應義塾大学出版会，所収。

西村周三監修，国立社会保障・人口問題研究所編（2014）『社会保障費用統計の理論と分析——事実に基づく政策論議のために』慶應義塾大学出版会。

野口晴子（2017）「日本における行政データの活用を模索する——介護レセプトデータを中心に」（2016年日本経済学会春季大会特別講演），井伊雅子・原千秋・細野薫・松島斉編『現代経済学の潮流2017』東洋経済新報社，所収。

東畠弘子（2015）『介護保険制度下の福祉用具事業』研成社。

藤森克彦（2010）『単身急増社会の衝撃』日本経済新聞出版社。

堀場勇夫（1999）『地方分権の経済分析』東洋経済新報社。

堀場勇夫（2008）『地方分権の経済理論——第1世代から第2世代へ』東洋経済新報社。

増田雅暢（2001）「介護保険制度の政策形成過程の特徴と課題——官僚組織における政策形成過程の事例」『季刊社会保障研究』37（1），44-58。

増田雅暢編（2014）『世界の介護保障（第2版）』法律文化社。

持田信樹（2004）『地方分権の財政学——原点からの再構築』東京大学出版会。

百瀬孝（1997）『日本老人福祉史』中央法規出版。

森川美絵・筒井孝子（2011）「日本の介護給付パフォーマンスに関する国際的・相対的評価に関する研究——OECD国際比較データの分析から」『保健医療科学』60（2），138-147。

山田篤裕・酒井正（2016）「要介護の親と中高齢者の労働供給制約・収入減少」『経済分析』191，183-212。

渡部良一・金子浩之・齊藤隆志・古川雅一・中村良太・呉銀煥（2008）『世帯構造の変化が私的介護に及ぼす影響等に関する研究報告書』（平成19年度内閣府経済社会総合研究所委託調査）京都大学。

JILPT（2009）「介護現場における労働者の確保等に関する研究」『労働政策研究報告書』労働政策研究・研修機構，113号。

JILPT（2014）「介護人材需給構造の現状と課題——介護職の安定的な確保に向けて」『労働政策研究報告書』労働政策研究・研修機構，168号。

Afendulis, C. C., and Kessler, D. P. (2007) "Tradeoffs from Integrating Diagnosis and Treatment in Markets for Health Care," *American Economic Review*, 97 (3), 1013–1020.

Asai, Y., Kambayashi, R., and Yamaguchi, S. (2015) "Childcare Availability, Household Structure, and Maternal Employment," *Journal of the Japanese and International Economies*, 38, 172–192.

Bachrach, C. A. (1980) "Childlessness and Social Isolation among the Elderly," *Journal of Marriage and Family*, 42 (3), 627–637.

Baker, L. C., Bundorf, M. K., and Kessler, D. P. (2016) "The Effect of Hospital/ Physician Integration on Hospital Choice," *Journal of Health Economics*, 50, 1–8.

Bakx, P., Meijer, C. de, Schut, F., and Doorslaer, E. (2015) "Going Formal or Informal, Who Cares? The Influence of Public Long-Term Care Insurance," *Health Economics*, 24 (6), 631–643.

Berry, S., Levinsohn, J., and Pakes, A. (1995) "Automobile Prices in Market Equilibrium," *Econometrica*, 63 (4), 841–890.

Blomqvist, A. (1991) "The Doctor as Double Agent: Information Asymmetry, Health Insurance, and Medical Care," *Journal of Health Economics*, 10, 411–432.

Blomqvist, A., and Léger, P. T. (2005) "Information Asymmetry, Insurance, and the Decision to Hospitalize," *Journal of Health Economics*, 24 (4), 775–793.

Boadway, R., and Keen, M. (2000) "Redistribution," in Atkinson, A. B., and Bourguignon, F. eds. *Handbook of Income Distribution,* Vol. 1, 677–789, Amsterdam, North-Holland.

Boaz, R. F., and Muller, C. F. (1992) "Paid Work and Unpaid Help by Caregivers of the Disabled and Frail Elders," *Medical Care*, 30 (2), 149–158.

Bolin, K., Lindgren, B., and Lundborg, P. (2008a) "Informal and Formal Care among Single Living Elderly in Europe," *Health Economics*, 17 (3), 393–409.

Bolin, K., Lindgren, B., and Lundborg, P. (2008b) "Your Next of Kin or Your Own Career? Caring and Working among the 50+ of Europe," *Journal of Health Economics*, 27 (3), 718–738.

Bonsang, E. (2009) "Does Informal Care from Children to Their Elderly Parents Substitute for Formal Care in Europe?" *Journal of Health Economics*, 28 (1), 143–154.

Börsch-Supan, A., Kotlikoff, L. J., and Morris, J. N. (1988) "The Dynamics of Living Arrangements of the Elderly," NBER Working Paper No. 2787.

Brekke, K. R., Nuscheler, R., and Straume, O. R.（2007）"Gatekeeping in Health Care," *Journal of Health Economics*, 26（1）, 149–170.

Brown, J. R., and Finkelstein, A.（2007）"Why is the Market for Long-Term Care Insurance So Small?" *Journal of Public Economics*, 91（10）, 1967–1991.

Brown, J. R., and Finkelstein, A.（2008）"The Interaction of Public And Private Insurance: Medicaid and the Long-Term Care Insurance Market," *American Economic Review*, 98（3）, 1083–1102.

Brown, J. R., and Finkelstein, A.（2009）"The Private Market for Long-Term Care Insurance in the United States: A Review of the Evidence," *Journal of Risk and Insurance*, 76（1）, 5–29.

Brown, J. R., and Finkelstein, A.（2011）"Insuring Long-Term Care in the United States," *Journal of Economic Perspectives*, 25（4）, 119–141.

Byrne, D., Goeree, M. S., Hiedemann, B., and Stern, S.（2009）"Formal Home Health Care, Informal Care, and Family Decision Making," *International Economic Review*, 50（4）, 1205–1242.

Campbell, J. C., and Ikegami, N.（2000）"Long-Term Care Insurance Comes to Japan," *Health Affairs*, 19（3）, 26–39.

Campbell, J. C., Ikegami, N., and Gibson, M. J.（2010）"Lessons from Public Long-Term Care Insurance in Germany and Japan," *Health Affairs*, 29（1）, 87–95.

Carlin, C. S., Feldman, R., and Dowd, B.（2016）"The Impact of Hospital Acquisition of Physician Practices on Referral Patterns." *Health Economics*, 25（4）, 439–454.

Carmichael, F., and Charles, S.（1998）"The Labour Market Costs of Community Care," *Journal of Health Economics*, 17（6）, 747–765.

Carmichael, F., and Charles, S.（2003）"The Opportunity Costs of Informal Care: Does Gender Matter?" *Journal of Health Economics*, 22（5）, 781–803.

Charles, K. K., and Sevak, P.（2005）"Can Family Caregiving Substitute for Nursing Home Care?" *Journal of Health Economics*, 24（6）, 1174–1190.

Congressional Budget Office（2004）"Financing Long-Term Care for the Elderly," Washington DC, Government Printing Office.

Costa-Font, J., and Courbage, C. eds.（2011）*Financing* Long-Term *Care in Europe: Institutions, Markets and Models*, Springer.

Crimmins, E. M., Hayward, M. D., and Saito, Y.（1994）"Changing Mortality and Morbidity Rates and the Health Status and Life Expectancy of the Older Population," *Demography*, 31 (1), 159–175.

Cromwell, J., and Mitchell, J. B. (1986) "Physician-induced Demand for Surgery," *Journal of Health Economics*, 5 (4), 293–313.

Croxson, B., Propper, C., and Perkins, A. (2001) "Do Doctors Respond to Financial Incentives? UK Family Doctors and the GP Fundholder Scheme," *Journal of Public Economics*, 79, 375–398.

Currie, J. M. (2006) *The Invisible Safety Net: Protecting the Nation's Poor Children and Families*, Princeton and Oxford: Princeton University Press.

Currie, J. M., and Gahvari, F. (2008) "Transfers in Cash and In-Kind: Theory Meets the Data," *Journal of Economic Literature*, 46 (2), 333–383.

Cutler, D. M. (1993) "Why Doesn't the Market Fully Insure Long-Term Care?" NBER Working Paper No. w4301.

Da Roit, B., and Le Bihan, B. (2010) "Similar and Yet So Different: Cash-for-Care in Six European Countries' Long-Term Care Policies," *Milbank Quarterly*, 88 (3), 286–309.

David, G., Rawley, E., and Polsky, D. (2013) "Integration and Task Allocation: Evidence from Patient Care," *Journal of Economics and Management Strategy*, 22 (3), 617–639.

Davidoff, T. (2015) "Can 'High Costs' Justify Weak Demand for the Home Equity Conversion Mortgage?" *Review of Financial Studies*, 28 (8), 2364–2398.

Dranove, D., and Wehner, P. (1994) "Psysician-induced Demand for Childbirths," *Journal of Health Economics*, 13, 61–73.

Dykstra, P. A. (2009) "Childless Old Age," in Uhlenberg, P. ed. *International Handbook of Population Aging*, 671–690, Springer.

Engers, M., and Stern, S. (2002) "Long-Term Care and Family Bargaining," *International Economic Review*, 43 (1), 73–114.

Felder, S., Werblow, A., and Zweifel, P. (2010) "Do Red Herrings Swin in Circles? Controlling for the Endogeneity of Time to Death," *Journal of Health Economics*, 29 (2), 205–212.

Finkelstein, A. (2007) "The Aggregate Effects of Health Insurance: Evidence from the Introduction of Medicare," *Quarterly Journal of Economics*, 122 (1), 1–37.

Finkelstein, A., and McGarry, K. (2006) "Multiple Dimensions of Private Information: Evidence from the Long-Term Care Insurance Market," *American Economic Review*, 96 (4), 938–958.

Finkelstein, A., and Poterba, J. (2004) "Adverse Selection in Insurance Markets: Policyholder Evidence from the U.K. Annuity Market," *Journal of Political Economy*, 112 (1), 183–208.

Fuchs, V. R. (1978) "The Supply of Surgeons and the Demand for Operations," *Journal of Human Resources*, 13 (Sappl), 35–56.

Fuchs, V. R. (1990) "The Health Sector's Share of the Gross National Product," *Science*, 247 (4942), 534–538.

Fukuda, Y., Nakamura, K., and Takano, T. (2005) "Municipal Health Expectancy in Japan: Decreased Healthy Longevity of Older People in Socioeconomically Disadvantaged Areas," *BMC Public Health*, 5 (65).

Garicía-Mariñoso, B., and Jelovac, I. (2003) "GPs' Payment Contracts and Their Referral Practice," *Journal of Health Economics*, 22 (4), 617–635.

Geyer, J., and Korfhage, T. (2015a) "Long-Term Care Insurance and Carers' Labor Supply: A Structural Model," *Health Economics*, 24 (9), 1178–1191.

Geyer, J., and Korfhage, T. (2015b) "Long-Term Care Reform and the Labor Supply of Household Members: Evidence from a Quasi-Experiment," SSRN Working paper 2706538.

Gruber, J., and Owings, M. (1996) "Physician Financial Incentives and Cesarean Section Delivery," *The RAND Journal of Economics*, 27 (1), 99–123.

Grytten, J., and Sørensen, R. (2001) "Type of Contract and Supplier-Induced Demand for Primary Physicians in Norway," *Journal of Health Economics*, 20 (3), 379–393.

Grytten, J., and Sørensen, R. (2008) "Busy Physicians," *Journal of Health Economics*, 27 (2), 510–518.

Guesnerie, R., and Roberts, K. (1984) "Effective Policy Tools and Quantity Controls," *Econometrica: Journal of the Econometric Society*, 52 (1), 59–86.

Hanaoka, C., and Norton, E. (2008) "Informal and Formal Care For Elderly Persons: How Adult Children's Characteristics Affect the Use of Formal Care in Japan," *Social Science and Medicine*, 67 (6), 1002–1008.

Hashimoto, H., Horiguchi, H., and Matsuda, S. (2010) "Micro Data Analysis of Medical and Long-Term Care Utilization Among the Elderly in Japan," *International Journal of Environmental Research and Public Health*, 7 (8), 3022–3037.

Heitmueller, A. (2007) "The Chicken or the Egg? Endogeneity in Labour Market Participation of Informal in England," *Journal of Health Economics*, 26 (3), 536–

559.

Heitmueller, A., and Inglis, K. (2007) "The Earnings of Informal Carers: Wage Differentials and Opportunity Costs," *Journal of Health Economics*, 26 (5), 821–841.

Ho, K., and Pakes, A. (2014) "Hospital Choices, Hospital Prices, and Financial Incentives to Physicians," *American Economic Review*, 104 (12), 3841–3884.

Iizuka, T. (2007) "Experts' Agency Problems: Evidence from the Prescription Drug Market in Japan," *The RAND Journal of Economics*, 38 (3), 844–862.

Iizuka, T. (2012) "Physician Agency and Adoption of Generic Pharmaceuticals," *American Economic Review*, 102 (6), 2826–2858.

Iizuka, T., Noguchi, H., and Sugawara, S. (2017) "Pay-for-Performance and Selective Referral in Long-Term Care," SSRN Working Paper No. 2971560.

Iversen, T., and Lurås, H. (2000) "Economic Motives and Professional Norms: The Case of General Medical Practice," *Journal of Economic Behavior and Organization*, 43 (4), 447–470.

Iwamoto, Y., Kohara, M., and Saito, M. (2010) "On the Consumption Insurance Effects of Long-Term Care Insurance in Japan: Evidence from Micro-Level Household Data," *Journal of the Japanese and International Economies*, 24 (1), 99–115.

Jacobs, A. J. (2004) "Federations of Municipalities: A Practical Alternative to Local Government Consolidations in Japan?" *Governance: An International Journal of Policy, Administration and Institution*, 17 (2), 247–274.

Jacobs, A. J. (2011) "Japan's Evolving Nested Municipal Hierarchy: The Race for Local Power in the 2000s," *Urban Studies Research*, 2011.

Johar, M., Maruyama, S., and Nakamura, S. (2015) "Reciprocity in the Formation of Intergenerational Coresidence," *Journal of Family and Economic Issues*, 136 (2), 192–209.

Johri, M., Beland, F., and Bergman, H. (2003) "International Experiments in Integrated Care for the Elderly: A Synthesis of the Evidence," *International Journal of Geriatric Psychiatry*, 18, 222–235.

Kondo, A. (2017) "Availability of Long-Term Care Facilities and Middle-aged People's Labor Supply in Japan," *Asian Economic Policy Review*, 12 (1), 95–112.

Kondo, A., and Shigeoka, H. (2013) "Effects of Universal Health Insurance on Health Care Utilization, and Supply-side Responses: Evidence from Japan," *Jour-*

nal of Public Economics, 99, 1–23.

Konrad, K. A., Künemund, H., Lommerud, K. E., and Robledo, J. R. (2002) "Geography of the Family," *American Economic Review*, 92 (4), 981–998.

Kotlikoff, L. J., and Morris, J. N. (1990) "Why Don't the Elderly Live with Their Children? A New Look," in Wise, D. A. ed. Issues in the *Economics of Aging*, University of Chicago Press.

Kumagai, N. (2017) "Distinct Impacts of High Intensity Caregiving on Caregivers' Mental Health and Continuation of Caregiving," *Health Economics Review*, 7 (15).

Kurimori, S., Fukuda, Y., Nakamura, K., Watanabe, M., and Takano, T. (2006) "Calculation of Prefectural Disability-Adjusted Life Expectancy (DALE) Using Long-Term Care Prevalence and Its Socioeconomic Correlates in Japan," *Health Policy*, 76 (3), 346–358.

Lilly, M. B., Laporte, A., and Coyte, P. C. (2007) "Labor Market Work and Home Care's Unpaid Caregivers: A Systematic Review of Labor Force Participation Rates, Predictors of Labor Market Withdrawal, and Hours of Work," *Milbank Quarterly*, 85 (4), 641–690.

Lubitz, J. D., and Riley, G. F. (1993) "Trends in Medicare Payments in the Last Year of Life," *New England Journal of Medicine*, 328 (15), 1092–1096.

Maddala, G. S. (1983) *Limited-dependent and Qualitative Variables in Econometrics*, New York, NY, Cambridge University Press.

Malcomson, J. K. (2004) "Health Service Gatekeepers" *The RAND Journal of Economics*, 35, 401–421.

Marinoso, B. G., and Jelovac, I. (2003) "GPs' Payment Contracts and Their Referral Practice," *Journal of Health Economics*, 22 (4), 617–635.

Maruyama, S., and Johar, M. (2016) "Do Siblings Free-Ride in 'Being There' for Parents?" *Quantitative Economics*, forthcoming.

McGuire, T. G. (2000) "Physician Agency," in Culyer, A. J., and Newhouse, J. P. eds. *Handbook of Health Economics*, 1A, 461–536, Amsterdam, Elsevier.

Mitchell, J. M., and Sass, T. R. (1995) "Physician Ownership of Ancillary Services: Indirect Demand Inducement or Quality Assurance?" *Journal of Health Economics*, 14 (3), 263–289.

Nakamura, J., and Ueda, A. (1999) "On the Determinants of Career Interruption by Childbirth among Married Women in Japan," *Journal of the Japanese and In-*

ternational Economies, 13 (1), 73–89.

Nakamura, S., Capps, C., and Dranove, D. (2007) "Patient Admission Patterns and Acquisitions of 'Feeder' Hospitals," *Journal of Economics & Management Strategy*, 16 (4), 995–1030.

Nichols, A. L., and Zeckhauser, R. J. (1982) "Targeting Transfers through Restrictions on Recipients," *American Economic Review*, 72 (2), 372–377.

Niimi, Y. (2016) "The 'Costs' of Informal Care: An Analysis of the Impact of Elderly Care on Caregivers' Subjective Well-being in Japan," *Review of Economics of the Household*, 14 (4), 779–810.

Norton, E. C. (2000) "Long-Term Care," in Culyer, A. J., and Newhouse, J. eds., *Handbook of Health Economics*, 1B, 956–994, Amsterdam, North-Holland.

Oates, W. E. (1972) *Fiscal Federalism*, NewYork, Harcort Brace Jovanovich.

OECD (2004) *Long-Term Care for Older People*.

OECD (2011) *Help Wanted? Providing and Paying for Long-Term Care*.

OECD (2013) *A Good Life in Old Age: Monitoring and Improving Quality in Long-Term Care*, Paris: OECD Health Policy Studies, OECD Publishing.

Ogawa, N., and Ermisch, J. F. (1996) "Family Structure, Home Time Demands, and the Employment Patterns of Japanese Married Women," *Journal Labor Economics*, 14 (4), 677–702.

Olivares-Tirado, P., and Tamiya, N. (2014) *Trends and Factors in Japan's Long-Term Care Insurance System: Japan's 10-year Experience*, Springer Briefs in Ageing.

Oster, E., Shoulson, I., Quaid, K., and Dorsey, E. R. (2010) "Genetic Adverse Selection: Evidence from Long-Term Care Insurance and Huntington Disease," *Journal of Public Economics*, 94 (11–12), 1041–1050.

Pauly, M. V. (1973) "Income Redistribution as a Local Public Good," *Journal of Public Economics*, 2 (1), 35–58.

Pauly, M. V. (1990) "The Rational Nonpurchase of Long-Term-Care Insurance," *Journal of Political Economy*, 98 (1), 153–168.

Pezzin, L. E. and Schone, B. S. (1999) "Intergenerational Household Formation, Female Labor Supply and Informal Caregiving: A Bargaining Approach," *Journal of Human Resources*, 34 (3), 475–503.

Plotnick, R. D. (2009) "Childlessness and the Economic Well-being of Older Americans," *Journal of Gerontology: Series B*, 64B (6), 767–776.

Plotnick, R. D. (2011) "Childlessness and Health Status of Older Americans," Working Paper.

Preston, S. H., Heuveline, P., and Guillot, M. (2000) *Demography: Measuring and Modeling Population Processes*, Wiley-Blackwell.

Puhani, P. A. (2000) "The Heckman Correction for Sample Selection and Its Critique," *Journal of Economic Surveys*, 14 (1), 53–68.

Rattso, J. ed. (1998) *Fiscal Federalism and State-Local Finance*, Edward Elgar Publishing.

Rempel, J. (1985) "Childless Elderly: What Are They Missing?" *Journal of Marriage and Family*, 47 (2), 343–348.

Rothgang, H. (2010) "Social Insurance for Long-term Care: An Evaluation of the German Model," *Social Policy & Administration*, 44 (4), 436–460.

Rowland, D. T. (2007) "Historical Trends in Childlessness," *Journal of Family Issues*, 28 (10), 1311–1337.

Saito, Y., Sugawara, S., and Nakamura, J. (2015) "Long-Term Care-Free Life Expectancy before and after the 2006 Reform of the National Long-Term Care Insurance: The Case of Fukuoka City, Japan," NUPRI (Nihon University) Working Paper 2015–01 September 30.

Salas, C., and J. P. Raftery (2001) "Econometric Issues in Testing the Age Neutrality of Health Care Expenditure," *Health Economics*, 10 (7), 669–671.

Sawamura, K., Sano, H., and Nakanishi, M. (2015) "Japanese Public Long-Term Care Insured: Preferences for Future Long-Term Care Facilities, Including Relocation, Waiting Times, and Individualized Care," *Journal of the American Medical Directors Association*, 16 (4), 350e9–350e20.

Schoen, R. (1988) *Modeling Multigroup Populations* (1988 edition), Splinger.

Scott, A. (2000) "Economics of General Practice," in Culyer, A. J., and Newhouse, J. P. eds., *Handbook of Health Economics*, 1B, 1175–1200, Amsterdam, North-Holland.

Seko, R., Hashimoto, S., Kawado, M., Murakami, Y., Hayashi, M., Kato, M., Noda, T., Ojima, T., Nagai, M., and Tsuji, I. (2012) "Trends in Life Expectancy With Care Needs Based on Long-Term Care Insurance Data in Japan," *Journal of Epidemiology*, 22 (3), 238–243.

Shang, B., and Goldman, D. (2008) "Does Age or Life Expectancy better Predict Health Care Expenditures?" *Health Economics*, 17 (4), 487–501.

Shimizutani, S. (2014) "The Future of Long-Term Care in Japan," *Asia-Pacific Review*, 21 (1), 88–119.

Shimizutani, S., Suzuki, W., and Noguchi, H. (2008) "The Socialization of At-home Elderly Care and Female Labor Market Participation: Micro-level Evidence from Japan," *Japan and the World Economy*, 20 (1), 82–96.

Sørensen, R., and Grytten, J. (1999) "Competition and Supplier-Induced Demand in a Health Care System with Fixed Fees," *Health Economics*, 8 (6), 497–508.

Spillman, B. C. and Lubitz, J. (2000) "The Effect of Longevity on Spending for Acute and Long-Term Care," *New England Journal of Medicine*, 342 (19), 1409–1415.

Sugawara, S. (2017) "Firm-Driven Management of Longevity Risk: Analysis of Lump-Sum Forward Payments in the Japanese Nursing Home Market," *Journal of Economics and Management Strategy*, 26 (1), 169–204.

Sugawara, S., and Nakamura, J. (2014) "Can Formal Elderly Care Stimulate Female Labor Supply? The Japanese Experience," *Journal of the Japanese and International Economies*, 34, 98–115.

Sugawara, S., and Nakamura, J. (2016) "Gatekeeper Incentives and Demand Inducement: An Empirical Analysis of Care Managers in the Japanese Long-Term Care Insurance Program," *Journal of the Japanese and International Economies*, 40, 1–16.

Sugawara, S., Wu, T., and Yamanishi, K. "A Basket Two-Part Model to Analyze Medical Expenditure on Interdependent Multiple Sectors," *Statistical Methods in Medical Research*, forthcoming.

Sullivan, D. F. (1971) "A single Index of Mortality and Morbidity," *HSMHA Health Reports*, 86 (4), 347–354.

Tamiya, N., Noguchi, H., Nishi, A., Reich, M. R., Ikegami, N., Hashimoto, H., Shibuya, K., Kawachi, I., and Campbell, J. C. (2011) "Population Ageing and Wellbeing: Lessons from Japan's Long-Term Care Insurance Policy," *The Lancet*, 378 (9797), 1183–1192.

Tiebout, C. M. (1956) "A Pure Theory of Local Expenditures," *Journal of Political Economy*, 64 (5), 416–424.

Tsutsui, T., and Muramatsu, N. (2005) "Care-Needs Certification in the Long-Term Care Insurance System of Japan," *Journal of the American Geriatrics Society*, 53 (3), 522–527.

Tsutsui, T., and Muramatsu, N. (2007) "Japan's Universal Long-Term Care System Reform of 2005: Containing Costs and Realizing a Vision," *Journal of the American Geriatrics Society*, 55 (9), 1458–1463.

van den Berg, B., and Spauwen, P. (2006) "Measurement of Informal Care: An Empirical Study into the Valid Measurement of Time Spent on Informal Caregiving," *Health Economics*, 15 (5), 447–460.

van Houtven, C. H., and Norton, E. C. (2004) "Informal Care and Health Care Use of Older Adults," *Journal of Health Economics*, 23 (6), 1159–1180.

van Houtven, C., Coe, N. B., and Skira, M. (2010) "Effect of Informal Care on Work, Wages, and Wealth," Boston College Center for Retirement Reserch Working Paper No. 2010–23.

Weaber, F., Stearns, S. C., Norton, E. C., and Spector, W. (2009) "Proximity to Death and Participation in the Long-Term Care Market," *Health Economics*, 18 (8), 867–883.

Werblow, A., Felder, S., and Zweifel, P. (2007) "Population Aging and Health Care Expenditure: A School of 'Red Herring'?" *Health Economics*, 16 (10), 1109–1126.

Wilson, J. D. (1991) "Tax Competition with Interregional Differences in Factor Endowments," *Regional Science and Urban Economics*, 21 (3), 423–451.

Wolf, D. A., and Soldo, B. J. (1994) "Married Women's Allocation of Time to Employment and Care of Elderly Parents," *Journal of Human Resources*, 29 (4), 1259–1276.

Yang, Z., Norton, E. C., and Stearns, S. C. (2003) "Longevity and Health Care Expenditures: The Real Reasons Older People Spend More," *Journal of Gerontology: Social Science*, 58B, S2-S10.

Yong, V., and Saito, Y. (2009) "Trends in Healthy Life Expectancy in Japan: 1986 –2004," *Demographic Research*, 20 (19), 467–494.

Zweifel, P., Felder, S., and Meiers, M. (1999) "Ageing of Population and Health Care Expenditure: A Red Herring?" *Health Economics*, 8 (6), 485–496.

Zweifel, P., Felder, S., and Werblow, A. (2004) "Population Ageing and Health Care Expenditure: New Evidence on the 'Red Herring'," *Geneva Papers on Risk and Insurance*, 29 (4), 652–666.

索　引

著 者 紹 介

中村 二朗（なかむら じろう）

慶應義塾大学大学院商学研究科修士課程修了

現在，日本大学総合科学研究所教授（専攻：労働経済学）

主な著作に，『日本経済の構造調整と労働市場』（中村恵と共編著，日本評論社，1999年），『労働市場の経済学——働き方の未来を考えるために』（大橋勇雄と共著，有斐閣，2004年），『日本の外国人労働力——経済学からの検証』（内藤久裕・神林龍・川口大司・町北朋洋と共著，日本経済新聞出版社，2009年）などがある。

菅原 慎矢（すがわら しんや）

東京大学大学院経済学研究科博士課程単位取得満期退学，博士（経済学）

現在，東京理科大学経営学部講師（専攻：計量経済学，医療経済学）

主な著作に，"Firm-Driven Management of Longevity Risk: Analysis of Lump-Sum Forward Payments in the Japanese Nursing Home Market" (*Journal of Economics and Management Strategy*, 26 (1), 2017), "A Basket Two-Part Model to Analyze Medical Expenditure on Interdependent Multiple Sectors" (with Tianyi Wu and Kenji Yamanishi, *Statistical Methods in Medical Research*, forthcoming), "The Impact of Group Contract and Governance Structure on Performance: Evidence from College Classroom" (with Zeynep Hansen, Hideo Owan and Jie Pan, *Journal of Law, Economics and Organization*, 30 (3), 2014) などがある。

日本の介護——経済分析に基づく実態把握と政策評価

The Japanese Long-Term Care: Understanding the Current Status and Policy Evaluation Based on Economic Analysis

2017 年 12 月 15 日　初版第 1 刷発行

著　者	中　村　二　朗
	菅　原　慎　矢
発　行　者	江　草　貞　治
発　行　所	株式会社　有　斐　閣

郵便番号 101-0051
東京都千代田区神田神保町 2-17
電話　(03)3264-1315〔編集〕
　　　(03)3265-6811〔営業〕
http://www.yuhikaku.co.jp/

印刷・株式会社理想社／製本・大口製本印刷株式会社
© 2017, Jiro Nakamura, Shinya Sugawara.
Printed in Japan
落丁・乱丁本はお取替えいたします。
★定価はカバーに表示してあります。

ISBN 978-4-641-16514-4